应用型本科财务管理、会计学专业精品系列教材

商品流通企业会计
（第 2 版）

主　编　李尚越　李　晶

副主编　赵立夫　马　媛　王　悦　唐定芬

主　审　朱振东

北京理工大学出版社
BEIJING INSTITUTE OF TECHNOLOGY PRESS

内容简介

教材以商品购入和销售为主线,以资金流通为核心,全面详细阐述了国内商品流通中的批发、零售、联营与连锁经营业务的核算,以及国际贸易商品进出口业务的会计核算;并根据国家相关会计法律、法规、准则和制度,本着实用性原则,有针对性地介绍了商品流通企业会计的理论内涵,同时突出商品流通企业会计操作实践的运用。

版权专有　侵权必究

图书在版编目(CIP)数据

商品流通企业会计/李尚越,李晶主编. —2版. —北京:北京理工大学出版社,2020.3 (2020.4重印)

ISBN 978-7-5682-8191-1

Ⅰ.①商… Ⅱ.①李… ②李… Ⅲ.①商业会计-教材 Ⅳ.①F715.51

中国版本图书馆 CIP 数据核字(2020)第031924号

出版发行 / 北京理工大学出版社有限责任公司	
社　　址 / 北京市海淀区中关村南大街5号	
邮　　编 / 100081	
电　　话 / (010)68914775(总编室)	
(010)82562903(教材售后服务热线)	
(010)68948351(其他图书服务热线)	
网　　址 / http://www.bitpress.com.cn	
经　　销 / 全国各地新华书店	
印　　刷 / 涿州市新华印刷有限公司	
开　　本 / 787毫米×1092毫米　1/16	
印　　张 / 15.5	责任编辑 / 王俊洁
字　　数 / 364千字	文案编辑 / 王俊洁
版　　次 / 2020年3月第2版　2020年4月第2次印刷	责任校对 / 刘亚男
定　　价 / 42.00元	责任印制 / 李志强

图书出现印装质量问题,请拨打售后服务热线,本社负责调换

前　言

近年来，随着经济全球化进程深入推进以及我国社会商品经济的快速发展，宏观经济运行与管控、微观企业组织与管理等环境发生重大变革，商品流通企业日益壮大并呈现多元化发展，科学、合理、完善的商品流通企业会计核算需求日益明显。因此，商品流通企业会计已成为我国会计体系中非常重要的行业会计之一，其对商品流通企业健康发展，推动国家经济指标可持续提升具有重要意义。为此，我们依据全新《企业会计准则》，参照我国税收制度改革的重点，结合商品流通企业财务管理工作及经管类本科院校的教学经验，对本教材进行再版修订。

再版教材从企业类型划分出发，分别对国内商品流通中的批发、零售、联营与连锁业务，以及国际贸易商品进出口等业务的会计核算进行了全面、系统阐述。各环节依然以资金运动为核心，紧紧把握商品购入、销售的主线，并依据相关法律、法规、政策、制度的变动与改革，有针对性地对商品流通企业业务核算相关内容进行了修订，主要包括以下几个方面：

（1）依据新的会计准则、会计制度以及近年来出台的会计法规、政策等更新内容（尤其是收入准则的修订内容），对教材中商品流通环节购进、销售的入账时间以及商品销售收入的确认等内容进行了修订。

（2）依据新的税收法律法规以及政策制度，对本教材中涉及的增值税税率、税额进行了修订，由原来增值税一般纳税人征收率17%调整为13%，农副产品征收率10%调整为9%。

（3）依据营业税改征增值税的相关规定，全书删除涉及营业税业务的内容。

（4）依据最新外汇汇率变动，对教材中涉及的各币种外汇汇率进行了适时调整。

本教材各章节设置了大量案例、例题以及业务训练，重点突出实用性与适用性，深入浅出，不仅适用于应用型本科院校会计学、财务管理、财政学、金融学、国际贸易等经济管理类专业的教学需求，也适用于财会人员在职培训或会计职业资格考试的辅助教学。

本教材由李尚越、李晶担任主编，由朱振东担任主审，由赵立夫、马媛、王悦、唐定芬担任副主编。全书共九章，编写分工具体如下：李尚越编写第一章、第二章、第四章、第五章，李晶编写第六章、第七章、第八章，赵立夫、马媛、王悦编写第九章，唐定芬编写第三章。初稿完成后，最后由朱振东负责审定成稿。

本教材在规划、编写过程中参阅了大量最新政策法规、专著、教材、论文等文献，吸取了其中的宝贵经验，在此向相关作者表示真诚的感谢。

鉴于我们水平有限，加之编写时间仓促，书中难免存在疏漏和不妥之处，敬请广大专家和读者批评指正，并将意见与建议及时反馈给我们，以便今后改进。

编　者

目 录

第一章 总论 …………………………………………………………………………… (1)
第一节 商品流通企业会计概述 …………………………………………………… (1)
一、商品流通企业会计的含义 …………………………………………… (1)
二、商品流通企业会计的核算范围 ……………………………………… (2)
三、商品流通企业会计的特征 …………………………………………… (2)
四、商品流通企业会计与工业企业会计核算的联系与区别 …………… (3)
五、商品流通企业会计的职能 …………………………………………… (4)
第二节 商品流通企业会计的对象与要素 ………………………………………… (5)
一、商品流通企业会计的对象 …………………………………………… (5)
二、商品流通企业的会计要素 …………………………………………… (6)
三、商品流通企业的会计科目 …………………………………………… (9)
第三节 商品流通企业会计的任务与组织 ………………………………………… (12)
一、商品流通企业会计的任务 …………………………………………… (12)
二、商品流通企业会计的组织 …………………………………………… (12)

第二章 货币资金和国内结算 ……………………………………………………… (18)
第一节 货币资金概述 ……………………………………………………………… (18)
一、货币资金的意义 ……………………………………………………… (18)
二、货币资金的分类 ……………………………………………………… (19)
第二节 库存现金 …………………………………………………………………… (19)
一、库存现金限额的管理 ………………………………………………… (19)
二、库存现金收入的管理 ………………………………………………… (19)
三、库存现金支出的管理 ………………………………………………… (20)
四、库存现金的内部控制制度 …………………………………………… (20)
五、库存现金的核算 ……………………………………………………… (20)
第三节 银行存款 …………………………………………………………………… (22)

一、银行存款账户的开立 …………………………………………………… (22)
　　二、银行存款的管理 ………………………………………………………… (22)
　　三、银行存款的核算 ………………………………………………………… (23)
第四节　备用金 …………………………………………………………………… (24)
　　一、备用金的管理 …………………………………………………………… (24)
　　二、备用金的核算 …………………………………………………………… (24)
第五节　国内结算 ………………………………………………………………… (24)
　　一、国内结算概述 …………………………………………………………… (24)
　　二、国内转账结算 …………………………………………………………… (25)

第三章　商品流通核算概述 …………………………………………………… (45)

第一节　商品流通的概述 ………………………………………………………… (45)
　　一、商品流通的含义 ………………………………………………………… (45)
　　二、商品购进的含义 ………………………………………………………… (46)
　　三、商品销售的含义 ………………………………………………………… (46)
　　四、商品储存的含义 ………………………………………………………… (47)
第二节　商品购销的交接方式和入账时间 ……………………………………… (47)
　　一、商品购销的交接方式 …………………………………………………… (47)
　　二、商品购销的入账时间 …………………………………………………… (47)
第三节　商品销售收入确认的条件 ……………………………………………… (49)
　　一、企业已将商品所有权上的主要风险和报酬转移给购货方 …………… (49)
　　二、企业失去了对商品的管理权与控制权 ………………………………… (50)
　　三、收入能够可靠地计量 …………………………………………………… (50)
　　四、相关的经济利益很可能流入企业 ……………………………………… (50)
　　五、相关的已发生或将发生的成本能够可靠地计量 ……………………… (50)
第四节　商品流通企业的类型和商品流通核算方法 …………………………… (50)
　　一、商品流通企业的类型 …………………………………………………… (50)
　　二、商品流通的核算方法 …………………………………………………… (52)
　　三、商品采购费用的处理方法 ……………………………………………… (54)

第四章　批发企业业务核算 …………………………………………………… (57)

第一节　批发商品购进的核算 …………………………………………………… (57)
　　一、批发商品购进业务涉及的会计科目 …………………………………… (57)
　　二、批发商品购进的业务程序及核算 ……………………………………… (58)
　　三、在途物资明细分类核算 ………………………………………………… (70)
第二节　批发商品销售的核算 …………………………………………………… (71)
　　一、商品销售业务涉及的会计科目 ………………………………………… (71)
　　二、商品销售业务的程序及核算 …………………………………………… (71)
第三节　批发商品储存的核算 …………………………………………………… (83)

一、库存商品的核算 …………………………………………………… (84)
　　二、库存商品盘点的核算 ……………………………………………… (86)
　　三、库存商品非正常损失的核算 ……………………………………… (87)
　　四、库存商品的期末计量 ……………………………………………… (88)
　　五、商品销售成本的计算和结转 ……………………………………… (90)

第五章　零售企业业务核算 …………………………………………… (102)
第一节　零售商品经营的特点和核算方法 ……………………………… (102)
　　一、零售商品经营的业务特点 ………………………………………… (102)
　　二、零售商品的核算方法 ……………………………………………… (103)
第二节　零售商品购进的核算 …………………………………………… (104)
　　一、零售商品购进的业务程序 ………………………………………… (104)
　　二、零售商品购进的业务核算 ………………………………………… (104)
第三节　零售商品销售的核算 …………………………………………… (109)
　　一、零售商品销售的业务流程 ………………………………………… (109)
　　二、零售商品销售的业务核算 ………………………………………… (111)
　　三、零售商品销售收入调整的核算 …………………………………… (115)
　　四、已销商品进销差价率及销售成本的调整 ………………………… (116)
第四节　零售商品储存的核算 …………………………………………… (121)
　　一、商品调价的核算 …………………………………………………… (121)
　　二、商品削价的核算 …………………………………………………… (121)
　　三、商品内部调拨的核算 ……………………………………………… (122)
　　四、零售商品盘点短缺和溢余的核算 ………………………………… (122)
　　五、库存商品和商品进销差价的明细分类核算 ……………………… (124)
第五节　鲜活商品的核算 ………………………………………………… (126)
　　一、鲜活商品核算的方法 ……………………………………………… (126)
　　二、鲜活商品购进的核算 ……………………………………………… (127)
　　三、鲜活商品销售的核算 ……………………………………………… (128)
　　四、鲜活商品储存的核算 ……………………………………………… (128)

第六章　外币业务与国际贸易结算 …………………………………… (135)
第一节　外汇与外汇管理 ………………………………………………… (135)
　　一、外汇的含义 ………………………………………………………… (135)
　　二、外汇的分类 ………………………………………………………… (136)
　　三、外汇汇率 …………………………………………………………… (137)
　　四、外汇管理 …………………………………………………………… (138)
第二节　外币业务与汇兑损益 …………………………………………… (139)
　　一、外币业务 …………………………………………………………… (139)
　　二、汇兑损益 …………………………………………………………… (141)

第三节 国际贸易术语 (143)
  一、国际贸易术语的概念 (143)
  二、国际贸易术语的种类 (144)
第四节 国际贸易结算 (145)
  一、国际贸易结算概述 (145)
  二、信用证结算方式 (146)
  三、汇付结算方式 (149)
  四、托收结算方式 (151)

第七章 国际贸易进口业务核算 (159)

第一节 进口贸易业务概述 (159)
  一、进口贸易业务的意义 (159)
  二、进口贸易业务的种类 (160)
  三、进口贸易业务的程序 (160)
  四、进口贸易业务单据的审核 (161)
第二节 自营进口业务的核算 (162)
  一、自营进口商品成本的构成 (162)
  二、自营进口商品购进的核算 (162)
  三、自营进口商品销售收入的核算 (163)
  四、自营进口商品采取单到结算方式销售其他业务的核算 (165)
第三节 代理进口业务的核算 (167)
  一、代理进口业务的概述 (167)
  二、代理进口业务的核算 (168)

第八章 国际贸易出口业务核算 (173)

第一节 出口贸易业务概述 (173)
  一、出口贸易业务的意义 (173)
  二、出口贸易业务的种类 (174)
第二节 出口商品购进 (174)
  一、出口商品购进的方式 (174)
  二、出口商品购进的业务程序 (174)
  三、出口商品购进的核算 (175)
第三节 自营出口销售业务的核算 (175)
  一、自营出口销售的概述 (175)
  二、自营出口销售核算涉及的主要单证 (177)
  三、自营出口销售核算的主要账户设置 (179)
  四、自营出口销售的业务核算 (179)
  五、自营出口销售其他业务的核算 (183)
第四节 代理出口销售业务的核算 (185)

     一、代理出口销售业务概述 ………………………………………… (185)
     二、代理出口销售业务的主要账户设置 …………………………… (186)
     三、代理出口销售业务的核算 ……………………………………… (186)
  第五节 加工补偿出口销售业务的核算 ………………………………… (188)
     一、加工补偿出口销售概述 ………………………………………… (188)
     二、来料加工、来件装配和来样生产出口销售业务的核算 ……… (188)
     三、补偿贸易出口销售业务的核算 ………………………………… (193)

第九章 联营与连锁经营业务核算 ………………………………………… (198)
  第一节 联营商品业务核算 ………………………………………………… (198)
     一、联营方式下的商品经营特点 …………………………………… (198)
     二、联营方式下的商品流转 ………………………………………… (199)
     三、联营方式下的业务流程 ………………………………………… (199)
     四、联营商品流通的核算 …………………………………………… (200)
  第二节 连锁经营业务的核算 ……………………………………………… (206)
     一、连锁经营企业的特点 …………………………………………… (206)
     二、连锁经营的形式 ………………………………………………… (207)
     三、连锁经营的商品流转核算方法 ………………………………… (209)
     四、连锁经营企业的业务流程 ……………………………………… (209)
     五、连锁经营企业的账簿设置 ……………………………………… (210)
     六、往来制下账户的设置 …………………………………………… (210)
     七、连锁经营企业商品采购的核算 ………………………………… (211)
     八、连锁经营企业横向商品调拨的核算 …………………………… (214)
     九、门店商品退库业务的核算 ……………………………………… (222)
     十、连锁经营企业商品调价的核算 ………………………………… (226)
     十一、门店营业收入的核算 ………………………………………… (231)

第一章

总　　论

1. 理解商品流通企业会计的含义及核算范围。
2. 掌握商品流通企业会计的特征以及资金运动的特点。
3. 理解商品流通企业会计与工业企业会计的区别。
4. 掌握商品流通企业会计的会计要素及会计科目。
5. 了解商品流通企业会计人员的任务与组织。

第一节　商品流通企业会计概述

一、商品流通企业会计的含义

商品流通企业是指从事商品购销活动的企业，是连接生产与消费的桥梁，是社会化大生产的一个重要环节。它以商品的生产和消费为基础，同时又是保证生产和消费正常进行的必要条件。在扩大再生产的过程中，商品最初出自生产企业，而商品流通企业则将商品的购进业务转化为商品的销售业务。在这个业务转化、商品增值的过程中，商品流通企业一方面为生产者服务，另一方面又为消费者服务，从而实现了促进商品生产、满足消费、加速资金周转的纽带作用。要理解商品流通企业会计的含义，首先要清楚会计的含义。

（一）会计的含义

对于"什么是会计"，在我国会计理论界和实务界经历了一个长期的探索过程，存在着诸多观点。主要有以下两种代表性的观点：

1. 会计信息系统论

会计信息系统论认为："从本质上讲，会计是一个信息系统。"具体地讲，会计信息系统论把会计看成一个以提供财务信息为主的经济信息系统，是一个经济组织中整个经营管理系统的组成部分，并且强调会计的目标是向使用者提供他们所需要的信息。它一方面是为企业外部信息使用者（如投资者和债权人等）提供财务信息的系统；另一方面是为企业内部管理层提供管理会计信息的系统，如企业内部管理部门做出各种经营决策，加强内部控制，建立和健全内部经济责任制等。会计信息系统论视会计为一种工具或一种技术，不承认其具有管理经济活动的功能，更忽略了会计人员这一重要因素。

2. 会计管理活动论

会计管理活动论认为会计的本质是一种经济管理活动。它继承了会计管理工具论的合理内核，吸收了最新的管理科学思想，从而成为在当前国际、国内会计学界具有重要影响的观点。持这种观点的学者认为："会计这一社会现象属于管理范畴，是人的一种管理活动。会计的功能总是通过会计工作者从事的多种形式的管理活动实现的。"该观点充分肯定了人在会计管理活动中的功能，即会计人员的主观能动性，与过去的会计管理工具论相比，是对会计本质认识的飞跃。

对于会计学界提出的会计信息系统论和会计管理活动论这两种观点，学者们争论不休。这里更倾向于将"会计"界定为"会计工作"。基于这一前提，会计管理活动论的观点代表了我国会计的发展方向。因此，我国会计学界认为：会计是以货币计量为主要形式，采取专门方法，对企业的经济活动进行反映和监督，并为有关方面提供财务状况和经营成果等经济信息的一种经济管理活动。

（二）商品流通企业会计的定义

商品流通企业会计是企业会计的重要分支，是广泛应用于商品流通领域的一门专业会计。商品流通企业会计是以货币计量为主要形式，采取专门方法，对商品流通企业的经济活动进行反映和监督，并为有关方面提供财务状况和经营成果等经济信息的一种经济管理活动，是商品流通企业经营管理的一个重要组成部分。

二、商品流通企业会计的核算范围

商品流通企业主要包括商业、粮食、物资供销、医药、石油、烟草和图书发行等从事商品流通实行独立核算的国内贸易企业和国际贸易企业。由于商品流通企业的经济活动主要是流通领域中的购、销、存活动，所以这类企业的核算主要侧重于采购成本和销售成本的核算及商品流通费用的核算。

三、商品流通企业会计的特征

商品流通企业的主要经济活动是组织商品流通，即商品的购进、销售、调拨和储存，将社会产品从生产领域转移到消费领域，以促进工农业生产的发展和满足人们生活的需要，从而实现商品的价值并获得利润。商品流通企业会计具有与其他企业会计相同的核算和监督职能，并没有独有的特征。但是从商品流通运行规律与会计工作的结合来看，商品流通企业主要从事商品的购销活动，商品流通企业会计是围绕商品流通而进行的核算和管理，因此又有其自身的特殊性。商品流通企业会计主要有以下特征：

（一）商品流通企业会计以资金运动为中心进行核算和管理

商品流通通过商品、货币关系形成"货币——商品——货币"的资金循环运动形式，在商品的购进过程中，通过购买商品支付货款及费用，使货币资金转化为商品资金；在商品的销售过程中，通过商品销售，取得收入和盈余，使商品资金又转化为货币资金，并获得商品的增值。可见，商品流通企业会计是以商品流通活动为中心，对商品资金的筹集、投放、运用和资金的循环进行核算和管理，其核算重点和管理方法与其他企业不完全相同。

（二）商品流通企业商品核算方法不同

不同类型的商品流通企业有着各自的经营特点和管理要求，对商品核算方法的要求也不相同。商品流通企业商品核算方法可分为进价金额核算法和售价金额核算法两种。核算方法将在第三章详细介绍。

（三）外购商品的成本确认方法灵活

商品流通企业的经济活动主要以商品购销活动为主，其在业务经营中发生的各项耗费一般可以划分为商品流通费用和已销商品的进货费用（进价成本）。所谓商品流通费用，是指企业在组织商品流通的过程（购、销、运、存各个环节）中发生的正常耗费，包括进货费用、储存费用和管理费用等。《企业会计准则》中规定，商品流通企业在采购商品过程中发生的进货费用，如运输费、装卸费、保险费以及其他归属于存货采购成本的费用等，应当计入商品采购成本，也可以先进行归集，期末再根据所购商品的存销情况进行分摊。对于已销商品的进货费用，计入当期损益；对于未销商品的进货费用，计入期末存货成本。企业采购商品的进货费用金额较小的，可以在发生时直接计入当期损益。

（四）存货日常核算的特殊性

通常情况下，为了便于商品销售，商品流通企业中的零售企业对于商品存货，在购进时就要确定其销售价格。因此，这些商品存货的日常核算一般采用售价金额核算法，即在"库存商品"明细账中登记商品的售价金额，商品售价与进价之间的差额通过"商品进销差价"账户核算，期末再将商品进销差价在已销商品与期末结存商品之间进行分配，以确定本期商品销售的成本与期末商品结存的成本。

（五）商品流通企业会计以市场为导向

商品流通最基本的规律是价值规律。价值规律要求企业按照市场的供需关系，选择并销售商品。只有遵循了供需关系，选择那些需求大于供应的商品，企业才能获得有利时机，扩大经济效益。因此，商品流通企业会计必须在企业运行中按照价值规律控制商品的成本和费用，扩大收益，使企业在市场经济的竞争中获胜。

四、商品流通企业会计与工业企业会计核算的联系与区别

商品流通企业会计与工业企业会计的核算存在着相同之处，其联系见表1-1。

商品流通企业与工业企业相比，其主要特点是经营过程主要包括采购过程与销售过程，没有商品的生产过程。因为缺少了商品的生产过程，也就使商品流通企业会计与工业企业会计存在着区别。商品流通企业会计与工业企业会计的区别见表1-2。

表1-1 商品流通企业会计与工业企业会计的联系

联系	
主要计量单位相同	商品流通企业和工业企业的会计核算都是以货币作为主要计量单位
会计目标相同	商品流通企业和工业企业的组织会计核算都是以提高经济效益作为最终目标；在将提高经济效益作为最终目标的前提下，以满足会计信息使用者的需要作为会计核算的具体目标
基本职能相同	商品流通企业和工业企业会计的基本职能都是组织会计核算和进行会计监督
遵循的会计准则和会计制度相同	商品流通企业和工业企业组织会计核算都要遵循《企业会计准则》和《企业会计制度》

表1-2 商品流通企业会计与工业企业会计的区别

区别	商品流通企业会计	工业企业会计
核算和管理的对象不同	会计的核算与管理对象是商品购、销、存全过程（存在两种类型的企业）	会计的核算与管理对象主要是产品的形成过程
成本计算范围及方法不同	对于企业在组织商品购、销、存业务活动及管理企业过程中所发生的各项费用开支，不直接认定到某种产品中去，而是采取以下三种方式：①分期计入期间费用处理；②一次计入采购成本；③计入进货费用	对于为生产加工某种产品所发生的活劳动和物化劳动消耗计入产品成本，而所发生的与产品生产加工没有直接关系的费用支出，则作为期间费用计入当期收益，不作为产品成本的内容
盈利性质不同	经营盈利是工业企业让渡的一部分产品增值，并扣除在商品购、销、存过程中的必要耗费后的余额	经营盈利是工业企业员工为社会创造的那部分价值，体现为高于生产成本的增值

五、商品流通企业会计的职能

商品流通企业会计与其他企业会计相同，具有会计核算和会计监督职能。

（一）会计的核算职能

会计的核算职能，也称反映职能，是指商品流通企业会计运用货币形式，通过确认、计量、记录、报告等环节，将单位的经济活动进行记账、算账、报账，为信息使用者提供财务信息的功能。通过会计的核算职能，可以反映商品流通企业经济活动的全过程及其结果。商品流通企业要进行经济活动，就要对经济活动信息进行记录、计算、分类、汇总，通过提供经济活动信息，转换成客观准确的会计信息。例如，某商品流通企业的销售人员到外地出差，回来后要带齐全部报销票据到财务处报账。会计人员首先要审核其带回的各种票据，把差旅费纳入会计核算系统，这个过程就是确认；当对差旅费确认以后，会计人员要对差旅费进行记录；定期根据记录的结果编制报告；从确认到报告的过程中都渗透着计量。通常，会计核算主要是对已经发生的经济活动信息进行事后的确认、记录、核算、分析，通过加工处理后提供大量的信息资料，反映经济活动的现实状况，这是会计核算的基础工作。

目前，经济活动日益复杂化，商品流通企业的经营管理者需要加强预见管理，商品流通企业会计在事后、事中核算的同时，还应对未来的经济活动进行事前核算和规划，为经营管理决策提供更多的经济信息，从而更好地发挥会计的核算职能。

（二）会计的监督职能

会计的监督职能，也称控制职能，是指商品流通企业会计人员利用会计核算所提供的会计信息对企业的经济活动进行控制和指导。会计监督的核心是通过特定的方法对商品流通企业的经济业务合法性、合理性进行审查，使之符合国家有关法律、法规和制度的规定，并对商品流通企业经济活动的合理性及有效性进行分析、检查和控制，以促使经济活动按规定的要求进行，达到预期的目的。会计的监督职能不仅体现在对商品流通企业经济活动的事后监督，还体现在对正在发生的经济活动及取得的核算资料进行审查的事中监督，以及对将要发生的经济活动的事前监督等。

会计的核算职能和监督职能是密切联系、相辅相成的。会计核算是基础，没有会计核算所提供的各种信息，会计监督就失去了依据；而会计监督又是会计核算的保障，只有通过会计监督保证经济活动按规定的要求进行，并且达到预期的目的，才能发挥会计核算的作用。总之，商品流通企业会计通过核算为管理者提供会计信息，又通过监督保证所反映信息的真实可靠。核算与监督是密不可分的辩证关系。明确商品流通企业会计要核算和监督的内容，才能有针对性地采用适当的方法加以核算和监督，也才能充分发挥商品流通企业会计在经济管理中的作用。

第二节 商品流通企业会计的对象与要素

一、商品流通企业会计的对象

商品流通企业开展经营活动，必须拥有与其经营规模相匹配的资金。资金是指企业拥有的各种财产物资的货币表现。

会计对象是指会计核算和监督的内容，即社会再生产过程中的资金及其运动。商品流通企业的资金在经营过程中经过购进过程和销售过程，其资金的占用形态，由货币资金转换为商品资金，再转换为货币资金，从而形成了"货币 商品 货币"周而复始的资金循环过程。商品流通企业资金的进入、资金的循环周转和资金的退出构成了商品流通企业的资金运动。

首先，商品流通企业通过吸收投资者投资或向债权人借款取得货币形态的资金，这种资金称为货币资金。为了维持正常的经营活动，商品流通企业会用部分货币资金购置商场及其他经营设施等固定资产，形成了固定资金；用另一部分资金购买商品，形成了商品资金。从货币资金转换为商品资金的过程称为商品的购进过程。

其次，商品流通企业会将购进的商品销售出去。商品销售以后，取得了商品销售收入，并收回了货币。这种从商品资金转变为货币资金的过程称为商品的销售过程。

再次，商品流通企业在购销商品的过程中还会发生商品的采购费用、储存费用、装卸费用等，在经营过程中还会发生固定资产的损耗费用，这些费用均从商品销售收入中得到补偿，商品流通企业的商品销售收入补偿了商品采购成本和各种费用后的余额是企业的利润。

最后，企业的利润要以企业所得税的形式上交国家，还要分配给投资者作为其对企业投资的回报。剔除这两部分资金后的其余利润作为商品流通企业的留存收益，用于企业的自我积累。商品流通企业的资金运动如图1-1所示。

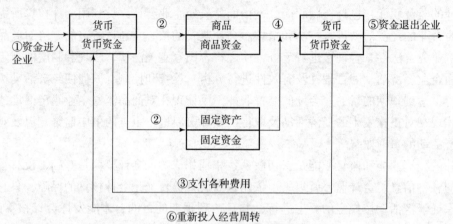

图1-1　商品流通企业的资金运动

二、商品流通企业的会计要素

会计对象是社会再生产过程中的资金运动。会计要素则是对会计对象的基本分类，从而提供各种分门别类的会计信息，它也是财务报表的基本构成要素。由于商品流通企业财务报表中最主要的是资产负债表和利润表，因此，会计要素也就是构成这两张财务报表的要素。构成资产负债表的要素有资产、负债和所有者权益，是反映财务状况的会计要素；构成利润表的要素有收入、费用和利润，是反映经营成果的会计要素。

（一）反映财务状况的会计要素

财务状况是指商品流通企业一定日期的资产及权益的结构状况，是资金运动相对静止状态时的表现。反映财务状况的会计要素包括资产、负债、所有者权益三项。

1. 资产

资产是指企业过去的交易或者事项形成的，由企业拥有或者控制的，预期会给企业带来经济利益的经济资源。该资源在未来一定会给商品流通企业带来某种直接或间接的现金和现金等价物的流入。资产是商品流通企业从事商品经营业务必须具备的物质基础。它包括经营过程中的各种财产、债权和其他权利。

2. 负债

负债是指企业过去的交易或者事项形成的，预期会导致经济利益流出企业的现时义务。它是商品流通企业筹措资金的重要渠道，但不能归企业永久支配使用，必须按期归还或偿付。负债按照其流动性不同，可分为流动负债和非流动负债。流动负债是指将在一年（含一年）或者超过一年的一个营业周期内偿还的债务，包括短期借款、应付票据、应付账款、预收账款、应付职工薪酬、应付股利、应交税费、其他应付款等。非流动负债是指偿还期超过一年或者超过一年的一个营业周期的债务,包括长期借款、应付债券、长期应付款等。

3. 所有者权益

所有者权益是指企业资产扣除负债后由所有者享有的剩余权益。它是投资人对企业净资产的索取权或要求权。其主要来源有三个:一是商品流通企业投资者对企业的投入资本,包括实收资本和资本公积;二是直接计入所有者权益的利得和损失;三是企业历年实现净利润后积累的留存收益,主要包括计提的盈余公积和未分配利润。商品流通企业财务状况会计要素如图1-2所示。

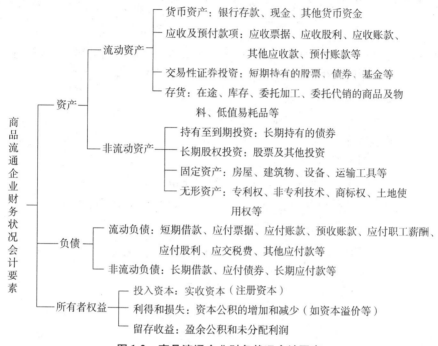

图1-2 商品流通企业财务状况会计要素

企业资产的主要部分是其从事业务经营的物质基础。企业的每一项资产都处于特定所有权关系之下,负债和所有者权益共同体现了企业全部资产的所有权关系,它们是一个事物的两个侧面,相辅相成,缺一不可,其总额必然相等,可用下面的等式表示:

$$资产 = 负债 + 所有者权益$$

由于债权人的求偿权优于投资者的求偿权,上述会计等式还可以变为反映所有者权益含义的会计等式,即

$$资产 - 负债 = 所有者权益$$

(二) 反映经营成果的会计要素

1. 收入

收入是指企业在日常活动中形成的、会导致所有者权益增加的、与所有者投入资本无关的经济利益的总流入。它包括主营业务收入、其他业务收入、营业外收入和投资收益。收入是商品流通企业利润的主要来源,应合理、及时地确认收入。

2. 费用

费用是指企业在日常活动中发生的,会导致所有者权益减少的,与向所有者分配利润无关的经济利益的总流出。费用按与收入的密切程度不同,可分为成本费用和期间费用。

3. 利润

利润是指企业在一定会计期间的经营成果,是企业在一定会计期间内实现的收入减去费用后的净额。利润总额包括营业利润、营业外收支净额。净利润则是在利润总额基础上扣除所得税费用后的利润。留存在企业的利润也就是商品流通企业的留存收益。

(1) 利润总额。其计算公式如下:

$$利润总额 = 营业利润 + 营业外收入 - 营业外支出$$

其中:

$$营业利润 = 营业收入 - 营业成本 - 税金及附加 - 销售费用 - 管理费用 - 财务费用 -$$
$$资产减值损失 + 公允价值变动收益(-公允价值变动损失)+$$
$$投资收益(-投资损失)$$

营业外收入(或支出)是指商品流通企业发生的与日常活动无直接关系的各项利得(或损失),如罚款收入等。

(2) 净利润。其计算公式如下:

$$净利润 = 利润总额 - 所得税费用$$

式中,所得税费用是指商品流通企业确认的应从当期利润总额中扣除的费用。

商品流通企业经营成果会计要素如图 1-3 所示。

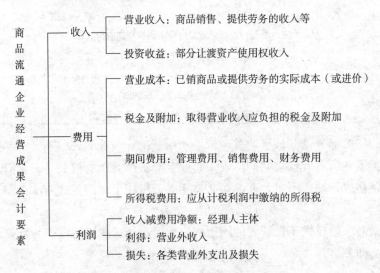

图 1-3 商品流通企业经营成果会计要素

收入和费用是企业在一定会计期间从事业务经营等日常活动所获得的收入和相应发生的耗费,按照自主经营、独立核算、自负盈亏的要求,费用应从相应的收入中抵补,一般情况下,收入减去费用后的净额为正数,即为利润;反之为负数,即为亏损。因此,反映收入、费用、利润三要素关系的会计等式为:

$$收入 - 费用 = 利润$$

三、商品流通企业的会计科目

(一) 会计科目的含义

会计科目是指为记录各项经济业务而对会计要素按其经济内容所确定的名称,它是对会计对象的具体内容进行分类核算的项目。

任何一个商品流通企业都会发生各种各样的交易或事项,而这些交易或事项都属于会计核算对象的内容。例如,用银行存款购商品、用现金发放职工工资、用银行存款偿还银行借款、将商品对外销售取得主营业务收入等。这些交易或事项性质各不相同,为了能从数量上核算这些交易或事项,了解会计对象增减变动的基本内容,先将会计对象分解成资产、负债、所有者权益、收入、费用和利润六大会计要素。但这些要素只是概括说明了会计对象的基本内容,仅仅将会计对象划分到这个层次仍然难以满足处理交易或事项的要求。这就需要采用一定的方法对会计要素的内容进行具体分类核算来确定项目的名称,即确定会计科目。

(二) 商品流通企业会计科目的设置要求

设置会计科目就是对会计要素的构成内容,按其性质的差别及管理上的要求进行归类,分为若干项目,并按每一具体项目的性质确定核算名称的一种专门方法。商品流通企业设置会计科目既要考虑各个会计要素的性质特征,又要满足有关各方经营管理上的需要,还要方便会计日常核算工作。为了更好地发挥会计科目的作用,设置会计科目应符合以下要求:

1. 会计科目设置要结合商品流通企业特点

商品流通企业的特点是由经济业务的特点所决定的。不同类型的商品流通企业的经济业务存在着一定的差别,设置会计科目应先根据不同企业的类型,并结合商品流通方法来考虑。例如,采用售价金额核算法的零售企业,应该设置"商品进销差价"科目,而采用进价金额核算法的批发企业,通常不用设置此科目。

在不影响对外提供统一财务报告的前提下,商品流通企业可以根据实际情况自行增设或减少某些会计科目。其中,明细科目的设置,除《企业会计准则》已有规定外,在不违反《企业会计准则》统一要求的前提下,企业可以根据需要自行确定。例如,对外提供劳务较多的商业企业,可以增设"劳务成本"科目核算所提供劳务的成本等。

2. 会计科目设置要简单实用

会计科目是对会计要素内容的细分,每一个会计科目都有其特定的核算内容。每一会计科目要编列固定的号码,称为会计科目编号。我国一般采用四位数字编号,其中第一位数字表示会计科目的类别,分别按照资产类科目、负债类科目、共同类科目、所有者权益类科目、成本类科目、损益类科目等顺序排列,并在各类科目之间和某些科目之间留有一定的空号,以便在新增会计科目时应用。为了便于填制会计凭证汇总资料和编制会计报表,在设计会计科目时,必须使其名称与其核算内容相一致,做到文字简练,含义明确,通俗易懂,简繁得当。

例如,商品流通企业如果采用计划成本法对库存商品进行核算,则可以增设"材料采购"和"材料成本差异"科目;针对商品流通企业内部各部门周转使用的备用金,可以增设"备用金"科目;商品流通企业接受其他商业企业委托代销商品,可以增设"受托代销商品""受托代销商品款"科目。

3. 会计科目设置要符合会计电算化的需要

随着现代社会经济的迅速发展,会计电算化已代替手工操作或机械操作,成为会计工作的主流。会计科目是会计核算的基础,也是计算机处理会计数据的主要依据。为了便于会计电算化处理,要求会计科目的名称、编码、核算内容应统一。尤其是在进行会计电算初始化工作时,为了减少初始设置的工作,科目的层次和内容要尽可能统一、稳定。明细科目的设置原则应尽量考虑计算机处理的特点。科目的编码应加以缜密地考虑,使制度规定的编码体系满足数据编码具有系统性、通用性、可扩展性等基本要求。

例如,库存商品按商品的保管地点(仓库)、商品的类别、品种和规格等进行明细核算。对于明细科目较多的总账科目,可在总账科目与明细科目之间设置二级或多级科目。

(三)商品流通企业的具体会计科目

商品流通企业的会计科目,按照其反映的经济内容,可以划分为资产类科目、负债类科目、共同类科目、所有者权益类科目、成本类科目和损益类科目六个大类,损益类科目又可分为费用类科目和收入类科目两个小类。商品流通企业的会计科目如表1-3所示。

表1-3 商品流通企业的会计科目

编号	会计科目名称	编号	会计科目名称
	一、资产类	1407	发出商品
1001	库存现金	1408	委托代销商品
1002	银行存款	1410	商品进销差价
1012	其他货币资金	1411	委托加工物资
1101	交易性金融资产	1412	周转材料
1121	应收票据	1461	存货跌价准备
1122	应收账款	1521	持有至到期投资
1123	预付账款	1522	持有至到期投资减值准备
1131	应收股利	1523	可供出售金融资产
1132	应收利息	1524	长期股权投资
1221	其他应收款	1525	长期股权投资减值准备
1231	坏账准备	1526	投资性房地产
1401	受托代销商品	1531	长期应收款
1402	在途物资	1601	固定资产
1403	原材料	1602	累计折旧
1406	库存商品	1603	固定资产减值准备

续表

编号	会计科目名称	编号	会计科目名称
1604	在建工程	3001	总部往来
1605	工程物资	3002	基层往来
1606	固定资产清理		四、所有者权益类
1701	无形资产	4001	实收资本
1702	累计摊销	4002	资本公积
1703	无形资产减值准备	4101	盈余公积
1801	长期待摊费用	4103	本年利润
1811	递延所得税资产	4104	利润分配
1901	待处理财产损益		五、成本类
	二、负债类	5002	进货费用
2001	短期借款	5201	劳务成本
2101	交易性金融负债	5101	制造费用
2201	应付票据		六、损益类
2202	应付账款	6001	主营业务收入
2203	预收账款	6051	其他业务收入
2314	受托代销商品款	6101	公允价值变动损益
2211	应付职工薪酬	6111	投资收益
2221	应交税费	6301	营业外收入
2231	应付利息	6401	主营业务成本
2232	应付股利	6402	其他业务成本
2241	其他应付款	6403	税金及附加
2601	长期借款	6601	销售费用
2602	应付债券	6602	管理费用
2801	长期应付款	6603	财务费用
2802	未确认融资费用	6701	资产减值损失
2811	专项应付款	6711	营业外支出
2901	递延所得税负债	6801	所得税费用
	三、共同类	6901	以前年度损益调整

第三节 商品流通企业会计的任务与组织

一、商品流通企业会计的任务

商品流通企业会计的任务是由会计的两大职能确定的，它取决于会计对象的特点和经济管理的要求。商品流通企业主要在流通领域中从事商品购销活动，其会计核算的任务主要是对经营资金及其运动进行核算和管理，并促进企业改善经营管理，提高经济效益。其任务有以下几个方面：

（一）维护国家的政策法令和财务制度

商品流通企业会计在对经济活动进行核算的同时，要监督企业对国家政策、法令和财务制度的执行情况，促使企业严格按照国家的政策办事，及时制止不法行为，遵守财经纪律，正确、及时、完整地反映企业的经济活动和经营成果，为企业的经营决策和投资者等提供可靠的会计信息。

（二）扩大商品流通，加强经济核算，提高经济效益

商品流通企业是自主经营、自负盈亏的经济实体，面对激烈的市场竞争，必须加强经济核算，扩大商品流通。通过商品流通企业会计的全面核算，控制商品流通企业期间费用的支出，严格审查各项费用的发生，防止贪污和浪费行为的发生，并通过分析和比较，发现经营管理中存在的问题，寻求增加商品收入、降低费用的有效途径，以提高企业的经济效益。

（三）加强计划和预算，合理和节约使用资金

商品流通企业的一切经济活动在很大程度上受市场价值规律的影响。因此，对商品流通企业资金的筹集和使用，必须加强计划和预算，防止脱节和浪费。财务部门也应当在商品流通企业内部实行人、财、物的综合利用，节约人力、财力和物力，把握企业采购环节的货源和销售环节的价格，有效地使用资金。

（四）保护商品和其他各项财产物资的安全和完整

商品流通企业通过会计工作对商品和各项财产物资的收入发出和结存进行全面核算和监督。要建立和健全商品收入和发出的手续，以及各项财产物资的收入、领用和报废手续。定期或不定期地对商品流通企业的库存商品进行盘点，若发生商品损耗、损坏或溢余短缺情况，应查明原因及时处理，以保护商品和其他各项财产物资的安全和完整，维护投资者的利益。

（五）参与企业的预测和决策，加强企业管理

在商品的市场行情瞬息万变的今天，商品流通企业会计要懂得运用所学知识，通过对会计信息的检查分析，预测企业经济前景，控制企业经营全过程，参与经营计划和决策的制定工作，以提高企业的管理水平。

二、商品流通企业会计的组织

正确地组织会计工作，有利于提高会计工作的质量和效率，也是完成商品流通企业任务

的重要组织保证。商品流通企业会计工作的组织主要包括会计机构的设置、会计人员的配备和会计制度的制定。

（一）会计机构的设置

会计机构是商品流通企业为领导和直接从事会计工作而专设的职能部门。按照《中华人民共和国会计法》第三十六条第一款的规定："各单位应当根据会计业务的需要，设置会计机构，或者在有关机构中设置会计人员并指定会计主管人员；不具备设置条件的，应当委托经批准设立从事会计代理记账业务的中介机构代理记账。"

会计机构的设置要坚持精简节约的原则，做到既能保证工作质量，满足工作需要，又能节约人力、物力和财力。实际工作中，大中型商品流通企业（包括集团公司、股份有限公司、有限责任公司等）应结合企业会计业务的实际需要设置财务部、处、科等机构；小型商品流通企业（含有限责任公司）的会计业务实际需要设置会计机构的，可以设置财务室、组等机构，也可以在有关机构中设置会计人员，并指定会计主管人员；不具备设置会计机构和会计人员条件的小型企业，应当委托中介机构（如会计师事务所）代理记账。

（二）会计人员的配备

会计机构由专职的会计人员组成。商品流通企业的会计人员包括企业领导层中的总会计师、会计主管人员、会计工作人员、附属单位或部门的专职核算人员等。企业应在会计机构内部合理设置会计工作岗位，包括会计主管、出纳、商品核算、非商品财产物资核算、费用及工资核算、资金往来核算、财务成果核算、总账报表、审核和档案管理等。

从事商品流通企业会计工作的人员，必须取得会计专业技术资格证书。单位机构负责人和会计主管人员还应具备会计师以上专业技术资格或从事会计工作三年以上；会计人员调动工作或离职，必须办清交接和监交手续。会计岗位可以一人一岗、一人多岗或一岗多人，但出纳不得兼管收入、费用、债权债务账目的登记工作。实际工作中，大中型商品流通企业会计人员较多，岗位分工较细；小型商品流通企业会计人员较少，岗位分工较粗，经常一人多岗，但会计工作人员不得少于两名（代理记账例外）。

（三）会计制度的制定

商品流通企业的会计工作除依据国家统一的会计制度、会计行政法规和会计规章等外，还要制定内部财会管理制度，主要包括以下一些制度：

1. 建立内部财务会计制度

财务部门应当根据统一的财务制度和会计制度，建立和健全商品流通企业的成本、费用管理制度和会计核算制度，从加强和整顿会计基础工作的要求出发，实现会计科目、凭证、账簿和报表的规范化管理。通过内部财务会计制度的制定，保证审核、检查凭证的合法性和真实性；严格记账、对账、结账的手续；建立健全会计档案制度等，实行会计工作规范化。

2. 建立内部会计监督和审计制度

商品流通企业应建立内部会计监督制度，以维护财经纪律，保护财产安全和保证账目和财务报表的可靠性。对货币资金的收支、商品的进销存业务、重大对外投资、资产处置、资金调度和其他重要经济业务等重大项目建立监督制度；在财务部门以外，建立内部审计部门或者配备审计人员，对企业的会计记录、财务报表和会计制度的执行情况进行内部检查、监督和稽核，以促进企业经营管理和提高经济效益。

3. 建立和健全会计电算化

会计电算化的建立是提高会计工作效率的重要前提，尤其是在商品流通企业中的批发和零售企业的会计数据处理、分析和管理方面，显示出电算化强大的功能。目前，我国一部分商品流通企业已使用计算机进行会计数据处理，实现了会计电算化，但并未普及。商品流通企业要在实行会计电算化的基础上，进一步健全计算机的维修保养制度，改进程序设计，加强文件管理，不断提高计算机操作技术水平，努力实行系统化和网络化。因此，建立和健全会计工作的电算化已成为摆在会计人员面前刻不容缓的责任。

本章小节

商品流通企业是联系工业和农业、生产和消费及国内和国际市场之间的纽带，是国民经济的重要组成部分。在各类型的商品流通企业中，按照经营市场和结算货币不同，可以分为国内贸易企业和国际贸易企业。国内贸易企业按流通中所处的地位和经营活动特点的不同，可以分为批发企业、零售企业和混合经营企业。零售企业可分为四类业态，即百货商场、超级市场、专卖店和便利店等。

商品流通企业会计与工业企业会计不同，其具有的特征包括：商品流通企业会计以资金运动为中心进行核算和管理；商品流通企业商品核算方法不同；外购商品的成本确认方法灵活；存货日常核算具有特殊性；商品流通企业会计以市场为导向。

与其他企业相同，商品流通企业会计具有会计核算和会计监督职能，会计基本假设包括会计主体、持续经营、会计分期和货币计量。

商品流通企业会计信息是以货币计量的数据资料为主，表明商品流通企业资金运动状况及其结果的经济信息。会计信息质量要求是实现会计目标的"桥梁"，主要包括可靠性、相关性、可理解性、可比性、实质重于形式、重要性、谨慎性、及时性等。

商品流通企业开展经营活动，必须拥有与其经营规模相匹配的资金，而会计的对象是社会再生产过程中的资金运动。商品流通企业的资金在经营过程中，经过购进过程和销售过程，其资金的占用形态，从货币资金起，先转换为商品资金，再转换为货币资金，从而形成了"货币——商品——货币"周而复始的资金循环过程。商品流通企业资金的进入、资金的循环周转和资金的退出构成了商品流通企业的资金运动。

会计要素则是对会计对象的适当分类，从而提供各种分门别类的会计信息，包括资产、负债、所有者权益、收入、费用和利润。商品流通企业会计的任务取决于会计对象的特点和经济管理的要求，其会计核算的任务主要是对经营资金及其运动进行核算和管理，并促进企业改善经营管理，提高经济效益。正确地组织会计工作，有利于提高会计工作的质量和效率，也是完成商品流通企业任务的重要组织保证。

商品流通企业会计工作的组织主要包括会计机构的设置、会计人员的配备和会计制度的制定。

主要概念

1. 商品流通企业会计
2. 会计要素
3. 资产
4. 负债
5. 所有者权益
6. 会计科目

训练测试

一、单项选择题

1. 商品流通企业会计的内容，概括地讲是企业在组织商品购、销、运、存活动中发生的（　　）。
   A. 交易　　　　　　B. 事项　　　　　　C. 物流　　　　　　D. 交易和事项
2. 商品流通企业在社会生产总过程中处于（　　）。
   A. 生产环节　　　　B. 分配环节　　　　C. 交换环节　　　　D. 消费环节
3. 批发商品流转是商品流转的（　　）。
   A. 起点　　　　　　B. 中间环节　　　　C. 起点和中间环节　D. 最终环节
4. 会计主体是指从事经济活动，并对其进行会计核算的（　　）。
   A. 企业
   B. 特定企业
   C. 特定企业和组织
   D. 特定单位和组织
5. 资产是指企业过去的交易或者事项形成的、由企业拥有或者控制的、预期会给企业带来经济利益的资源，包括（　　）。
   A. 各种财产
   B. 各种财产和债权
   C. 各种财产和其他权利
   D. 各种财产、债权和其他权利
6. 下列属于负债类会计要素的科目有（　　）。
   A. 预收账款　　　　B. 实收资本　　　　C. 预付账款　　　　D. 本年利润
7. 企业留存收益包括（　　）。
   A. 实收资本　　　　B. 资本公积　　　　C. 盈余公积　　　　D. 投资收益
8. 对于那些不具备设置会计机构和会计人员条件的小型商品流通企业，应当委托（　　）代理记账。
   A. 会计师事务所　　B. 同行业　　　　　C. 会计协会　　　　D. 财政部门
9. 会计科目设置应结合商品流通企业的特点，采用售价金额核算法的零售企业，应该设置（　　）科目。
   A. 委托加工
   B. 材料成本差异
   C. 商品进销差价
   D. 长期股权投资

10. 下列属于"营业外收入"科目核算的内容有（　　）。
    A. 销售收入　　　B. 罚款收入　　　C. 出租收入　　　D. 投入资本

二、多项选择题
1. 商品流通企业的行业涵盖范围包括（　　）。
    A. 商业和粮食企业　　　　　　　　B. 物资供销和供销合作社
    C. 对外贸易和图书发行企业　　　　D. 医药（石油、烟草）商业企业
2. 会计的核算职能是指运用货币形式，通过对商品流通企业的经济业务进行确认、计量和（　　），将经济活动的内容转换成会计信息的功能。
    A. 分析　　　　　B. 记录　　　　　C. 汇总　　　　　D. 报告
3. 商品流通企业必须向企业投资者和（　　）等有关方面提供会计信息。
    A. 管理当局　　　B. 税务机关　　　C. 债务人　　　　D. 债权人
4. 会计核算的基本前提包括会计主体和（　　）等内容。
    A. 会计分期　　　B. 会计假设　　　C. 货币计量　　　D. 持续经营
5. 商品流通企业接受其他商业企业委托代销商品时，可以增设的科目有（　　）。
    A. 受托代销商品　B. 周转材料　　　C. 受托代销商品款　D. 发出商品
6. 按照其反映的经济内容，商品流通企业的会计科目可以划分为（　　）科目。
    A. 资产类　　　　B. 负债类　　　　C. 所有者权益类　　D. 成本类
    E. 损益类
7. 费用按经济用途不同，可分为（　　）。
    A. 生产成本　　　B. 管理费用　　　C. 间接费用　　　D. 期间费用
8. 商品流通企业会计的期间费用包括（　　）。
    A. 进货费用　　　B. 销售费用　　　C. 管理费用　　　D. 财务费用
9. 组织好商品流通企业会计工作，主要包括（　　）。
    A. 设置会计机构　　　　　　　　　B. 实施会计工作规范
    C. 配备会计人员　　　　　　　　　D. 遵守会计人员职业道德
10. 商品流通企业的会计工作除依据国家统一的会计制度、会计行政法规和会计规章等外，还要制定内部财务管理制度，包括（　　）。
    A. 建立内部财务会计制度　　　　　B. 建立和健全会计电算化
    C. 建立内部会计监督制度　　　　　D. 建立内部审计制度

三、判断题
1. 商品流通企业按照在商品流通中所处的不同地位和经营活动的不同特点，可以分为批发企业、零售企业和混合经营企业。　　　　　　　　　　　　　　　　（　　）
2. 商品流通企业会计具有核算和监督两大职能。　　　　　　　　　　　（　　）
3. 会计监督是会计核算的基础，而会计核算则是会计监督的继续。　　　（　　）
4. 会计要素由资产、负债、所有者权益、收入和费用组成。　　　　　　（　　）
5. 商品流通企业不论规模大小、业务繁简，均必须设置会计机构，配备专职会计人员。（　　）

四、简答题
1. 什么是商品流通企业会计？它有什么特征？

2. 试述商品流通企业会计的核算范围。
3. 试述商品流通企业资金运动的特点。
4. 商品流通企业会计与工业企业会计的异同是什么?
5. 商品流通企业会计的职能是什么?
6. 商品流通企业如何设置会计科目?
7. 商品流通企业会计的任务是什么?

第二章

货币资金和国内结算

学习目标

1. 理解货币资金的意义和分类。
2. 掌握我国现行的库存现金管理制度及相关业务的会计核算。
3. 掌握银行存款业务的会计核算。
4. 掌握企业国内转账结算方式及业务核算。

第一节 货币资金概述

一、货币资金的意义

货币资金是指企业的经营资金在循环周转过程中停留在货币形态的资产。货币资金是企业流动性最强的资产,是流动资产的重要组成部分。企业在开展经济活动中发生的资金筹集、购销货款结算、债权债务清偿、购置固定资产和无形资产、工资发放、费用开支、税金缴纳、股利支付和对外投资等交易或事项,都是通过货币资金的收付实现的。

商品流通企业拥有货币资金的数量多少,标志着偿债能力和支付能力的大小,是投资者分析、判断财务状况的重要指标。因此,企业必须保持一定的货币资金持有量,确保企业具有直接支付能力,使企业经济活动得以顺利进行。同时,企业还必须加强对货币资金的核算和管理。

商品流通企业的外贸业务面临着国内和国际两个市场,在购销货结算中,既有人民币资金的收付业务,又有外币资金的收付业务。根据我国外汇管理的有关规定,商品流通企业的出口业务实现的销售收入,既可以保留现汇,也可以在国家指定的专业银行结汇。商品流通企业的进口业务所需要的外汇,有现汇的企业,可以直接用现汇支付;没有现汇或现汇不足的企业，可以按照有关规定在国家的外汇指定银行购汇支付。本章仅阐述人民币资金业务，有关外币资金业务将在第六章中阐述。

二、货币资金的分类

货币资金按其存放地点和用途不同，可分为现金、备用金、银行存款和其他货币资金四类。

（一）现金

现金有广义和狭义之分。广义的现金即货币资金；狭义的现金即库存现金，是指企业财务部门为了备付日常零星开支而保管的现金。在此阐述的是狭义的现金。

（二）备用金

备用金是指企业拨付所属有关职能部门用于收购农副产品、日常零星开支，收款部门用于现金结算的找零等所必需的周转金。

（三）银行存款

银行存款是指企业存放在银行或其他金融机构的各种款项，包括人民币存款和外币存款。

（四）其他货币资金

其他货币资金是指企业除现金、备用金和银行存款以外的各种存款，包括银行本票存款、银行汇票存款、信用卡存款、存出投资款、外埠存款和信用证保证金存款等。

第二节 库存现金

库存现金通常是指存放于企业财务部门，由出纳人员保管的现款。它是企业流动性最强的资产。商品流通企业应当严格遵守国家的相关现金管理制度，正确进行现金收支的核算，监督现金使用的合法性与合理性。

一、库存现金限额的管理

我国颁布的《现金管理暂行条例》规定，各企业都要核定库存现金限额。库存现金限额是指为了保证企业日常零星开支的需要，允许企业留存现金的最高数额。库存现金限额原则上根据该企业3~5天的日常零星开支的需要来确定，边远地区和交通不发达地区可以适当地放宽，但最多不得超过15天的日常零星开支。

库存现金限额由企业提出计划，报开户银行审核批准。经核定的库存现金限额，企业必须严格遵守，超过部分应于当日终了前送存银行。企业需要补充或减少库存现金限额时，必须向开户银行提出申请，由开户银行核定。

二、库存现金收入的管理

企业收入的现金，在一般情况下必须于当天解存银行，如当天不能及时解存银行的，应于次日上午解存银行，不得予以坐支。坐支是指企业从经营业务所收入的现金中直接进行支付。

企业因特殊情况需要坐支现金的，应当事先报经开户银行审查批准，由开户银行核定坐支范围和限额。企业应定期向银行报送坐支金额和使用情况。

三、库存现金支出的管理

按照财务制度规定，企业可以在下列 8 个项目上支用现金。

（1）职工的工资和各种工资性津贴。

（2）个人劳动报酬。

（3）支付给个人的各种奖金，包括根据国家规定颁发给个人的科学技术、文化艺术、体育等各种奖金。

（4）各种劳保、福利费用及国家规定的对个人的其他现金支出。

（5）收购单位向个人收购农副产品和其他物资支付的价款。

（6）出差人员必须随身携带的差旅费。

（7）结算金额较小的零星开支。

（8）中国人民银行确定需要支付现金的其他支出。指因采购地点不确定、交通不便、抢险救灾以及特殊情况等，办理转账结算不便，必须使用现金的单位，经开户银行核准后支用的现金。

凡不在上述支付范围内的，应通过银行办理转账结算。企业应按照规定的用途使用现金，不准用不符合财务制度的凭证顶替现金；不准单位之间相互借用现金；不准谎报用途套取现金；不准利用银行账户代其他单位和个人存入或支取现金；不准将单位收入的现金以个人名义存入储蓄；不准保留账外公款；禁止发行变相货币；不准以任何票券代替人民币在市场上流通。

四、库存现金的内部控制制度

为了加强库存现金的管理，应坚持"钱账分管"的内部控制制度。企业现金的收付保管，应由专职或兼职的出纳人员负责。出纳人员除了登记现金日记账和银行存款日记账外，不得兼办费用、收入、债务、债权账簿的登记工作，以及稽核和会计档案的保管工作，以有利于彼此制约，相互监督，杜绝现金收付中的弊端。

五、库存现金的核算

（一）账户与账簿的设置

商品流通企业应设置"库存现金"账户对库存现金进行总分类核算。"库存现金"是资产类账户，用以核算库存现金的收入、付出和结存。企业收入现金时，记入借方；企业付出现金时，记入贷方；期末余额在借方，表示企业库存现金的结存数额。

为了加强对库存现金的核算与管理，详细地掌握企业库存现金收付的动态和结存情况，企业还必须设置"现金日记账"，按照现金收支业务发生的时间先后，逐日逐笔进行登记，并逐日结出余额，以便与实存现金相核对，做到日清日结、账款相符。

（二）库存现金的业务核算

1. 库存现金收支业务的核算

商品流通企业如发生库存现金收入时，应借记"库存现金"账户，贷记"银行存款"

"主营业务收入"等账户；反之，如发生库存现金支出时，则借记对应账户，贷记"库存现金"账户。

【例2-1】 东华公司8月份发生了以下与库存现金相关的经济业务：

(1) 企业从银行提取现金50 000元。

借：库存现金 50 000
　　贷：银行存款 50 000

(2) 企业将现金80 000元存入银行。

借：银行存款 80 000
　　贷：库存现金 80 000

(3) 企业销售商品取得货款现金收入10 000元，增值税率13%，税款1 300元。

借：库存现金 11 300
　　贷：主营业务收入 10 000
　　　　应交税费　　应交增值税（销项税额） 1 300

(4) 行政管理部门报销办公费用1 000元。

借：管理费用 1 000
　　贷：库存现金 1 000

(5) 企业技术人员李某预借差旅费2 000元。

借：其他应收款 2 000
　　贷：库存现金 2 000

2. 库存现金清查业务的核算

商品流通企业如发生库存现金账实不符，发现有待查明原因的现金短缺或溢余时，应先通过"待处理财产损溢"账户核算。

(1) 如果发现库存现金短缺时，应借记"待处理财产损溢"账户，贷记"库存现金"账户；反之，如发生库存现金溢余时，则借记"库存现金"账户，贷记"待处理财产损溢"账户，以保持账款相符。

(2) 待查明原因，按管理权限报经批准后，根据情况处理：

对于短缺的库存现金，如决定由责任人或保险公司赔偿时，则借记"其他应收款"账户；如无法查明原因，决定由企业列支时，应借记"管理费用"账户；贷记"待处理财产损溢"账户。

对于溢余的库存现金，经批准转账时，应借记"待处理财产损溢"账户，如应支付给有关人员或单位，贷记"其他应付款"账户；如无法查明原因，贷记"营业外收入"账户。

【例2-2】 东华公司在进行清查时，发现短款600元，原因待查。

(1) 发现现金短款时：

借：待处理财产损溢 600
　　贷：库存现金 600

(2) 经查上述短款中500元属于出纳失误造成的，由张某赔偿；其余短款无法查明原因，经批准做管理费用处理：

借：其他应收款——张某 500

    管理费用——短款   100
    贷：待处理财产损溢   600

【例2-3】 东华公司在进行清查时，发现长款800元，原因待查。

（1）发现现金长款时：

  借：库存现金   800
    贷：待处理财产损溢   800

（2）经查上述长款中500元属于少付给员工王某的款项，其余长款无法查明原因，经批准做营业外收入处理：

  借：待处理财产损溢   800
    贷：其他应付款——王某   500
      营业外收入——长款   300

第三节　银 行 存 款

一、银行存款账户的开立

  银行存款是指企业存入银行或其他金融机构的各种款项。我国银行存款包括人民币存款和外币存款两种。商品流通企业应根据业务的需要，按照规定在其所在地银行开设账户，进行存款、取款和各种收支转账业务的结算。企业在银行开户时，应填制开户申请书，并提供当地工商行政管理部门核发的营业执照正本等有关文件。企业的银行存款账户分为基本存款账户、一般存款账户、临时存款账户和专用存款账户四类。

  基本存款账户是主要用于企业办理日常转账结算和现金收付的账户。企业只能选择一家银行的一个营业机构开立一个基本存款账户，企业的工资、奖金等现金的支取，只能通过该账户办理。一般存款账户是企业因借款或其他结算需要在基本存款账户开户银行以外的其他银行的营业机构开立的银行结算账户，该账户可办理转账结算和存入现金，但不能办理现金支取。临时存款账户是企业因临时经营活动需要并在规定期限内使用而开立的账户，如企业异地商品展销、临时性采购商品所需资金等。专用存款账户是企业因特定用途需要开立的账户，如基本建设项目专项资金、农副产品收购资金等。企业的销货款不得转入专用存款账户。

二、银行存款的管理

  企业在办理存款账户以后，在使用账户时应严格执行银行结算纪律的规定。其具体内容包括：合法使用银行账户，不得出租、出借账户；不得利用银行账户进行非法活动；不得签发没有资金保证的票据或远期支票套取银行信用；不得签发、取得和转让没有真实交易和债权债务的票据，套取银行或他人的资金；不准无理拒绝付款，任意占用他人资金。

  商品流通企业银行存款收入的来源主要有投资者投入企业的现款；商品销售收入和提供劳务的收入、其他业务收入及营业外收入取得的款项等；企业从银行或其他金融机构取得的短期借款和长期借款；企业发行债券取得的现款。

商品流通企业银行存款的支付范围主要有支付购进商品的款项；购置其他各项流动资产、固定资产、无形资产的款项；支付各项费用、缴纳税金、支付其他业务支出、罚金、滞纳金等营业外支出的款项及对外短期投资和长期投资的款项等。

三、银行存款的核算

（一）账户与账簿的设置

商品流通企业应设置"银行存款"账户对银行存款进行总分类核算。"银行存款"是资产类账户，用以核算企业银行存款的存入、付出和结存。企业向银行存入款项时，记入借方；企业从银行支付款项时，记入贷方；期末余额在借方，表示企业银行存款的结存数额。

为了加强对银行存款的核算与管理，及时地、详细地掌握银行存款的收付动态和结存情况，以及便于与银行账目核对，商品流通企业还必须设置"银行存款日记账"，按照银行存款收支业务发生时间的先后顺序逐笔进行登记，逐日结出余额，并与银行存款总分类账户相核对，以做到账账相符。

（二）银行存款的业务核算

商品流通企业如发生银行存款收款时，应借记"银行存款"账户，贷记"库存现金""主营业务收入""应收票据"等对应账户；反之，如发生银行存款付款时，则借记对应账户，贷记"银行存款"账户。

1. 银行存款收款的核算

【例2-4】 东华公司8月15日发生以下与银行存款有关的收款经济业务：
（1）企业将现金80 000元存入银行。

借：银行存款　　　　　　　　　　　　　　　　　　　　　　　　80 000
　　贷：库存现金　　　　　　　　　　　　　　　　　　　　　　　　80 000

（2）企业销售商品取得货款收入10 000元，增值税率13%，税款1 300元，收到银行结算通知。

借：银行存款　　　　　　　　　　　　　　　　　　　　　　　　11 300
　　贷：主营业务收入　　　　　　　　　　　　　　　　　　　　　10 000
　　　　应交税费——应交增值税（销项税额）　　　　　　　　　　1 300

2. 银行存款付款的核算

【例2-5】 东华公司8月15日发生以下与银行存款有关的付款经济业务：
（1）开出转账支票，支付采购商品的运费1 500元。

借：进货费用——运费　　　　　　　　　　　　　　　　　　　　1 500
　　贷：银行存款　　　　　　　　　　　　　　　　　　　　　　　　1 500

（2）购进商品一批，价款20 000元，税款2 600元，商品已验收入库，当即开出转账支票付讫。

借：库存商品　　　　　　　　　　　　　　　　　　　　　　　　20 000
　　应交税费——应交增值税（进项税额）　　　　　　　　　　　　2 600
　　贷：银行存款　　　　　　　　　　　　　　　　　　　　　　　　22 600

第四节 备用金

一、备用金的管理

备用金是指企业拨付所属有关职能部门用于收购农副产品、日常零星开支，收款部门用于现金结算的找零等所必需的周转金。

企业对备用金实行定额管理。备用金的定额应由有关职能部门或工作人员根据工作需要提出申请，经财务部门审核同意，报经开户银行审批后确定。一经确定，不得任意变更。使用备用金的部门和工作人员应根据用款情况，定期或不定期地凭付出现金时取得的原始凭证向财务部门报账，财务部门收到报账的付款凭证时，应审核其是否符合财务制度规定的现金支用范围，审核无误后，根据付款凭证的金额拨付现金，以补足其备用金定额。

如果企业备用金业务很少，也可不单独设置"备用金"科目，而通过"其他应收款——备用金"科目核算。

二、备用金的核算

"备用金"是资产类账户，用以核算企业内部周转使用的备用金。企业拨付内部职能部门或个人备用金时，记入借方；企业收回备用金时，记入贷方；期末余额在借方，表示企业备用金的结存额。

商品流通企业单独设置"备用金"科目的财务部门，根据核定的定额拨付有关部门备用金，除了增加或减少拨入的备用金数额外，使用或报销有关备用金支出时不再通过"备用金"科目核算。有关部门发生备用金支出后，凭付出现金取得的原始凭证或原始凭证汇总表向财务部门报账，经财务部门审核无误后，补足其原有备用金的数额。

【例2-6】 东华公司经银行核准，拨付总务部门备用金定额20 000元。

(1) 8月1日，签发现金支票20 000元，拨付总务部门备用金定额。

借：备用金——总务部门　　　　　　　　　　　　　　　　　　20 000
　　贷：银行存款　　　　　　　　　　　　　　　　　　　　　　20 000

(2) 8月6日，总务部门送来报账发票，其中：招待客户费用480元，快递费135元，账页85元，市内交通费168元，财务部门审核无误，当即以现金补足其备用金定额。

借：管理费用——业务招待费　　　　　　　　　　　　　　　　480
　　　　　　——其他费用　　　　　　　　　　　　　　　　　388
　　贷：库存现金　　　　　　　　　　　　　　　　　　　　　868

第五节 国内结算

一、国内结算概述

商品流通企业开展经济活动，必然与国内企业发生经济往来，因此需要通过结算来拨付清偿款项。国内结算的方式有现金结算和转账结算两种。

现金结算是指企业在社会经济活动中使用现金进行货币给付的行为。转账结算又称非现金结算,是指在社会经济活动中,企业通过银行使用票据、信用卡和汇兑、托收承付、委托收款等结算方式进行货币给付及其资金清算的行为。由于转账结算具有方便、通用、迅速和安全的特点,因此,企业的各项结算业务,除按照国家现金管理的规定可以采用现金结算外,都必须采用转账结算。

转账结算的基本原则:银行和企业办理转账结算,都必须遵守"恪守信用,履约付款;谁的钱进谁的账,由谁支配;银行不予垫款"的原则。

票据和结算凭证是办理转账结算的工具。企业使用票据和结算凭证,必须符合下列规定:

(1) 必须使用按中国人民银行统一规定印制的票据凭证和结算凭证。

(2) 签发票据、填写结算凭证要标准化、规范化,要素要齐全、数字要正确、字迹要清晰、不错漏、不潦草、防止涂改,票据的出票日期要使用中文大写,单位和银行的名称要记全称或规范化简称。

(3) 票据和结算凭证的金额、出票或签发日期、收款人名称不得更改。而票据和结算凭证上的其他记载事项,原记载人可以更改,但应由原记载人在更改处签章证明。

(4) 票据和结算凭证金额以中文大写和阿拉伯数字同时记载,二者必须一致。

(5) 票据和结算凭证上的签章和其他记载事项要真实准确,不得伪造、变造。

二、国内转账结算

国内转账结算的方式有支票、银行本票、银行汇票、商业汇票、信用卡、汇兑、托收承付和委托收款八种。国内转账结算方式如图2-1所示。

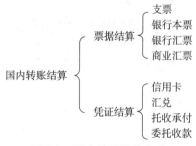

图 2-1　国内转账结算方式

(一) 支票结算

1. 支票结算概述

支票是指出票人签发的、委托办理支票存款业务的银行在见票时无条件支付确定的金额给收款人或者持票人的票据。

(1) 支票的种类:支票根据支付票款的方式不同,可分为现金支票、转账支票和普通支票三种。现金支票是指专门用于支取现金的支票。转账支票是指专门用于转账的支票。这两种支票在票面上端分别印明"现金""转账"字样。普通支票是指既可以转账也可以支取现金的支票。由于普通支票未限定支付方式,所以采用画线来区分用于转账或用于支取现金。如用于转账,应在支票左上角画两条平行线,未画线的则可用于支取现金。

(2) 支票的开户:开立支票存款账户,申请人必须使用其本名,提交证明其身份的合法证件,并应当预留其本名的签名式样或印鉴,以便付款银行在支付票款时进行核查。开立支票存款账户和领用支票,应当有可靠的资信,并存入一定的资金。

(3) 支票的特点:支票结算作为流通手段和支付手段,具有清算及时、使用方便、收付双方都有法律保障和结算灵活的特点。它适用于单位和个人在同一票据交换区域(同城)的商品交易、劳务供应、资金调拨和其他款项的结算等。

2. 支票结算的主要规定

(1) 支票应由财务部门统一管理,并指定专人妥善保管。支票和印章要由不同人员分别保管。作废的支票也不得丢失,注销后应与存根一起保存。

(2) 支票填写要规范,内容要完整。签发支票应使用蓝黑墨水、墨汁或碳素墨水填写;支票必须记载表明支票字样、无条件支付的委托、确定的金额、付款人名称、出票日期和出票人签章六项内容;支票的金额和收款人名称可以由出票人授权补记;支票上的大小写金额和收款人不得更改,其他项目需要更改时,必须加盖印鉴。

(3) 支票的提示付款期限为 10 天,自出票日起算,如到期日遇有节假日则顺延。收款单位收到支票后,应由财务部门加盖企业预留银行的印鉴,并在有效期内将支票联同填制的"银行进账单"送存开户银行,过期支票,银行拒绝受理。

(4) 禁止签发空头支票、远期支票和签章与预留银行签章不符的支票;银行对签发空头支票和签章与预留银行签章不符的支票,除予以退票外,并按票面金额处以 5% 但不低于 1 000 元的罚款,同时持票人有权要求出票人支付支票金额 2% 的赔偿金。

(5) 禁止签发未填写内容和金额的空白支票。商品流通企业如事先不能确定采购商品的数量和金额而需签发转账支票时,经单位领导和财务部门主管批注签字后,可以不填金额,但必须填明开票日期、收款单位名称和款项用途,规定付款限额和报销期限。

(6) 现金支票可向银行申请挂失。在银行受理挂失前的经济损失,由挂失单位负责。如果空白支票或已签发的转账支票遗失,可向开户银行和收款单位提出协助防范的申请,但不能向银行申请挂失。

(7) 转账支票的持票人可以在中国人民银行总行批准的地区通过背书将支票权利转让给他人。背书是指在票据背面或者粘单上记载有关事项并签章的票据行为。接收背书支票的收款人为被背书人。已背书转让的支票,背书应当连续。但出票人在支票上记载"不得转让"字样的支票和用于支取现金的支票不得转让。

(8) 收款人、被背书人受理支票时应审查支票收款人是否确为本单位或本人;支票是否在提示付款期限内;支票上必须记载的事项是否齐全;出票人签章是否符合规定;大小写金额是否一致、出票日期是否使用中文大写;出票金额、出票日期、收款人名称是否更改;更改的其他记载事项是否由原记载人签章;支票正面是否记载"不得转让"的字样等。

3. 支票结算的核算

企业签发现金支票后,留下存根联作为取款或付款的入账依据,凭支票联向开户银行提取现金,或者通过银行支付款项。

企业签发转账支票后，留下存根联作为付款的入账凭证，然后将支票联送交收款人，收款人据以填制"进账单"，一式两联，然后连同支票联一并送交其开户银行，取回银行加盖收款章的进账单收账通知联，作为收款的入账凭证。收款人开户银行留存另一联进账单，将支票联转交出票人开户银行划转款项。

商品流通企业签发现金支票提取现金时，根据支票存根联借记"库存现金"账户，贷记"银行存款"账户；购进商品以转账支票支付货款和增值税额时，根据进货凭证和支票存根联，借记"在途物资"和"应交税费"账户；贷记"银行存款"账户。根据商品验收入库凭证，借记"库存商品"账户；贷记"在途物资"账户。

商品流通企业销售商品收到客户支付货款和增值税额的转账支票并解存银行时，根据进账单收账通知联和销货凭证，借记"银行存款"账户，贷记"主营业务收入"和"应交税费"账户。

【例2-7】 东华公司8月16日发生以下经济业务：
(1) 签发现金支票一张，提取现金20 000元。

借：库存现金　　　　　　　　　　　　　　　　　　　　　　　20 000
　　贷：银行存款　　　　　　　　　　　　　　　　　　　　　20 000

(2) 购进商品一批，价款10 000元，增值税额1 300元，商品已验收入库，开出转账支票付讫。

借：库存商品　　　　　　　　　　　　　　　　　　　　　　　10 000
　　应交税费——应交增值税（进项税额）　　　　　　　　　　 1 300
　　贷：银行存款　　　　　　　　　　　　　　　　　　　　　11 300

(3) 销售商品价款50 000元，税款6 500元，收到转账支票。

借：银行存款　　　　　　　　　　　　　　　　　　　　　　　56 500
　　贷：主营业务收入　　　　　　　　　　　　　　　　　　　50 000
　　　　应交税费——应交增值税（销项税额）　　　　　　　　 6 500

（二）银行本票结算

1. 银行本票结算概述

银行本票是指由银行签发的，承诺自己在见票时无条件支付确定的金额给收款人或者持票人的票据。

(1) 银行本票的种类：银行本票分为不定额银行本票和定额银行本票两种。定额银行本票面额为1 000元、5 000元、10 000元和50 000元。银行本票可以用于转账，注明"现金"字样的银行本票可以向出票银行支取现金。

(2) 银行本票的特点：银行本票具有信誉高、支付能力强，并有代替现金使用功能的特点。它适用于企业在同一票据交换区域（同城）内的商品交易、劳务供应和其他款项的结算。

2. 银行本票结算的主要规定

(1) 银行本票必须记载表明"银行本票"的字样、无条件支付的承诺、确定的金额、收款人名称、出票日期、出票人签章等事项。

(2) 银行本票的出票人在持票人提示见票时，必须承担付款的责任。

(3) 申请人应向出票银行填写银行本票申请书，填明收款人名称、申请人名称、支付金额、申请日期等项目并签章。

(4) 银行本票自出票日起，提示付款期限为1个月，最长不得超过2个月。在付款期限内银行见票即付，不能挂失；超过付款期限的银行本票，不能再向银行转账或支取现金，但可以由申请单位到签发本票的银行办理退款手续。

(5) 遗失的不定额银行本票，在付款期满后1个月，确认未被冒领后可以办理退款手续。

(6) 银行本票持票人可以通过背书将银行本票权利转让给他人，具体转让办法与支票相同。

(7) 收款人、被背书人受理银行本票时应审查银行本票的收款人是否确为本单位或本人；本票是否在提示付款期内；本票必须记载的事项是否齐全；出票人签章是否符合规定，不定额银行本票是否有压数机压印的出票金额，并与大写出票金额一致；出票金额、出票日期、收款人名称是否更改，更改的其他记载事项是否由原记载人签章证明；银行本票正面是否有"不得转让"的字样。

3. 银行本票结算的核算

商品流通企业需要使用银行本票时，应填制银行本票申请书，银行受理后，为企业签发银行本票。企业取得银行本票时，根据银行本票申请书存根联借记"其他货币资金——银行本票"账户；贷记"银行存款"账户。企业购进商品以银行本票支付货款和增值税额时，根据进货凭证，借记"在途物资"和"应交税费"账户，贷记"其他货币资金——银行本票"账户。

【例2-8】 东华公司采购商品，发生下列经济业务：

(1) 8月20日，填制银行本票申请书22 600元，银行受理后，收到同等数额的银行本票，财务部门根据银行本票申请书存根联，做分录如下：

借：其他货币资金——银行本票　　　　　　　　　　　　　　　22 600
　　贷：银行存款　　　　　　　　　　　　　　　　　　　　　　22 600

(2) 8月23日，向华美公司购进商品一批，货款20 000元，增值税额2 600元，款项一并以面额22 600元的银行本票支付，做分录如下：

借：在途物资——华美公司　　　　　　　　　　　　　　　　　20 000
　　应交税费——应交增值税（进项税额）　　　　　　　　　　　2 600
　　贷：其他货币资金——银行本票　　　　　　　　　　　　　22 600

(3) 8月24日，上项商品验收入库，做分录如下：

借：库存商品　　　　　　　　　　　　　　　　　　　　　　　20 000
　　贷：在途物资　　　　　　　　　　　　　　　　　　　　　20 000

商品流通企业销售商品收到客户支付货款和增值税额的银行本票，经审查无误后，应在银行本票上加盖背书，并据以填制进账单一式两联，然后一并送交开户银行。经银行审核无误后，在进账单上加盖收款章，取回收账单收账通知联，届时，根据销货凭证和进账单收账通知联，借记"银行存款"账户，贷记"主营业务收入"和"应交税费"账户。

【例2-9】 东华公司向御龙商厦销售商品一批，货款30 000元，增值税额3 900元，收到面额33 900元的银行本票，存入银行，做分录如下：
  借：银行存款   33 900
    贷：主营业务收入   30 000
      应交税费——应交增值税（销项税额）   3 900

（三）银行汇票结算

1. 银行汇票结算概述

银行汇票是指出票银行签发的，由其在见票时按照实际结算金额无条件支付给收款人或者持票人的票据。

银行汇票的特点：银行汇票具有使用面广泛、通汇面广、使用方便、灵活安全、兑现性强的特点。它适用于同城或异地单位和个人之间的商品交易和劳务供应等。

2. 银行汇票结算的主要规定

（1）银行汇票一律记名，必须记载表明"银行汇票"的字样、无条件支付的委托、确定的金额、付款人名称、收款人名称、出票日期、出票人签章等事项；申请人应向出票银行填写银行汇票申请书，填明收款人名称、汇票金额、申请人名称、申请日期等事项并签章。

（2）银行汇票的提示付款期限为从出票日起1个月（不分大月、小月，统一按付款期限的对应日计算，到期日遇到节假日则顺延）。

（3）汇款人申请办理银行汇票，应向签发银行填写银行汇票申请书，详细填明兑付地点、收款单位名称、用途和金额等项内容。汇款人异地办理转账结算或支取现金均可采用银行汇票。

（4）签发票据的银行受理银行汇票申请书时，收妥款项后再据以签发银行汇票。对需要支取现金的，在汇票"汇票金额"栏先填写"现金"字样，再填写汇款金额，加盖所规定的印章，并用压数机压印汇款金额，将汇票和解讫通知交给汇款人。

（5）收款人收到银行汇票向银行送存时，必须同时提交银行汇票和解讫通知，并填写进账单。其开户银行留下其中一联进账单和银行汇票，将解讫通知和多余款收账通知寄往签发银行，签发银行凭解讫通知入账。

（6）银行汇票兑付的金额应在出票金额以内，将实际结算金额和多余金额准确、清晰地填入银行汇票和解讫通知的有关栏内。未填明实际结算金额和多余金额或实际结算金额超过出票金额的，银行不予受理。更改实际结算金额的银行汇票无效。如果汇票上有多余金额，则由签发银行退回汇款企业。

（7）持票人可以通过背书将银行汇票权利转让给他人，银行汇票具体转让办法与支票相同，不再重述。

（8）收款人受理银行汇票时除了要审查与受理银行本票相关内容外，还要审查银行汇票和解讫通知是否齐全、汇票号码和记载的内容是否一致。

3. 银行汇票结算的核算

商品流通企业需要使用银行汇票时，应填制一式数联的银行汇票申请书，在支款凭证联上加盖预留印鉴，留下存根联作为入账依据，并将其余各联送交签发银行。银行凭支款凭证收取款项,然后据以签发银行汇票,将银行汇票和解讫通知两联凭证交给企业。企业取得这两联凭证后,根据银行汇票委托书存根联,借记"其他货币资金——银行汇票"账户,贷记"银行存款"账户。

当企业持银行汇票和解讫通知采购商品,支付商品货款、增值税额及运杂费时,借记"在途物资"和"应交税费"账户,贷记"其他货币资金——银行汇票"账户;若采购商品有余款退回,则借记"银行存款"账户。

【例2-10】 东华公司去山东采购商品,发生下列经济业务:

(1) 9月1日,填制银行汇票申请书50 000元,银行受理后,收到同等数额的银行汇票及解讫通知。根据银行汇票申请书存根联,做分录如下:

借:其他货币资金——银行汇票　　　　　　　　　　　　　　50 000
　　贷:银行存款　　　　　　　　　　　　　　　　　　　　　50 000

(2) 9月6日,向山东电器公司购进商品一批,货款40 000元,增值税额5 200元,运杂费1 800元,一并以面额50 000元的银行汇票付讫,余额返回,做分录如下:

借:在途物资　　　　　　　　　　　　　　　　　　　　　　41 800
　　应交税费——应交增值税(进项税额)　　　　　　　　　　5 200
　　银行存款　　　　　　　　　　　　　　　　　　　　　　 3 000
　　贷:其他货币资金——银行汇票　　　　　　　　　　　　　50 000

商品流通企业在销售商品或提供劳务后,收到对方的银行汇票时,对银行汇票审查无误后,应在汇票金额栏内填写实际结算金额,多余的金额应填入"多余金额"栏内。如是全额解付的,应在"多余金额"栏内写上零,然后在汇票上加盖银行的预留印鉴,填写进账单解入银行。经银行审核无误后,在进账单上加盖收款章,企业取回进账单收账通知联,据以借记"银行存款"账户,贷记"主营业务收入"和"应交税费"账户。

收款方开户银行留下另一联进账单和银行汇票,将解讫通知和多余款收账通知寄往签发银行,签发银行凭解讫通知入账;将多余款收账通知联送交付款方,付款方将其作为退回余额的入账凭证。

【例2-11】 东华公司向御龙商厦销售商品一批,货款20 000元,增值税额2 600元,收到面额22 600元的银行汇票,款项存入银行。

借:银行存款　　　　　　　　　　　　　　　　　　　　　　22 600
　　贷:主营业务收入　　　　　　　　　　　　　　　　　　　20 000
　　　　应交税费——应交增值税(销项税额)　　　　　　　　 2 600

(四) 商业汇票

1. 商业汇票结算概述

商业汇票是指出票人签发的、委托付款人在指定日期无条件支付确定的金额给收款人或者持票人的票据。

(1) 商业汇票的种类:商业汇票根据承兑人的不同,可分为商业承兑汇票和银行承兑汇票两种。商业承兑汇票是指由出票人(收款人或付款人)签发、经付款人承兑的票据;银行承兑汇票是指由出票人(付款人)签发并经其开户银行承兑的票据。承兑是指汇票付款人承诺在汇票到期日支付汇票金额的票据行为。

(2) 商业汇票的特点：商业汇票作为一种商业信用，具有信用性强和结算灵活的特点。它在同城异地均能使用。在银行开立账户的法人以及其他组织之间必须具有真实的交易关系或债权债务关系，才能使用商业汇票。出票人不得签发无对价的商业汇票，用以骗取银行或者其他票据当事人的资金。

2. 商业汇票结算的主要规定

(1) 商业汇票必须记载表明"商业承兑汇票"或"银行承兑汇票"字样、无条件支付的委托、确定的金额、付款人名称、收款人名称、出票日期、出票人签章等事项。

(2) 商业汇票的付款期限最长不超过 6 个月，付款期限应当清楚、明确；商业汇票应按照规定提示承兑，其提示付款期限为自汇票到期日起 10 日。

(3) 商业承兑汇票的付款人或银行承兑汇票的出票人应于汇票到期日前，将票款足额交存其开户银行。商业承兑汇票到期日，付款人存款账户不足支付或汇票上签章与预留银行签章不符时，其开户银行应填制付款人未付款通知书，连同商业承兑汇票提交持票人开户银行转交持票人。银行承兑汇票的出票人到期日未能足额交存票款时，承兑银行除凭票向持票人无条件付款外，并对出票人尚未支付的汇票金额按每天 0.5‰ 计收利息。

(4) 持票人可以通过背书将商业汇票权利转让给他人。

(5) 收款人、被背书人受理商业汇票时应审查商业汇票的收款人是否确为本单位或本人；必须记载的事项是否齐全；出票人、承兑人签章是否符合规定；大小写金额是否一致；出票日期是否使用中文大写；出票金额、出票日期、收款人名称是否更改，更改的其他事项是否由原记载人签章；汇票正面是否记载"不得转让"字样。

3. 商业汇票结算的核算

商业汇票结算的核算分为不带息商业汇票的核算和带息商业汇票的核算两种。

(1) 不带息商业汇票的核算。当商品流通企业采购商品，以不带息商业汇票抵付采购商品货款和增值税额时，借记"在途物资"和"应交税费"账户，贷记"应付票据"账户。

【例 2-12】 东华公司向华美公司购进商品一批，货款 30 000 元，增值税额 3 900 元，当即签发 2 个月期限的不带息商业承兑汇票抵付账款。

借：在途物资　　　　　　　　　　　　　　　　　　　　　　　30 000
　　应交税费——应交增值税（进项税额）　　　　　　　　　　 3 900
　　贷：应付票据——面值（华美公司）　　　　　　　　　　　33 900

商品流通企业签发的不带息商业汇票到期兑付票款时，借记"应付票据"账户，贷记"银行存款"账户。

当商品流通企业销售商品，在收到对方抵付货款和增值税额的不带息商业汇票时，借记"应收票据"账户，贷记"主营业务收入"和"应交税费"账户。

【例 2-13】 东华公司销售给御龙商厦商品一批，货款 40 000 元，增值税额 5 200 元，当即收到对方抵付款项的不带息商业汇票，期限为 2 个月。

借：应收票据——面值（御龙商厦）　　　　　　　　　　　　45 200
　　贷：主营业务收入　　　　　　　　　　　　　　　　　　40 000
　　　　应交税费——应交增值税（销项税额）　　　　　　　 5 200

商业汇票的持票人包括收款人或被背书人,等汇票到期日,填制委托收款结算凭证,连同商业承兑汇票或银行承兑汇票及解讫通知一并送交开户银行办理收款。执票人凭取回的委托收款收账通知联,借记"银行存款"账户,贷记"应收票据"账户。

(2) 带息商业汇票的核算。商品流通企业签发的带息商业汇票,应于期末按照事先确定的利率计提利息,并将其列入"财务费用"账户。

【例2-14】 9月20日,东华公司将1个月前签发并承兑给华美公司的3个月期限的带息商业汇票50 000元,按6‰的月利率计提本月应负担的利息。

借:财务费用——利息支出　　　　　　　　　　　　　　　　　　　　　　300
　　贷:应付票据——利息(华美公司)　　　　　　　　　　　　　　　　　　300

带息商业汇票到期汇兑本息时,根据票据面值和计提的利息,借记"应付票据"账户;根据本期应负担的利息,借记"财务费用"账户;根据支付的本息,贷记"银行存款"账户。

【例2-15】 11月20日,东华公司3个月前签发给华美公司的带息商业汇票已到期,金额为50 000元,月利率6‰,当即从存款户中兑付本息。

借:应付票据——面值(华美公司)　　　　　　　　　　　　　　　　50 000
　　　　　　——利息(华美公司)　　　　　　　　　　　　　　　　　　600
　　财务费用——利息支出　　　　　　　　　　　　　　　　　　　　　　300
　　贷:银行存款　　　　　　　　　　　　　　　　　　　　　　　　　50 900

应付票据到期,如企业无力支付票据,应按应付票据的账面价值,借记"应付票据"账户,贷记"应付账款"账户。倘若是带息的应付票据,转入"应付账款"账户以后,期末不再计提应付利息。

为了加强对应付票据的管理,企业除了按收款人设置明细分类账户进行核算外,还应设置"应付票据备查簿",详细记载每一应付票据的种类、号数、签发日期、到期日、票面金额、票面利率、合同交易号、收款单位名称以及付款日期和金额等详细资料。应付票据到期结清时,应在备查簿内逐笔注销。

商品流通企业收到的带息商业汇票,期末应按商业汇票的面值和票面月利率计提利息,届时借记"应收票据"账户,贷记"财务费用"账户。

【例2-16】 7月20日,东华公司将1个月前收到的御龙商厦签发并承兑的带息商业汇票(期限为3个月,面值为50 000元),按6‰的月利率计提利息。

借:应收票据——利息(御龙商厦)　　　　　　　　　　　　　　　　　　300
　　贷:财务费用——利息支出　　　　　　　　　　　　　　　　　　　　　300

带息商业汇票到期收到本息时,根据收到的本息借记"银行存款"账户,根据票据面值和计提的利息贷记"应收票据"账户,将本期应收的利息冲减"财务费用"账户。

【例2-17】 东华公司3个月前收到御龙商厦的带息商业汇票一张,面值50 000元,月利率6‰,已经到期,收到本息,存入银行。

借:银行存款　　　　　　　　　　　　　　　　　　　　　　　　　　50 900
　　贷:应收票据——面值(御龙商厦)　　　　　　　　　　　　　　　50 000
　　　　　　　　——利息(御龙商厦)　　　　　　　　　　　　　　　　600
　　　　财务费用——利息收入　　　　　　　　　　　　　　　　　　　　300

为了加强对应收票据的管理,以有利于及时向承兑人兑现,以及当汇票遭到拒绝承兑时及时行使追索权,企业除了按付款人设置明细分类账进行核算外,还应设置"应收票据备查簿",逐笔登记每一应收票据的种类、号数和出票日期、票面金额、票面利率、交易合同号和付款人、承兑人、背书人的单位名称、到期日期、收回日期和金额,如贴现的应注明贴现日期、贴现率和贴现净额,并将结清的应收票据在备查簿内逐笔注销。

(3)商业汇票的贴现及核算。贴现是指票据持票人在票据到期前为获得票款,向银行贴付一定的利息,而将商业汇票的债权转让给银行的一种票据转让行为。

商业汇票的收款人在需要资金时,可持未到期的商业汇票向其开户银行申请贴现。

当商业汇票的收款人持未到期的商业汇票向其开户银行申请贴现时,银行审查同意后,将按票面金额扣除从贴现日至汇票到期日的利息后,予以贴现。企业将商业汇票向银行贴现的贴息及贴现所得的计算公式如下:

$$贴息 = 票据到期值 \times 月贴现率 \times \frac{实际贴现天数}{30 天}$$

$$贴现所得 = 票据到期值 - 贴息$$

实际贴现天数是按贴现银行向申请贴现人支付贴现所得之日起至汇票到期前一日止。

无息商业汇票到期值即票面值,而带息商业汇票到期值是票面值加上到期的利息,利息的计算公式如下:

$$带息商业汇票到期利息 = 票面值 \times 月利率 \times \frac{汇票期限}{30 天}$$

$$票面到期值 = 票面值 + 到期利息$$

【例2-18】 9月30日东华公司将9月10日收到的御龙商厦的带息商业汇票一张,金额为50 000元,月利率为6‰,到期日为10月30日,向银行申请贴现,月贴现率为6.3‰。

$$票据到期值 = 50\,000 + 50\,000 \times 6‰ \times \frac{50}{30} = 50\,500(元)$$

$$票据贴息 = 50\,500 \times 6.3‰ \times \frac{30}{30} = 318.15(元)$$

$$贴现所得 = 50\,500 - 318.15 = 50\,181.85(元)$$

根据计算的结果,做分录如下:

借:银行存款　　　　　　　　　　　　　　　　　　　　　　　50 181.85
　　贷:应收票据——面值(御龙商厦)　　　　　　　　　　　　　50 000
　　　　财务费用——利息收入　　　　　　　　　　　　　　　　　　181.85

若计算的结果到期利息小于贴现利息,其差额则应列入"财务费用"账户的借方。

商品流通企业已贴现的商业承兑汇票,在到期日承兑人的银行存款账户不足支付时,其开户银行应立即将汇票退给贴现银行。贴现银行则将从贴现申请人账户内收取汇票到期值,届时借记"应收账款"账户,贷记"银行存款"账户。

(五)信用卡结算

1. 信用卡结算概述

信用卡是指商业银行向个人和单位发行的,凭以向特约单位购物、消费和向银行存取现金,且具有消费信用的特制载体卡片。

(1) 信用卡的种类如下：

①信用卡按是否需要交存备用金，可分为贷记卡和准贷记卡。贷记卡是指发卡银行给予持卡人一定的信用额度，持卡人可在信用额度内先消费、后还款的信用卡。准贷记卡是指持卡人须先按发卡银行要求，交存一定金额的备用金，当备用金额不足支付时，可以在发卡银行规定的信用额度内透支的信用卡。

②信用卡按使用的对象不同，可分为单位卡和个人卡。单位卡又称商务卡，是指发卡银行向单位发行的以商务为核心的信用卡。个人卡是指发卡银行向自然人发行的信用卡。

③信用卡按信誉等级分为金卡和普通卡。

(2) 信用卡的开立：单位或个人申领信用卡应按规定填制申请表，连同有关资料一并送交发卡银行。符合条件并按银行要求交存一定金额的备用金（贷记信用卡不需要交存备用金）后，银行为申领人开立信用卡存款账户，并发给信用卡。发卡银行可根据申请人的资信程度，要求其提供担保。担保方式可采用保证、抵押或质押。

(3) 信用卡的特点：信用卡具有安全方便、可以先消费后付款的特点。它适用于单位和个人的商品交易和劳务供应的结算，同城异地均能使用。

2. 信用卡结算的主要规定

(1) 单位卡账户的资金一律从其基本存款账户转账存入，不得交存现金，也不得支取现金；单位卡不得用于 100 000 元以上的商品交易和劳务供应款项的结算。

(2) 信用卡仅限于合法持卡人本人使用，持卡人不得出租或转借信用卡。

(3) 特约单位受理信用卡，审查无误后，在签购单上压卡，填写实际结算金额、用途、特约单位名称和编号，然后交持卡人在签购单上签名确认，并将信用卡和签购单回单交还给持卡人。

(4) 信用卡的透支额度由商业银行自行确定。金卡最高不得超过 50 000 元，普通卡最高不得超过 2 000 元，透支期限最长为 59 天。

(5) 特约单位受理信用卡时应审查的事项包括：受理的信用卡是否确为本单位可受理的信用卡；信用卡是否在有效期内，是否列入止付名单；签名条上是否有"样卡"或"专用卡"等非正常签名的字样；信用卡是否有打孔、剪角、毁坏或涂改的痕迹等。

3. 信用卡的结算程序

特约单位在信用卡审查无误后，在签购单上压卡，填写实际结算金额、用途、特约单位名称和编号，然后交持卡人在签购单上签名确认，并将信用卡和签购单回单交还给持卡人。在每日营业终了，将当日受理的信用卡签购单汇总，计算手续费和净计金额，并填写汇计单和进账单，连同签购单一并送交收单银行办理进账。

4. 信用卡结算的核算

商品流通企业在银行开户存入信用卡备用金时，借记"其他货币资金——信用卡存款"账户，贷记"银行存款"账户。在开户时支付的手续费，应列入"财务费用"账户。企业持信用卡支付商品货款、增值税额或费用时，根据购进商品或支付费用的凭证和签购单回单，借记"在途物资""应交税费"或"管理费用"等账户，贷记"其他货币资金——信用卡存款"账户。

【例2-19】 东华公司在建设银行开立信用卡存款账户。

(1) 3月1日,存入信用卡备用金10 000元,发生开户手续费40元,一并签发转账支票付讫。

借:其他货币资金——信用卡存款　　　　　　　　　　　　10 000
　　财务费用　　　　　　　　　　　　　　　　　　　　　　40
　　贷:银行存款　　　　　　　　　　　　　　　　　　　　　　10 040

(2) 3月5日,购进商品一批,货款8 000元,增值税额1 040元,以信用卡存款付讫。

借:在途物资　　　　　　　　　　　　　　　　　　　　　　8 000
　　应交税费——应交增值税(进项税额)　　　　　　　　　1 040
　　贷:其他货币资金——信用卡存款　　　　　　　　　　　　9 040

特约商品流通企业销售商品,受理客户用信用卡结算时,应取得客户签字的签购单,当日营业终了,根据签购单存根联汇总后,编制计汇单,计算总计金额,根据发卡银行规定的手续费率,计算手续费,总计金额扣除手续费后为净计金额,并按净计金额填制进账单,然后一并送交开单银行办理进账,取回进账单回单入账。届时根据进账单金额借记"银行存款"账户,根据计汇单上列明的手续费借记"财务费用"账户;根据发票上列明的商品货款及增值税额与计汇单上的总计金额,贷记"主营业务收入"和"应交税费"账户。

【例2-20】 东华公司采用信用卡结算销售商品一批,货款50 000元,增值税额6 500元,信用卡结算手续费率为5‰。根据销售发票、签购单存根联及计汇单回单和进账单回单,做分录。

借:银行存款　　　　　　　　　　　　　　　　　　　　　　56 250
　　财务费用——手续费　　　　　　　　　　　　　　　　　　250
　　贷:主营业务收入　　　　　　　　　　　　　　　　　　　　50 000
　　　　应交税费——应交增值税(销项税额)　　　　　　　　　6 500

(六)汇兑结算

1. 汇兑结算概述

汇兑是指汇款人委托银行将其款项支付给收款人的结算方式。

(1) 汇兑的种类:汇兑按其凭证的传递方式不同,分为信汇和电汇两种,可由汇款人选用。信汇是银行将信汇凭证通过邮局寄给汇入银行。这种传递方式费用低,但收款较慢。电汇是银行将电汇凭证通过电报或其他电信工具向汇入银行发出付款通知。这种传递方式收款快,但费用较高。

(2) 汇兑的特点:汇兑结算具有适用范围大,服务面广,手续简便,划款迅速和灵活易行的特点。它适用于异地各单位和个人之间的商品交易、劳务供应、资金调拨、清理旧欠等各种款项的结算。

2. 汇兑结算的主要规定

(1) 采用汇兑结算方式,付款单位汇出款项时,应填写银行印制的汇款凭证,列明收款单位名称、汇款金额和汇款的用途等项目,送达开户银行。委托银行将款项汇往收款单位的开户银行。收款单位的开户银行将汇款汇入收款单位存款账户后,转送汇款凭证一联通知收款单位收款。

（2）汇款人签发汇兑凭证必须记载表明"信汇"或"电汇"的字样、无条件支付的委托、确定的金额、收款人名称、汇入地点、汇入银行名称、汇款人名称、汇出地点、汇出银行名称、委托日期和汇款人签章等事项。

（3）未在银行开立存款账户的收款人凭信汇、电汇取款通知向汇入银行支取款项时，必须交验本人的身份证件，在信汇、电汇凭证上注明证件名称、号码及发证机关，并在收款人签章处签章。银行审查无误后，以收款人的姓名开立的临时存款账户，只付不收，付完清户，不计付利息。需要转汇的，应由原收款人向银行填制汇兑凭证，并由本人交验其身份证件。

3. 汇兑结算的核算

汇款人委托银行办理汇款，应填制一式数联的信汇、电汇结算凭证，送交开户银行。银行审查无误，同意汇款时，在回单联上加盖印章后退回汇款人，作为其汇款的入账依据。开户银行留下一联，其余各联传递到收款方开户银行。收款方开户银行留下一联，将收款通知联转交收款人，作为其收款的入账依据或取款的凭证。

企业汇出款项采购商品时，凭信汇、电汇凭证回单联，借记"应付账款"账户，贷记"银行存款"账户；收到采购商品的凭证时，根据凭证上列明的货款、增值税额及商品的运杂费，借记"在途物资""应交税费"账户，贷记"应付账款"账户。

【例2-21】（1）5月1日，东华公司向丽美公司函购商品一批。填制电汇结算凭证，汇出金额26 000元。

借：应付账款——丽美公司　　　　　　　　　　　　　　　　　　26 000
　　贷：银行存款　　　　　　　　　　　　　　　　　　　　　　　　26 000

（2）5月10日，丽美公司发来函购商品，并收到其附来的发票和运杂费凭证，开列货款20 000元，增值税额2 600元，运杂费800元，并收到退回余款2 600元，存入银行。

借：在途物资　　　　　　　　　　　　　　　　　　　　　　　　20 800
　　应交税费——应交增值税（进项税额）　　　　　　　　　　　　 2 600
　　银行存款　　　　　　　　　　　　　　　　　　　　　　　　　 2 600
　　贷：应付账款——丽美公司　　　　　　　　　　　　　　　　　26 000

商品流通企业收到购货方汇入购买商品的信汇、电汇收款通知联时，据以借记"银行存款"账户，贷记"应收账款"账户；当企业将商品发给购货方时，借记"应收账款"账户，并根据商品的货款、增值税额和为其支付的商品运杂费，分别贷记"主营业务收入""应交税费"和"银行存款"账户。

【例2-22】东华公司承接御龙商厦函购商品业务。

（1）8月5日，收到银行转来电汇收账通知一张，金额50 000元，是御龙商厦汇来函购商品的款项。

借：银行存款　　　　　　　　　　　　　　　　　　　　　　　　50 000
　　贷：应收账款——御龙商厦　　　　　　　　　　　　　　　　　50 000

（2）8月15日，御龙商厦函购的商品，货款40 000元，增值税额5 200元，委托运输公司代运，当即签发转账支票支付时装运杂费1 200元，并返回多余现金3 600元，商品已运出,做销售入账。

借:应收账款——御龙商厦　　　　　　　　　　　　　　　50 000
　　贷:主营业务收入　　　　　　　　　　　　　　　　　　40 000
　　　　应交税费——应交增值税(销项税额)　　　　　　　5 200
　　　　银行存款　　　　　　　　　　　　　　　　　　　　4 800

(七) 托收承付结算

1. 托收承付结算概述

托收承付是指根据购销合同由收款人发货后,委托银行向异地付款人收取款项,由付款人向银行承认付款的结算方式。

(1) 托收承付结算的特点:托收承付结算具有物资运动与资金运动紧密结合,由银行维护收付双方正当权益的特点。它适用于商品交易,以及因商品交易而产生的劳务供应。代销、寄销、赊销商品的款项,不得办理托收承付结算。

(2) 托收承付结算的过程:托收承付的结算包括托收和承付两个阶段。其中,托收是指销货单位(收款人)委托开户银行收取结算款项的行为。在托收阶段,销货单位根据合同发货,取得发运证件后,填制托收承付结算凭证。托收承付结算凭证一式数联,连同发票、托运单和代垫运费等单据,一并送交开户银行办理托收手续。承付是指购货单位(付款人)在承付期内,向银行承认付款的行为。在承付阶段,购货单位开户银行将托收承付结算凭证及所附单证送交购货单位通知承付货款。购货单位根据合同核对单证或验货后,在规定的承付期内,向银行承认付款,银行则据以划转款项。

2. 托收承付结算的主要规定

(1) 办理托收承付结算的收付双方必须签有符合《中华人民共和国合同法》的购销合同,并在合同上订明使用托收承付结算方式;收款人办理托收,必须具有商品确已发运的证件(包括铁路、航路、公路等运输部门签发的运单、运单副本和邮局包裹回执)。

(2) 办理托收每笔金额的起点为10 000元,新华书店系统每笔金额的起点为1 000元。

(3) 签发托收承付凭证必须记载表明"托收承付"的字样;确定的金额;付款人名称、账号及开户银行名称;收款人名称账号及开户银行名称;托收附寄单证张数或册数;合同名称、号码;委托日期和收款人签章等。收款人按照签订的购销合同发货后,应将托收凭证并附发运证件和交易单证送交银行,委托银行办理托收。

(4) 付款人收到托收承付结算凭证后,应在承付期内审查核对,安排资金。承付货款的方式有验单承付和验货承付两种。

验单承付是指付款方接到开户银行转来的承付通知联及有关单证等,与合同核对相符后就应承付货款,承付期为3天。从付款人开户银行发出承付通知的次日算起(承付期内遇法定节假日顺延)。在承付期内,如未向银行表示拒绝付款,银行即作为默认承付,于期满的次日由购货单位的账户将款项转出。

验货承付是指付款单位除了收到开户银行转来的承付通知联及有关单证外,还必须等商品全部运到并验收入库后才承付货款,承付期为10天,从运输单位发出提货通知的次日算起。

(5) 付款人若发现收款人的托收款不符合托收承付结算的有关规定,可以拒绝付款;拒付货款需要填写拒付理由书交银行办理,但拒付后的商品必须妥善代管,直至交付销货单位。

(6) 付款人在承付期满日银行营业终了时,如无足够资金支付,其不足部分按逾期付款处理。付款人开户银行根据逾期付款金额和天数,按每天 0.5‰ 计算逾期付款赔偿金。

3. 托收承付结算的核算

销货方在发货后成为收款人,收款人应填制一式数联的托收承付结算凭证,连同销货凭证及运单等一并送交银行。有关单证经审核无误后,银行在回单联上加盖业务公章,退给收款人,表示同意托收。银行留下一联,其余三联连同有关单证一并寄交付款人开户银行,付款人开户银行留下两联,将付款通知联及有关单证送交付款人。付款人验单付款后,以付款通知联作为付款的入账凭证,付款人开户银行留下一联,将收账通知联通过收款人开户银行转交收款人,作为其收款的入账凭证。

商品流通企业异地销货采用托收承付结算方式,一般要委托运输单位运送货物,则要支付给运输单位运杂费,这笔运杂费一般是由购货方负担的。销货方在垫付时,应借记"应收账款"账户,贷记"银行存款"账户。

收款人在办理托收时,应将垫付的运杂费与销货款、增值税额一并向购货方托收,届时根据银行退回的托收承付结算凭证存根联借记"应收账款"账户;根据销货凭证和收回代垫运杂费凭证分别贷记"主营业务收入""应交税费"和"应收账款"账户。当银行转来托收承付结算凭证收账通知联时,表示托收款已回笼。届时据以借记"银行存款"账户,贷记"应收账款"账户。

【例 2-23】 东华公司销售给长白山商厦商品一批。

(1) 2 月 10 日,签发转账支票 1 500 元,为长白山商厦代垫商品的运杂费。

借:应收账款——代垫运杂费　　　　　　　　　　　　　　　　1 500
　　贷:银行存款　　　　　　　　　　　　　　　　　　　　　　1 500

(2) 2 月 12 日,将销售给长白山商厦的商品货款 30 000 元,增值税额 3 900 元,连同垫付的运杂费 1 500 元一并向银行办理托收手续,根据托收承付结算凭证回单联及有关单证,做分录。

借:应收账款——长白山商厦　　　　　　　　　　　　　　　　35 400
　　贷:主营业务收入　　　　　　　　　　　　　　　　　　　30 000
　　　　应交税费——应交增值税(销项税额)　　　　　　　　　3 900
　　　　应收账款——代垫运杂费　　　　　　　　　　　　　　1 500

(3) 2 月 15 日,收到银行转来长白山商厦承付款项及运杂费的收账通知,金额为 35 400 元。

借:银行存款　　　　　　　　　　　　　　　　　　　　　　　35 400
　　贷:应收账款——长白山商厦　　　　　　　　　　　　　　35 400

付款人在购进商品支付款项时,根据购进商品凭证和商品运杂费凭证借记"在途物资"和"应交税费"账户,贷记"银行存款"账户。

（八）委托收款

1. 委托收款概述

委托收款是指收款人委托银行向付款人收取款项的结算方式。

（1）委托收款结算的特点：委托收款结算具有恪守信用、履约付款、灵活性强和不受结算金额起点限制的特点。它适用于单位和个人凭已承兑的商业汇票、债券、存单等付款人债务证明办理款项的结算，同城异地均可以使用。

（2）委托收款结算的过程：委托收款结算包括托收和付款两个阶段。在托收阶段，收款人委托开户银行收款时，应填制银行印制的委托收款凭证，提供必要的收款依据。收款人的开户银行受理委托收款以后，将委托收款凭证寄交付款单位开户银行。由付款人开户银行审核，并通知付款人。在付款阶段，付款人在接到银行付款通知和相关附件后，应在规定的付款期内付款。如付款期内未向银行提出异议，银行视作同意付款，并在付款期满的次日将款项转账付给收款人。

2. 委托收款结算的主要规定

（1）收款人签发委托收款凭证必须记载表明"委托收款"的字样；确定的金额；付款人名称、账号及银行名称；收款人名称、账号及开户银行名称；委托收款凭据名称及附寄单据张数；委托日期和收款人签章等。收款人办理委托收款应向银行提交委托收款凭证和有关的债务证明；付款人应在接到银行转来的委托收款凭证付款通知及债务证明后，通知银行付款。

（2）付款人在3天付款期内未向银行表示拒绝付款，银行则视作同意付款，在付款期满的次日上午银行开始营业时，将款项划给收款人；付款人审查有关债务证明后，对收款人委托收取的款项拒绝付款的，必须在3天付款期内填写拒绝付款理由书，并连同有关债务证明送交开户银行，由其寄给被委托银行转交收款人。银行不负责审查拒绝付款理由书。

（3）托收款收回的方式有邮划和电划两种，由托收方选用。

3. 委托收款的核算

收款人在收到托收款项时，借记"银行存款"账户，贷记"应收票据"等有关账户。付款人收到委托付款的付款通知支付款项时，借记"应付票据"等有关账户，贷记"银行存款"账户。

此外，在同城范围内，收款人收取公用事业费或根据国务院的规定，可以使用同城特约委托收款。收取公用事业费必须具有收付双方事先签订的经济合同，由付款人向开户银行授权，并经开户银行同意，报经中国人民银行当地分支行批准。

【例2-24】东华公司销售给云南丽江商厦商品一批。货款10 000元，增值税1 300元。

（1）东华公司委托开户银行办理托收，托收款现已收到。

借：银行存款　　　　　　　　　　　　　　　　　　　　　　　11 300
　　贷：应收票据——云南丽江商厦　　　　　　　　　　　　　　　　11 300

（2）云南丽江商厦收到付款凭证支付货款。

借：应付票据——东华公司　　　　　　　　　　　　　　　　　11 300
　　贷：银行存款　　　　　　　　　　　　　　　　　　　　　　　11 300

本章小节

货币资金是商品流通企业流动性最强的资产。企业为了保证正常的经营和良好的偿债及支付能力,必须拥有一定数量的货币资金。货币资金包括库存现金、备用金、银行存款和其他货币资金。

库存现金是指存放于企业财务部门,由出纳人员保管的现款,是狭义上的现金概念,其在企业实行限额管理,超过库存现金限额的现金必须交存银行。

备用金是指企业拨付所属有关职能部门用于收购农副产品、日常零星开支,收款部门用于现金结算的找零等所必需的周转金。企业对备用金实行定额管理。

银行存款是指企业存入银行或其他金融机构的各种款项。我国银行存款包括人民币存款和外币存款两种。企业的银行存款账户分为基本存款账户、一般存款账户、临时存款账户和专用存款账户四类。

国内结算的方式有现金结算和转账结算两种。现金结算是指企业在社会经济活动中使用现金进行货币给付的行为。转账结算又称非现金结算,是指在社会经济活动中,企业通过银行使用票据、信用卡和汇兑、托收承付、委托收款等结算方式进行货币给付及资金清算的行为。票据和结算凭证是办理转账结算的工具。

国内转账结算的方式有支票、银行本票、银行汇票、商业汇票、信用卡、汇兑、托收承付和委托收款八种。

主要概念

1. 货币资金
2. 库存现金
3. 坐支
4. 现金结算
5. 转账结算
6. 支票
7. 银行汇票
8. 商业汇票
9. 汇兑
10. 信用卡

训练测试

一、单项选择题

1. (　　)账户主要用于办理日常的转账结算和现金收付。
   A. 一般存款　　　　B. 基本存款　　　　C. 临时存款　　　　D. 专用存款

2. (　　) 具有清算及时、使用方便、收付双方都有法律保障和结算灵活的特点。
   A. 支票　　　　B. 银行本票　　　　C. 银行汇票　　　　D. 商业汇票
3. 银行汇票的提示付款期限为(　　)。
   A. 10 天　　　　B. 15 天　　　　C. 1 个月　　　　D. 2 个月
4. (　　) 适用于商品交易，以及因商品交易而产生的劳务供应。
   A. 银行汇票　　　B. 商业汇票　　　C. 托收承付　　　D. 委托收款
5. 金额和收款人名称可以由出票人授权补记的票据是(　　)。
   A. 支票　　　　B. 银行本票　　　　C. 银行汇票　　　　D. 商业汇票

二、多项选择题

1. 其他货币资金包括银行本票存款、(　　)。
   A. 外埠存款　　　　　　　　　B. 在途货币资金
   C. 银行汇票存款　　　　　　　D. 信用卡存款
2. 出纳人员不得兼办(　　)。
   A. 稽核工作
   B. 会计档案保管工作
   C. 费用、收入、债务、债权账簿的登记工作
   D. 银行存款日记账的登记工作
3. 通过"其他货币资金"账户核算的结算方式有(　　)。
   A. 银行本票　　　B. 银行汇票　　　C. 商业汇票　　　D. 信用卡
4. 同城采用的结算方式有(　　)。
   A. 支票　　　　B. 银行本票　　　C. 银行汇票　　　D. 商业汇票
   E. 信用卡　　　F. 汇兑　　　　　G. 委托收款　　　H. 托收承付
5. 异地可采用的结算方式有(　　)。
   A. 支票　　　　B. 银行本票　　　C. 银行汇票　　　D. 商业汇票
   E. 信用卡　　　F. 汇兑　　　　　G. 委托收款　　　H. 托收承付
6. 同城、异地均可采用的结算方式有(　　)。
   A. 支票　　　　B. 银行本票　　　C. 银行汇票　　　D. 商业汇票
   E. 信用卡　　　F. 汇兑　　　　　G. 委托收款　　　H. 托收承付

三、判断题

1. 库存现金是指企业为了备付日常零星开支而保管的现金。　　　　　　　　(　　)
2. 转账结算具有方便、通用、灵活和安全的特点。　　　　　　　　　　　　(　　)
3. 票据的出票日期要使用中文大写。　　　　　　　　　　　　　　　　　　(　　)
4. 银行对签发空头支票和签章与预留银行签章不符的支票，除予以退票外，还按票面金额处以 5% 的罚款。　　　　　　　　　　　　　　　　　　　　　　　(　　)
5. 支票的提示付款期限为 10 天，自出票的次日起算。　　　　　　　　　　(　　)
6. 银行本票自出票日起，提示付款期限为 1 个月，最长不得超过 2 个月。　(　　)
7. 商业承兑汇票是指由出票人签发，并经其承兑的票据。　　　　　　　　　(　　)
8. 单位信用卡账户的资金一律从其基本存款账户转账存入，不得交存现金。　(　　)

9. 各种结算方法中,只有托收承付有结算的起点,每笔金额为 10 000 元(新华书店系统每笔金额为 1 000 元)。 ( )

10. 托收承付中的验货承付付款期限为 3 天。 ( )

四、简答题

1. 简述库存现金的限额管理和内部控制制度。
2. 分述各种银行存款账户的用途。
3. 什么是转账结算?谈谈转账结算的原则和种类。
4. 企业使用票据和结算凭证必须符合哪些规定?
5. 支票有哪些种类?支票结算有哪些特点?
6. 分述银行本票和银行汇票结算的特点。
7. 什么是商业汇票?它有哪些种类?商业汇票结算有哪些特点?
8. 什么是信用卡?简述信用卡的分类及特点。
9. 分述汇兑、托收承付和委托收款等结算的特点。

五、实务题

习题 1

目的:练习票据和信用卡结算的核算。

资料:长春丽美百货公司为信用卡结算特约单位,6月份发生下列经济业务:

(1) 2 日,向沈阳日化厂购进商品一批,货款 40 000 元,增值税额 5 200 元,款项当即签发转账支票付讫。

(2) 3 日,沈阳日化厂商品已运到,验收入库。

(3) 4 日,销售商品一批,货款 32 000 元,增值税额 4 160 元,款项收到转账支票,当即存入银行。

(4) 6 日,填制银行本票申请书一份,金额 22 600 元,银行受理后,收到同等数额的银行本票。

(5) 7 日,向北京毛巾厂购进商品一批,货款 20 000 元,增值税额 2 600 元,款项当即以 6 日银行签发的银行本票付讫。

(6) 8 日,北京毛巾厂商品已运到,验收入库。

(7) 10 日,签发现金支票 2 000 元,提取现金备用。

(8) 11 日,填制银行汇票申请书一份,金额 43 000 元,银行受理后,收到同等数额的银行汇票。

(9) 12 日,销售商品一批,货款 20 000 元,增值税额 2 600 元,收到票面金额为 26 000 元的银行汇票一张,当即按实际销售金额结算,并存入银行。

(10) 13 日,向杭州伞厂购进商品一批,货款 35 000 元,增值税额 4 550 元,运杂费 800 元,款项一并以面额 43 000 元的银行汇票支付,余款尚未退回。

(11) 14 日,杭州伞厂的商品已运到,验收入库。

(12) 15 日,销售给光华商厦商品一批,货款 20 000 元,增值税额 2 600 元,收到 3 个月到期的不带息商业汇票一张。

(13) 16 日,银行转来多余款收账通知,金额为 2 650 元,系本月 11 日签发的银行汇票使用后的余款。

(14) 17 日，向上海体育用品公司购进商品一批，货款 30 000 元，增值税额 3 900 元，商品已验收入库，当即签发 2 个月期限的不带息商业汇票付讫。

(15) 18 日，销售给康宝商厦商品一批，货款 24 000 元，增值税额 3 120 元，款项收到 3 个月期限的带息商业汇票，月利率为 6‰。

(16) 20 日，向阳光日化厂购进商品一批，货款 40 000 元，增值税额 5 200 元，当即签发 3 个月期限的带息商业汇票付讫，月利率为 6‰。

(17) 21 日，存入信用卡备用金 20 000 元，发生开户手续费 40 元，一并签发转账支票付讫。

(18) 23 日，将本月 15 日收到的一张不带息商业汇票（金额 22 600 元）向银行申请贴现，月贴现率为 6‰，银行审查后同意贴现，并将贴现金额存入银行。

(19) 25 日，45 天前签发并承兑给阳光日化厂的带息商业汇票已到期，金额为 56 500 元，月利率为 6‰，当即从存款中支付本息，查该汇票上月末已计提应付利息。

(20) 27 日，由黑水路批发市场购进商品一批，货款 9 000 元，增值税额 1 170 元，款项以信用卡存款支付。

(21) 28 日，45 天前收到天天商厦的带息商业汇票一张，金额为 33 900 元，已经到期，月利率为 6‰。收到本息，存入银行，查该汇票上月末已计提应收利息。

(22) 29 日，销售商品一批，货款 8 000 元，增值税额 1 040 元，采用信用卡结算，信用卡结算手续费率为 5‰，当即将签购单和计汇单存入银行。

(23) 30 日，计提本月 20 日签发给阳光日化厂的带息商业汇票的应付利息。

(24) 30 日，计提本月 18 日收到的康宝商厦付来的带息商业汇票的应收利息。

要求：编制会计分录。

习题 2

目的：练习汇兑、托收承付和委托收款结算的核算。

资料：新世纪服装公司 1 月份发生下列经济业务：

(1) 2 日，向深圳服装厂函购服装一批，填制电汇结算凭证，汇出金额 45 200 元。

(2) 5 日，银行转来电汇收账通知一张，金额为 20 000 元，是济南服装公司汇来函购服装的款项。

(3) 8 日，将济南服装公司函购的服装一批，委托运输公司代运，当即签发转账支票支付运杂费 800 元。

(4) 9 日，销售给济南服装公司函购的服装一批，货款 10 000 元，增值税额 1 300 元，扣除货款、增值税和运杂费后，填制信汇结算凭证将余款汇还对方。

(5) 11 日，深圳服装厂发来函购的服装一批，并收到对方寄来的发票和运杂费凭证，共计服装货款 36 000 元，增值税额 4 680 元，运杂费 600 元，服装已验收入库，余款 3 920 元也已汇还，存入银行。

(6) 14 日，签发转账支票 860 元，为南京商厦代垫发运商品的运杂费。

(7) 15 日，销售给南京商厦服装一批，货款 39 000 元，增值税额 5 070 元，款项连同 14 日垫付的运杂费一并向银行办妥托收承付结算手续。

（8）17日，银行转来苏州服装厂托收承付结算凭证，金额为62 690元，并附来发票一张，开列服装一批，货款55 000元，增值税额7 150元，运杂费凭证一张，金额540元，经审核无误，当即承付。

（9）24日，收到银行转来的南京商厦承付款项的收账通知，金额为44 930元。

（10）28日，银行转来电力公司特约委托收款凭证付款通知联，金额为2 180元，系支付本月电费。

要求：编制会计分录。

商品流通核算概述

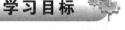

1. 理解商品流通的含义及其主要环节。
2. 掌握商品购销的入账时间。
3. 掌握商品销售收入的确认条件。
4. 理解商品流通企业的类型。
5. 掌握商品流通的核算方法及商品采购费用的处理。

第一节 商品流通的概述

一、商品流通的含义

商品流通是指商品流通部门通过购销活动,将工农业生产者生产的商品从生产领域转移到消费领域的过程。它是商品价值实现的过程,是社会再生产过程的重要环节。在商品流通过程中,通常包括批发和零售两个环节。商品在批发环节的流通活动,称为批发商品流通。商品在零售环节的流通活动,称为零售商品流通。

(一) 批发商品流通

批发商品流通是指商品从生产领域进入流通领域供进一步转卖与销售给生产部门进行生产消费的买卖行为。商品经过批发企业买进卖出,并未离开流通过程,它是整个商品流通的起点和中间环节。

(二) 零售商品流通

零售商品流通是指把商品卖给城乡居民用于生活消费和卖给其他组织用于非生产消费的买卖行为。商品经过零售企业卖出以后,即离开流通领域或进入消费领域,标志着再生产过程的终结,它是商品流通过程的最终环节。

商品流通企业以商品流转为核心,其经营活动主要通过"货币——商品——货币"的形式循环进行。无论是批发企业还是零售企业,在资金周转过程中,都会发生商品流通的主要业务,包括商品购进、商品销售和商品储存三个环节,如图3-1所示。

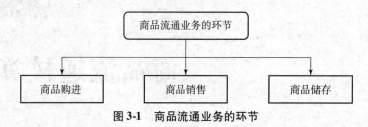

图3-1　商品流通业务的环节

(三) 商品流通的特征

商品流通具有两个特征:一是商品实物的转移;二是通过货币结算的买卖行为。只有商品实物的转移而没有货币交换或者只有货币收付而没有实物的转移,都不属于商品流通。只有同时满足既有实物转移,又发生货币交换这两个特征,才符合商品流通的范畴。

二、商品购进的含义

商品购进是指商品流通企业为了销售或加工后销售,通过货币结算而取得商品所有权的交易行为。它是商品流通的起点,商品购进的过程,也就是货币资金转变为商品资金的过程。商品流通企业商品购进的渠道主要有以下几种:向工农业生产部门和个体生产者购进商品、向商品流通部门内其他独立核算单位购进商品以及在国际贸易中进口商品等。

商品购进必须同时具备以下两个条件:一是购进商品的目的是销售,即"为卖而买"。如果购进的商品是为企业自用而不是出售,就不属于商品购进的范围;二是通过货币结算取得商品所有权。

凡是不通过货币结算而收入的商品,或者不是为销售而购进的商品,都不属于商品购进的范围,例如,收回加工的商品;溢余的商品;收回退关甩货的商品;收回销货退回的商品和购货单位拒收的商品;因企业并购而接收的商品和其他单位赠送的样品;为收取手续费替其他单位代购的商品以及购进专供本单位自用的商品等。

三、商品销售的含义

商品销售是指商品流通企业通过货币结算而售出商品的交易行为。它是商品流通的终点,商品销售的过程,也就是商品资金转变为货币资金的过程,在这一过程中资金得到了增值。商品流通企业商品销售的对象主要有以下几种:销售给工农业生产部门和个体经营者的商品;销售给机关、团体、事业单位和个人消费者的商品;销售给商品流通部门内其他独立核算单位的商品以及在国际贸易中出口的商品等。

商品销售也必须同时具备以下两个条件:一是销售的是本企业所经营的商品,如果销售的商品不属于本企业的经营范围,就不属于商品销售的范围;二是通过货币结算转移商品的所有权。

凡是不通过货币结算而发出的商品,则不属于商品销售的范围,例如,发出加工的商品；损耗和短缺的商品；进货退出的商品和退出拒收的商品；因企业并购而交出的商品和赠送其他单位的样品；为收取手续费替其他单位代销的商品以及虽已发出但仍属于本单位所有的委托代销商品和分期收款发出的商品等。

四、商品储存的含义

商品储存是指商品流通企业购进的商品在销售以前在企业的停留状态。它以商品资金的形态存在于企业之中。商品储存是商品购进和商品销售的中间环节，也是商品流通的重要环节。保持合理的商品储存是商品流通企业开展经营活动必不可少的条件。

商品储存包括库存商品、委托代销商品、受托代销商品、发出商品和购货方拒收的代管商品等。

第二节　商品购销的交接方式和入账时间

一、商品购销的交接方式

商品购进和销售的交接方式，应由购销双方协商，根据商品的特点和运输条件确定。在商品购销业务活动中，商品的交接方式一般有送货制、提货制、发货制和厂商就地保管制四种。

（一）送货制

送货制是指商品流通企业将商品送到购货单位指定的仓库或其他地点，由购货单位验收入库的一种交接方式。

（二）提货制

提货制又称取货制。它是指购货单位指派专人到商品流通企业指定的仓库或其他地点提取并验收商品的一种方式。提货过程中所发生的费用和商品损耗一般由购货单位负担。

（三）发货制

发货制是指商品流通企业根据购销合同规定的发货日期、品种、规格和数量等条件，将商品委托运输单位由铁路或公路、水路、航空运送到购货单位所在地或其他指定地区，如车站或码头、机场等，由购货单位领取并验收入库的一种交接方式。发货过程中，一般规定商品交接前所发生的费用和商品损耗由供货单位负担，商品交接后所发生的费用和商品损耗由购货单位负担。

（四）厂商就地保管制

厂商就地保管制是指商品流通企业委托供货厂商代为保管商品，到时凭保管凭证办理商品交接的一种交接方式。

二、商品购销的入账时间

商品购进和商品销售是商品流通企业重要的经济指标。为了使商品流通部门内各企业统一核算口径，以保证经过汇总后商品购销指标的正确性，需要明确规定商品购销的入账时间。在市场经济条件下，商品购销的过程，也就是商品所有权的转移过程，因此，商品购销的入账时间应以商品所有权转移的时间为依据。也就是说，购货方以取得商品所有权的时间作为商品购进的入账时间,销货方以失去商品所有权的时间为商品销售的入账时间。

(一) 商品购进的入账时间

商品购进以支付货款或收到商品的时间为入账时间。在商品先到、货款尚未支付的情况下,以收到商品的时间作为商品购进的入账时间。因为商品到达,并经验收入库,购货方即有权安排商品。同时销货方也取得了向购货方索取货款的权利。在货款先付、商品后到的情况下,以支付货款的时间作为商品购进的入账时间。因为购货方收到销货方发货凭证后,支付了货款,说明购货方已取得商品的所有权。

根据商品交接方式和货款结算方式的不同,商品流通企业的商品购进入账时间分为以下几种情况:

(1) 从本地购进商品,采用库存现金、支票、银行本票或商业汇票等结算方式的,在支付货款并取得销货方的发货证明后,即可作为商品购进入账。假如商品先到并已验收入库,而货款尚未支付,则月末暂作购进商品入账,次月初再用红字冲回。

(2) 从外地购进商品,采用托收承付或委托收款结算方式的,在结算凭证先到,并已付货款时,作为商品购进入账。在商品先到并已验收入库的情况下,暂不作为商品购进入账,待承付货款时,再作为商品购进入账。

(3) 采用预付货款方式购进商品的,则不能以预付货款的时间作为商品购进的入账时间,因为预付货款不能形成买卖双方的商品交易行为。

(4) 进口商品以支付货款的时间为购进商品的入账时间。

(二) 商品销售的入账时间

商品销售是以发出商品、收取货款的时间或以发出商品、取得收取货款权利的时间作为入账时间。在商品已经发出,收到货款或者虽未收到货款但已办妥结算手续,并取得购货方的收货证明时即可作为销售入账。

根据商品交接方式和货款结算方式的不同,商品流通企业的商品销售入账时间分为以下几种情况:

(1) 采用库存现金、支票、银行本票、汇票等结算方式销售商品的,以收到库存现金、支票、银行本票、汇票时间作为商品销售入账时间。

(2) 采用异地托收承付结算方式销售商品的,以办妥委托银行收款手续时间作为商品销售入账时间。

(3) 采用汇兑结算方式销售商品的,以发出商品并取得运输部门的商品发运证明时间作为商品销售入账时间。

(4) 采用预收货款销售方式销售商品的,以实际发出商品时间作为商品销售入账时间。

(5) 采用分期收款销售方式的,以发出商品后、实际收到货款的时间作为商品销售入账时间。

(6) 采用送货制销售方式的,以发出商品并取得购货单位的收货凭证或收到货款的时间作为商品销售入账时间。

(7) 商品出口的,以收到运输部门相关单据并向银行办理交单时间作为商品销售入账时间。

第三节　商品销售收入确认的条件

企业在进行商品销售收入核算时，必须先确认商品销售收入实现的条件。企业实现商品销售收入必须同时符合下列五个条件：

一、企业已将商品所有权上的主要风险和报酬转移给购货方

主要风险是指商品可能发生减值或毁损等所形成的损失。报酬是指商品价值的增值或通过使用商品等形成的经济利益。当一项商品发生的任何损失均不需要本企业承担，带来的经济利益也不归本企业所有时，则意味着该商品所有权上的风险和报酬已转移出该企业。

判断一项商品所有权上的主要风险和报酬是否已转移给购货方，需要视不同情况而定：

（1）在大多数情况下，所有权上的风险和报酬的转移伴随着所有权凭证的转移或实物的交付而转移，例如，大多数零售交易。

（2）在有些情况下，企业已将所有权凭证或实物交付给购货方，但商品所有权上的主要风险和报酬并未转移。企业可能在以下几种情况下保留商品所有权上的主要风险和报酬：

①企业销售的商品在质量、品种、规格等方面不符合合同规定的要求，又未根据正常的保证条款予以弥补，因而仍负有责任。例如，企业已将商品发出，发票已交付购货方，并收到部分货款，但因购货方发现商品质量未达到合同规定的要求，且双方在商品质量的弥补方面未达成一致意见，商品可能被退回，因此商品所有权上的主要风险和报酬仍留在企业，企业不能确认收入。收入应递延到已按购货方要求进行弥补时予以确认。

②企业销售商品的收入是否确认形成，取决于销货方销售其商品的收入是否能够取得。例如，代销商品，受托方仅仅是代理商，委托方将商品发出后，所有权上的风险和报酬仍在委托方。只有当受托方将商品售出后，商品所有权上的风险和报酬才移出委托方。因此，委托方应在受托方售出商品，并取得受托方提供的代销清单时确认收入。

③企业尚未完成售出商品的安装或检验工作，且此项安装或检验任务是销售合同的重要组成部分。例如，企业销售商品，商品和发票均已交付购货方，购货方已预付了部分货款，但根据合同规定，销货方负责安装并经检验合格后，购货方支付余款。在这种情况下，商品所有权上的主要风险和报酬并未转移给购货方，因为安装过程中可能会发生一些不确定因素，阻碍该项销售的实现。因此，只有在商品安装完毕并经检验合格后才能确认收入。

④销售合同中规定了由于特定原因购货方有权退货的条款，而企业又不能确定退货的可能性。例如，企业为了推销新商品，规定凡购买商品者均有一个月试用期，不满意的，一个月以内给予退货。在这种情况下，虽然商品已售出，货款已收回，但由于是新商品，无法估计退货的可能性，商品所有权上的风险和报酬实质上并未转移给购货方，因此，只有在退货期满时才能确认收入。

（3）在有些情况下，企业已将商品所有权上的主要风险和报酬转移给购货方，但实物尚未交付。这时应在所有权上的主要风险和报酬转移时确认收入，而不管实物是否交付。例如，交款提货的销售，购货方支付完货款，并取得提货单，即认为该商品所有权已经转移，销货方应确认收入。

二、企业失去了对商品的管理权与控制权

企业失去对商品的管理权与控制权是指企业既没有保留通常与所有权相联系的继续管理权,也没有对已售出的商品实施有效控制。

企业将商品所有权上的主要风险和报酬转移给购货方后,如仍然保留通常与所有权相联系的继续管理权,或仍然对售出的商品实施控制,则此项销售不能成立,不能确认相应的销售收入。

三、收入能够可靠地计量

收入能够可靠地计量是确认收入的基本前提。企业在销售商品时,售价通常已经确定。但在销售过程中由于某种不确定因素,也有可能出现售价变动的情况,因此,在新的售价未确定前,不应确认收入。

四、相关的经济利益很可能流入企业

相关的经济利益很可能流入企业是指销售商品价款收回的可能性大于不能收回的可能性,即销售商品价款收回的可能性超过50%。企业在确定销售商品的价款能否收回时,应当结合以前和购货方交往的直接经验、政府的有关政策、其他信息等进行综合判断。例如,企业根据以前与购货方交往的经验直接判断其信誉较差;或在销售商品时,得知购货方在另一项交易中发生了巨额亏损,资金周转十分困难;或在出口商品时,不能肯定进口企业所在国政府是否允许款项汇出等,在这些情况下,企业应推迟确认收入,直至这些不确定因素消除。

企业在确定销售商品价款收回的可能性时,应当进行定性分析,如果确定销售商品价款收回的可能性大于不能收回的可能性时,即可认为价款很可能流入企业。

通常情况下,企业销售的商品符合合同或协议规定的要求,并已将发票账单交付给购货方,购货方也承诺付款,即表明销售商品价款收回的可能性大于不能收回的可能性。如企业判断销售商品价款不是很可能收回的,应当提供确凿的证据。

五、相关的已发生或将发生的成本能够可靠地计量

相关的已发生或将发生的成本能够可靠地计量是指与销售商品有关的已发生或将发生的成本能够合理地估计。企业的收入和费用应当配比,与同一项销售有关的收入和成本应在同一会计期间内予以确认。因此,即使在其他条件均已满足的情况下,若相关的成本不能合理地估计,则相关的收入也不能确认。例如,订货销售,企业已收到购货方全部或部分货款,但库存无现货,需要通过第三方交货,在这种情况下,虽然企业已收到全部或部分货款,但商品仍在第三方,相关的成本不能可靠地计量,因此对收到的货款仅能确认其为一项负债。

第四节 商品流通企业的类型和商品流通核算方法

一、商品流通企业的类型

商品流通企业作为生产与消费的纽带,对促进生产、引导生产、繁荣市场起着积极作

用。为此，必须科学地、合理地设置各种组织形式，使商品流通渠道畅通无阻。对于各种类型的商品流通企业，按照经营市场和结算货币不同，可以分为国内贸易企业和国际贸易企业。

（一）国内贸易企业

国内贸易企业是指在国内市场上组织各种商品，包括进口商品在国内市场上销售的企业。国内贸易企业的组织形式，按其在商品流通中所处的地位和经营活动的特点不同，可以分为批发企业、零售企业和混合经营企业。国内商品流通企业的类型如图3-2所示。

1. 批发企业

批发企业是指向生产企业或其他商品流通企业成批购进商品，再把商品批量地出售给其他生产企业、零售企业以及其他批发企业的商品流通企业。批发企业处于商品流通的起点或中间环节，它所从事的主要是企业之间的商品交换，是商品流通的纽带。

2. 零售企业

零售企业是指向批发企业或生产企业购进商品，再将商品直接出售给最终消费者，或销售给企事业单位用以生产消费和非生产消费的商品流通企业。零售企业处于商品流通环节的终点，直接担负着为生产和生活服务的任务。

零售企业按其经营商品种类的多少，可分为专业性零售企业和综合性零售企业。专业性零售企业是指专门经营某一类或几类商品的零售企业，如钟表、眼镜、交通器材、家用电器、照相器材、金银首饰等商店。综合性零售企业是指经营商品类别繁多的零售企业，如经营百货、食品、服装鞋帽、五金、日用杂货的商店等。在此基础上，零售企业又可分为五类业态，即百货商场、超级市场、专卖店、便利店和其他业态。

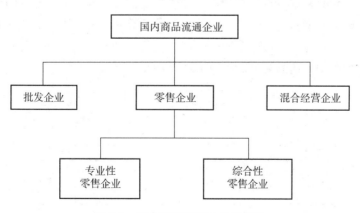

图3-2　国内商品流通企业的类型

百货商场是指在一个建筑物内，集中了若干专业的商品部并向顾客提供多类别、多品种商品及服务的综合性零售形态。其基本特征为：商品结构多以服装、家庭用品、食品等为主，种类齐全；商品价格多数明码标价；商场注重整体的管理。

超级市场是指采取自选销售方式，以销售生活用品为主，满足顾客一次性购买多种商品以及服务的综合性零售形态，典型的有沃尔玛、家乐福等。其基本特征为：商品结构以食品、副食品、生活日用品、服装、文具、家用电器等使用频率较高的商品为主；采取自选销售方式，明码标价；统一在固定地点结算。

专卖店是指专门经营某类商品或某种品牌的系列商品，满足消费者对某类商品多样性需求的零售形态。其基本特征为：商品结构专业性较强，各种不同的规格、品种及品牌汇集；销售量小、质优、高毛利；销售人员有丰富的专业知识，能为消费者提供充分的服务；采取定价销售和开架面售的方式；有严格的售后服务体系。

便利店最早起源于美国，继而衍生出两个分支，即传统型便利店和加油站型便利店。前者在日本等亚洲地区得以发展成熟；后者则在欧美地区较为盛行。它是一种用以满足顾客应急性、便利性需求的零售业态。

其他业态是指上述未包括的其他业态形式，如折扣商店、邮购商店和网上店铺等。

3. 混合经营企业

在实际工作中，除上述批发企业和零售企业以外，还存在着一些混合经营的企业，如批零兼营、以批为主兼零业务等。

（二）国际贸易企业

国际贸易企业是指组织各种商品在国际市场上销售，或者在国际市场上采购商品，满足国内企业生产和人民生活需要的企业。它是国内市场与国际市场之间商品流通的桥梁。

二、商品流通的核算方法

商品流通过程也是资金运动的过程，而商品流通核算是反映和控制商品购、销、调、存业务活动及其成果的会计核算方法。商品流通决定商品核算，商品核算对商品流通也起着促进作用。商品流通企业类型较多，它们的规模大小不同，经营方式、经营商品的品种不同，购销对象也不同。企业根据各自经营的特点和管理的需要，对商品流通业务的核算采用了各种不同的方法，归纳起来主要有进价核算法和售价核算法两种类型。金额核算法和数量金额核算法。归纳起来主要有数量进价金额核算法、进价金额核算法、数量售价金额核算法、售价金额核算法四种类型。商品流通的核算方法如图3-3 所示。

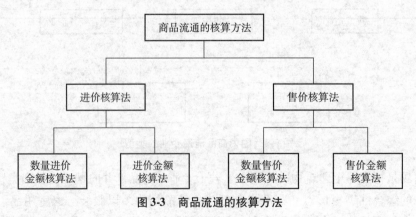

图 3-3 商品流通的核算方法

（一）进价核算法

1. 数量进价金额核算法

数量进价金额核算法是指库存商品的总分类账户和明细分类账户除均按进价金额反映

外，同时明细分类账户还必须反映商品实物数量的一种核算方法。采用这种核算方法，可以根据已销商品的数量按进价结转商品销售成本。

这种核算方法的优点是能够按品名、规格来反映和监督每种商品进、销、存的数量和进价金额的变动情况，有利于加强对库存商品的管理与控制。缺点是每笔销售业务都必须填制销售凭证，并按商品的品名、规格登记商品明细账，记账工作量较大。这种方法主要适用于国内贸易的批发企业和国际贸易企业。有些专业性零售企业也采用这种方法。

2. 进价金额核算法

进价金额核算法是指库存商品总分类账户和明细分类账户都只反映商品的进价金额，不反映实物数量的一种核算方法。采用这种方法，由于缺乏实物数量的记载，必须通过对库存商品进行实地盘点，计算出期末结存金额后，才能倒轧商品销售成本。

这种核算方法的优点是记账手续最为简便，工作量小。缺点是平时不能反映商品进、销、存的数量，由于月末采用盘存计销的办法，将商品销售成本、商品损耗和差错事故混在一起，容易产生弊端，不易发现企业经营管理中存在的问题。因此，这种方法只适用于经营鲜活商品的零售企业。

（二）售价核算法

1. 数量售价金额核算法

数量售价金额核算法是指库存商品总分类账户和明细分类账户除均按售价金额反映外，同时明细分类账户还必须反映商品实物数量的一种核算方法。采用这种核算方法，必须按每一商品的品名、规格设置商品明细账，以随时掌握各种商品的结存数量。

这种核算方法的优点是能够按商品的品名、规格来反映和监督每种商品进、销、存的数量和售价金额的变动情况，便于加强对库存商品的管理和控制。由于按售价记账，对商品销售收入的管理与控制也较为严密。缺点是在进货时既要复核商品的进价，又要计算商品的售价和进销差价，每笔销售业务都要填制销售凭证或做好销售记录，并按商品的品名、规格登记商品明细账，记账的工作量较大。这种核算方法主要适用于部分专业性零售企业和小型批发企业。

2. 售价金额核算法

售价金额核算法是指库存商品总分类账户和明细分类账户都只反映商品的售价金额，不反映实物数量的一种核算方法。采用这种核算方法，库存商品的结存数量，只能通过实地盘点来掌握，其商品明细分类账则按经营商品的营业柜组或门市部（也称实物负责人）设置。营业柜组或门市部对其经营的商品承担经济责任。财务部门通过商品的售价来控制营业柜组或门市部的商品。

这种核算方法的优点是控制了商品的售价，一般不必为每笔销售业务填制销售凭证，也不必登记大量的实物数量明细账，记账较为简便。缺点是由于明细分类核算不反映和控制商品的数量，平时不易发现商品溢缺，一般在定期盘点时才能发现，难以分清溢缺商品的品种与数量，也难以分析溢缺的原因和责任。这种核算方法主要适用于综合性零售企业。有些专业性零售企业也采用这种方法。

在实际工作中，数量进价金额核算法和售价金额核算法得到了广泛的应用，以下章节将着重阐述这两种方法。

三、商品采购费用的处理方法

按照《企业会计准则第1号——存货》规定，企业（商品流通）在采购商品的过程中发生的运输费、装卸费、保险费以及其他可归属于存货采购成本的费用等进货费用，应当计入存货采购成本，也可以先进行归集，期末根据所购商品的存销情况进行分摊。对于已售商品的进货费用，计入当期损益；对于未售商品的进货费用，计入期末存货成本。企业采购商品的进货费用金额较小的，可以在发生时直接计入当期损益。具体处理方法如下：

（一）采购费用直接计入商品采购成本

将商品采购费用连同商品的买价（即货款）一并计入商品采购成本。这种方法的核算工作量最大，因此，通常适用于商品采购费用数额较大、商品品种规格不太多的国际贸易企业和批发企业。

（二）采购费用先在"进货费用"账户中归集

将商品采购费用先在"进货费用"账户中归集，期末将归集的进货费用按商品的存销比例分摊，将已销商品的进货费用转入"主营业务成本"；将未销商品的进货费用计入期末库存商品的成本。这种方法的核算工作量较大，通常适用于商品采购费用数额较大、商品品种规格较多的批发企业和零售企业。

（三）采购费用直接计入当期损益

将商品采购费用直接计入当期损益，列入"销售费用"账户。这种核算方法最为简便，但商品采购费用全部由已销商品负担，不太合理，通常适用于商品采购费用数额较小、商品品种规格繁多的零售企业。

本章小节

商品流通是指商品流通部门通过购销活动，将工农业生产者生产的商品从生产领域转移到消费领域的过程。它是商品价值实现的过程，是社会再生产过程的重要环节。在商品流通过程中，通常包括批发和零售两个环节。

商品流通企业以商品流转为核心，其经营活动主要通过"货币——商品——货币"的形式循环进行。无论是批发企业还是零售企业，在资金周转过程中，都会发生商品流通的主要业务，包括商品购进、商品销售和商品储存三个环节。

商品购进和销售的交接方式，应由购销双方协商，根据商品的特点和运输条件确定。在商品购销业务活动中，商品的交接方式一般有送货制、提货制、发货制和厂商就地保管制四种。

在市场经济条件下，商品购销的过程，也就是商品所有权的转移过程，因此，商品购销的入账时间应以商品所有权转移的时间为依据。其中，商品销售收入确认的条件包括：企业已将商品所有权上的主要风险和报酬转移给购货方；企业失去了对商品的管理权与控制权；收入能够可靠地计量；相关的经济利益很可能流入企业；相关的已发生或将发生的成本能够可靠地计量。

对于各种类型的商品流通企业，按照经营市场和结算货币不同，可以分为国内贸易企业和国际贸易企业。国内贸易企业的组织形式，按其在商品流通中所处的地位和经营活动的特点不同，可以分为批发企业、零售企业和混合经营企业。商品流通企业类型较多，它们的规模大小不同，经营方式、经营商品的品种不同，购销对象也不同。企业根据各自经营的特点和管理的需要，对商品流通业务的核算采用了各种不同的方法。

商品流通企业在采购商品过程中发生的运输费、装卸费、保险费以及其他可归属于商品采购成本的费用有三种不同的处理方法，即采购费用直接计入商品采购成本、采购费用先在"进货费用"账户中归集、采购费用直接计入当期损益。

主要概念

1. 商品流通
2. 商品购进
3. 商品销售
4. 国内贸易企业
5. 国际贸易企业
6. 数量进价金额核算法
7. 售价金额核算法

训练测试

一、单项选择题

1. 零售商品流通是商品流通过程的（　　）。
   A. 起点　　　B. 中间环节　　　C. 起点和中间环节　　　D. 最终环节
2. （　　）是指商品流通企业将商品送到购货单位指定的仓库或其他地点，由购货单位验收入库的一种交接方式。
   A. 送货制　　　B. 提货制　　　C. 发货制　　　D. 厂商就地保管制
3. 采用预收货款销售方式销售商品的，在（　　）作为商品销售入账。
   A. 实际发出商品时　　　　　　B. 收到预收货款时
   C. 将货款存入银行时　　　　　D. 向银行办理交单时
4. 国际贸易企业应采用（　　）。
   A. 进价金额核算　　　　　　　B. 售价金额核算
   C. 数量进价金额核算　　　　　D. 数量售价金额核算
5. 采购费用直接计入当期损益适用于（　　）。
   A. 批发企业　　B. 专业性零售企业　　C. 国际贸易企业　　D. 零售企业

二、多项选择题

1. 在商品购销业务活动中，商品的交接方式一般有（　　）。
   A. 送货制　　　B. 提货制　　　C. 发货制　　　D. 厂商就地保管制

2. 作为商品购进的入账时间有（　　）。
   A. 付出货款的时间　　　　　　　B. 收到商品的时间
   C. 支付货款同时收到商品的时间　D. 预付货款的时间
3. 作为商品销售的入账时间有（　　）。
   A. 付出商品的时间
   B. 付出商品同时收到货款的时间
   C. 付出商品并得到收取货款权利的时间
   D. 预收货款的时间
4. 售价金额核算适用于（　　）。
   A. 专业性零售企业　　　　　　　B. 批发企业
   C. 经营鲜活商品的零售企业　　　D. 综合性零售企业
5. 数量进价金额核算法适用于（　　）。
   A. 专业性零售企业　　　　　　　B. 国内贸易批发企业
   C. 经营鲜活商品的零售企业　　　D. 国际贸易企业

三、判断题
1. 向外单位购进的商品都属于商品购进的范围。（　　）
2. 商品储存是指商品流通企业购进的商品在销售以前在企业的停留状态。（　　）
3. 批发商品流通是整个商品流通的最终环节。（　　）
4. 商品销售环节是货币资金转变为商品资金的过程。（　　）
5. 接受其他单位赠送的商品属于企业的购进业务。（　　）
6. 进价金额核算法适用于鲜活商品的核算。（　　）
7. 数量金额核算法能够按品名、规格来反映和监督每种商品进、销、存的数量和进价金额的变动情况，有利于加强对库存商品的管理与控制。（　　）
8. 商品采购费用直接计入商品采购成本，通常适用于零售企业。（　　）

四、简答题
1. 什么是商品流通？
2. 试述商品销售收入确认的条件。
3. 商品流通有哪些核算方法？分别说明这些核算方法的定义和优缺点。
4. 商品采购费用有哪几种处理方法？

第四章

批发企业业务核算

学习目标

1. 了解批发企业的经营特点。
2. 理解批发企业商品购进与销售的业务流程。
3. 理解库存商品的核算、在途物资明细分类核算。
4. 掌握批发企业商品购进、销售与储存相关业务的账务处理。
5. 掌握商品销售成本的计算和结转。

批发商品流通是商品从生产领域进入流通领域的关键环节，是以整批买卖为特色的交易方式。批发商品流通是通过批发企业在城乡之间、地区之间，生产企业与零售企业以及个体工商户之间组织商品的流转，充分发挥了商品流通的媒介中转作用。因此，批发企业的商品流通是整个流通的起点和中间环节。

批发企业经营的基本特征有：一是经营规模、交易量和交易额较大，交易频率较低；二是商品储备量较大，核算上要随时掌握各种商品进、销、存的数量和结存金额；三是每次交易都必须取得合法的交易凭证，用以反映和控制商品的交易活动。

批发企业的规模及经营商品的品种多寡决定了其采用的核算方法。一般的批发企业大都采用数量进价金额核算法，对于小型的批发企业，也可以采用数量售价金额核算法。

第一节 批发商品购进的核算

一、批发商品购进业务涉及的会计科目

批发商品购进的核算主要是反映和监督商品购进、验收入库和货款结算的情况，所涉及的会计科目主要有"在途物资""库存商品"，除此之外，还有"应交税费——应交增值税

（进项税额）""销售费用""银行存款""其他货币资金""应付账款""应付票据"等。

"在途物资"账户：核算商品流通企业采购商品时已支付货款但尚未运抵验收入库商品的实际成本，其明细账应按供应单位、商品品种等分户，进行明细核算。

"库存商品"账户：核算商品流通企业库存待出售的全部自有商品的实际成本，用于销售的商品主要包括外购商品、自制商品、存放在门市部准备出售的商品、发出委托加工完成验收入库的商品、发出展览的商品、寄存在外库的商品等，同时商品盘盈、销货退回等也通过该科目反映。其明细账应按库存商品的种类、品种和规格分户，进行明细分类核算。

二、批发商品购进的业务程序及核算

商品流通企业在国内采购商品，其货源主要由同城供应商和异地供应商提供，即同城商品购进和异地商品购进。供应商的地域差别使商品的交接方式、货款结算方式均有所不同，因而带来业务流程上的区别。

商品购进业务涉及企业内部的业务、储运、财务等部门，由于不同企业的经营范围和组织架构的差别，商品购进的业务程序会有所不同。按照《企业内部会计控制规范》的要求，购进商品的基本业务环节是相同的，因此，财务部门与业务部门、储运部门应相互协调，紧密配合，以加速商品的流通。

（一）同城商品购进的业务程序及核算

1. 同城商品购进的业务程序

（1）同城商品购进的交接方式：送货制或提货制。

（2）同城商品购进的货款结算方式：支票、商业汇票、银行本票、信用卡、委托收款等。

（3）业务单证：商品购进所涉及的主要单证包括订购单（合同）、增值税专用发票、验收单（收货单）、付款凭单（根据上述单证由财务部门填制）。

（4）业务流程：一般由业务部门根据事先制订的进货计划，与供货单位签订购销合同组织进货；如果采取提货制，业务部门根据供货单位开来的专用发票，与合同核对相符后，即填制收货单一式数联，连同专用发票一并送交储运部门提货，并将专用发票（发票联）和收货单（结算联）送交财务部门；财务部门对购货凭证审核无误后，作为付款的依据；储运部门提回商品验收入库后，自留一联，作为记账凭证，将一联退回业务部门，由其注销合同，将收货单（入库联）交财务部门作为记账凭证。

2. 同城商品购进的核算

在同城商品购进的业务中，货款的结算通常采用支票或商业汇票等，所以，一般情况下商品验收入库与货款结算可以在当天内同步办理完毕，此时在会计处理上，可同时登记"库存商品"和"银行存款"账户；如果货款结算在先，商品后到，要通过"在途物资"科目核算。

【例4-1】 华美公司为主要从事商品批发业务的一般纳税人，1月5日，公司向本地的微波炉厂购进炊具200台，每台600元，货款120 000元，增值税额15 600元，商品运到公司并验收入库，用支票付清货款，增值税专用发票、收货单及支票存根均已传到财务部门。

  借：库存商品——炊具   120 000
    应交税费——应交增值税（进项税额）   15 600
    贷：银行存款   135 600

【例4-2】 1月6日，华美公司向本地的冰箱厂购进冰箱100台，每台2 000元，货款200 000元，增值税额26 000元，开出等额承兑期为3个月的商业承兑汇票一张，商品运到公司并验收入库，相关单证已传到财务部门。

  借：库存商品——冰箱   200 000
    应交税费——应交增值税（进项税额）   26 000
    贷：应付票据——冰箱厂   226 000

（二）异地商品购进的业务程序及其核算

1. 异地商品购进的业务程序

（1）异地商品购进的交接方式：发货制。

（2）异地商品购进的货款结算方式：托收承付、委托收款、银行汇票和商业汇票等。

（3）业务单证：商品购进所涉及的主要单证包括订购单（合同）、增值税专用发票、验收单（收货单）、托收凭证、运费单据、付款凭单（根据上述单证由财务部门填制）。

（4）业务流程：购货单位的财务部门收到银行转来的托收凭证及附来的专用发票（发票联）和运费单据时，应先送交业务部门，经与合同核对无误后，填制收货单一式数联，送交储运部门，并将托收凭证送还财务部门，经审核无误后，在付款期内支付货款；当商品到达时，由储运部门根据收货单与供货单位随货同行的专用发票（发货联）核对无误后将商品验收入库，并在收货单各联上加盖"收讫"印章，自留一联据以登记商品保管账，一联退回业务部门，由其注销合同，另一联连同专用发票（发货联）一并转交财务部门，经审核无误后，据以进行相关的账务处理。

2. 异地商品购进的核算

批发企业从外地购进商品时，一般由供应商采用发货制发运商品，购货单位从本地的车站、码头接货，运费一般都由供应商预先垫付，然后同货款一并委托银行收回。对于发生的商品采购费用，根据《企业会计准则第1号——存货》规定，结合批发企业的业务情况，一般采取将采购费用通过"进货费用"账户归集、期末按比例分摊的方式处理较为合理。在采用托收承付或委托收款方式结算货款时，由于结算单证与货物到达企业的时间可能不同，使财务部门在账务处理上有所差别。

（1）单货同到。托收凭证和商品同时到达，一方面反映了支付款项，包括货款、税金和运杂费，另一方面反映了商品到达验收入库。

【例4-3】 1月8日，华美公司向深圳电视公司购进电视机100台，每台5 000元，货款500 000元，增值税额65 000元，12日开户银行转来深圳电视公司托收货款及其代垫运费2 000元的结算单证，同日货到，并验收入库，相关单据传到财务部门，经审核无误，全数承付。

  借：库存商品——电视机   500 000
    应交税费——应交增值税（进项税额）   65 140

```
            进货费用——电视机                                              1 860
        贷：银行存款                                                    567 000
```

从 2009 年 1 月 1 日起实施的《中华人民共和国增值税暂行条例实施细则》规定，对除固定资产外的外购货物（目前，东北三省及部分省份已经允许将购入的固定资产支出作为进项税额抵扣）所支付的运输费用，根据运费结算单据（普通发票）所列运费金额，按计算进项税额 7% 扣除率予以扣除，但随同运费支付的装卸费、保险费等其他杂费不得扣除。因此，在异地商品购进发生的运费中，7% 作为进项税额，其余 93% 列入"进货费用"账户。

（2）单到货未到。托收凭证先到，商品后到，这是指结算单证先到并支付货款以后，商品才到达验收入库。财务部门应根据银行转来的托收凭证和增值税专用发票，经业务部门与合同核对无误后承付货款。先核算支付的货款，通过"银行存款"和"在途物资"账户核算；待商品到达验收入库，再通过"库存商品"账户核算。

【例 4-4】 1 月 9 日，华美公司开户银行转来沈阳电器公司托收的电冰箱货款 200 000 元，增值税额 26 000 元，及其代垫运杂费 1 800 元（其中运费 1 500 元）的结算单证及附件（增值税专用发票），相关单据传到财务部门，经审核无误，全数承付。

```
        借：在途物资                                                    200 000
            应交税费——应交增值税（进项税额）                              26 105
            进货费用——电冰箱类                                            1 695
        贷：银行存款                                                    227 800
```

1 月 16 日，仓库通知从沈阳电器公司购入的电冰箱全部到货，并验收入库，收货单及相关单证传到财务部门。

```
        借：库存商品——电冰箱                                            200 000
        贷：在途物资                                                    200 000
```

（3）货到单未到。商品先到，结算单证未收到，款项未付，企业可暂不入账，经有关部门审核购销合同后，将有关单据妥善保管或转至财务部门。如月末仍未收到结算凭证进行付款，可根据购销合同及随货同行的发货单等暂估价入账；同时，在次月初用红字将暂估入账分录冲销，待接到托收凭证和增值税专用发票时，再以发票实际货款及税金入账。

【例 4-5】 20 日，华美公司仓库通知中山厨具厂发来厨具一批，根据随货到达的发货单点验入库，与业务部门核对符合购销合同要求，货款为 15 000 元，相关单据传到财务部门。由于此项购进业务尚未收到结算凭证，未付款，可暂不入账，将有关单据妥善保管，等待付款。若月末仍未收到结算凭证，可根据购货合同及随货同行的发货单等暂估入账。

31 日，仍未接到上述厨具的结算单据。

```
        借：库存商品——厨具                                               15 000
        贷：应付账款——中山厨具厂                                         15 000
```

2 月 1 日，用红字做上项分录冲销暂估的入账业务，待结算单据到达时，再做相关处理。

```
        借：库存商品——厨具                                               15 000
        贷：应付账款——中山厨具厂                                         15 000
```

2月5日，开户银行转来中山厨具厂托收厨具款15 000元，增值税进项税额1 950元，代垫运杂费800元（其中运费700元）的相关单证，经审核无误，立即承付相关款项17 750元。

  借：库存商品——厨具   15 000
    应交税费——应交增值税（进项税额）   1 999
    进货费用——厨具   751
   贷：银行存款   17 750

（三）农副产品购进的业务程序及核算

1. 农副产品购进的业务程序

农副产品是农、林、牧、副、渔业生产产品的总称。农副产品收购是指从事农副产品经营的商品流通企业向从事种植业、养殖业、林业、牧业、水产业生产的经济组织和个人收购各种植物、动物初级产品的行为。农副产品的种类繁多，包括粮、油、棉、糖、果、药材、家禽等。商品流通企业必须严格按照规定的质量标准和收购价格，做好评级、验质、定价、点数、过秤、开票和结算工作。农副产品受自然条件的制约，生产有一定的季节性，因此，农副产品收购有旺季和淡季之分。

商品流通企业收购农副产品的业务程序一般是：经过评级、验质、定价、过秤后，由收购员填制收购凭证一式数联：一联由收货员作为农副产品验收入库的依据，一联交付付款员复核后据以支付货款，一联给交售方作为其交售农副产品的凭证。

商品流通企业如果是一般纳税人，在向农副业生产者购买免税农副产品或者向小规模纳税人购买农副产品时，按照税法的规定，可以按照买价9%的扣除率计算增值税进项税额，从当期销项税额中扣除。

农副产品的收购方式按照货款的结算方式划分为直接收购、委托代购和预购三种。

2. 农副产品购进的核算

（1）直接收购的核算。直接收购是批发企业直接设置收购网点，直接向生产者收购农副产品，这是商品流通企业主要采用的收购方式，对于收购网点可以采取拨付备用金和报账付款两种方式进行管理。

【例4-6】 华东食品批发公司通过城东收购网点收购大米，公司对其所属的城东收购网点采用报账付款制。

①9月20日，根据业务需要，在收购旺季来临前，拨付垫底资金60 000元，通过银行拨付，会计处理如下：

  借：其他应收款——城东收购站   60 000
   贷：银行存款   60 000

②10月10日，城东收购站报来农副产品收购汇总表，收购大米共计50 000元，其中9%作为进项税额，经审核无误，当即通过银行拨付资金，以补足垫底资金。

  借：库存商品——大米   45 500
    应交税费——应交增值税（进项税额）   4 500
   贷：银行存款   50 000

(2) 委托代购的核算。委托代购是指商品流通企业在未设置收购网点的地区，委托其他企业代购的一种收购农副产品的方式。委托代购过程中，委托单位除了要承担代购农副产品的收购价格外，还要承担代购费用和代购手续费。所以，农副产品的采购成本由扣除9%进项税额后的买价和代购费用组成。

委托代购的农副产品，其代购费用有费用包干和实报实销两种方式。

费用包干是指委托单位只按代购额的一定比例支付代购费用，如实际发生的代购费用超过包干定额费用，超出部分由代购单位负担；如有节余，则作为其收益。

实报实销是指委托单位根据受托单位实际支出的代购费用给予报销。这种方式一般在代购费用难以确定时采用。

无论采用费用包干方式，还是采用实报实销方式，发生的代购费用和代购手续费均应计入农副产品的成本。

【例4-7】 华东超市委托宋家收购站代购鸡蛋5 000千克，合同规定每千克收购价格4元，收购金额20 000元，代购包干费用率为5%，收购手续费为6%，鸡蛋已运到。

借：库存商品——鸡蛋　　　　　　　　　　　　　　　　　　　　　20 400
　　应交税费——应交增值税（进项税额）　　　　　　　　　　　　 1 800
　　贷：银行存款　　　　　　　　　　　　　　　　　　　　　　　　22 200

(3) 预购的核算。农副产品的预购形式，由收购企业与生产单位或个人签订预购合同，明确规定预购农副产品的品种、等级、价格、发放定金的时间和金额、交货和收回定金的时间等。预购的账务处理通过"预付账款"账户核算。

【例4-8】 华东超市与蔬菜专业户李某签订预购蔬菜合同，预购合同规定预购蔬菜20 000元，按收购金额支付预购定金30%，分批交售时，按同等比例收回预购定金。

①向蔬菜专业户李某支付预购定金6 000元。

借：预付账款——李某　　　　　　　　　　　　　　　　　　　　　6 000
　　贷：银行存款　　　　　　　　　　　　　　　　　　　　　　　　6 000

②蔬菜专业户李某交售第一批蔬菜，金额10 000元，其中9%作为进项税额。

借：在途物资——蔬菜　　　　　　　　　　　　　　　　　　　　　9 100
　　应交税费——应交增值税（进项税额）　　　　　　　　　　　　 900
　　贷：预付账款——李某　　　　　　　　　　　　　　　　　　　 10 000

③扣回定金3 000元，签发现金支票7 000元，以支付李某第一批蔬菜货款。

借：预付账款——李某　　　　　　　　　　　　　　　　　　　　　7 000
　　贷：银行存款　　　　　　　　　　　　　　　　　　　　　　　　7 000

④收购的蔬菜采摘完毕，结转其采购成本。

借：库存商品——蔬菜　　　　　　　　　　　　　　　　　　　　　9 100
　　贷：在途物资——蔬菜　　　　　　　　　　　　　　　　　　　　9 100

(四) 农副产品挑选整理的核算

批发企业对购进的农副产品往往需要进行挑选整理。挑选整理是指对农副产品进行分等、分级、清除杂质、包装整理，以提高质量和防止变质，但不改变其外形、性质和口味的工作。

1. 农副产品挑选整理核算的原则

农副产品经过挑选整理后，清除了杂质，使其数量和等级发生了变化，同时也发生了费用开支，但它仍属于商品流通性质的业务活动。因此，在会计核算时应遵循下列四个原则：

（1）在"库存商品"账户下设置"挑选整理"专户，以专门核算挑选中的农副产品。

（2）农副产品在挑选整理过程中发生的费用，可以列入"进货费用"账户，也可以计入农副产品的成本。

（3）农副产品因挑选整理而发生等级、规格和数量变化，以及商品损耗，均应调整商品的数量和单价，不变更总金额。

（4）农副产品挑选整理过程中发生的事故损失，经批准后列入"营业外支出"账户，不得计入商品成本。

2. 农副产品挑选整理的核算

农副产品在进行挑选整理时，应指定专人负责管理。实物保管部门在拨出商品进行挑选整理时，应填制商品内部调拨单一式数联，其中，自留一联，另两联交仓库，仓库据以验收产品，留下一联登记商品保管账，另一联转交财务部门入账。

农副产品经过挑选整理之后，可能会出现下列三种情况：

（1）挑选整理后发生数量变化。农副产品挑选整理后，由于清除了水分和杂质，因而发生了数量变化，应按挑选整理后的实际数量入账，并调整商品的单价，其计算公式如下：

$$挑选整理后农副产品成本单价 = \frac{挑选整理前商品进价总额}{挑选整理后实际数量}$$

（2）挑选整理后由一种等级变为另一种等级。农副产品挑选整理后，由一种等级变为另一种等级，同时数量也发生了变化，应以原来的成本总额作为新等级的成本总额，并调整等级、数量和单价，其计算公式如下：

$$新等级农副产品单价 = \frac{挑选整理前商品进价总额}{挑选整理后新等级实际数量}$$

（3）挑选整理后由一个等级变为几个等级。农副产品挑选整理后，由一个等级变为几个等级的，应按各种等级的数量和售价的比例，分摊原成本总额，其计算公式如下：

$$每种新等级农副产品售价总额 = 每种新等级农副产品数量 \times 每种新等级农副产品销售单价$$

$$每种新等级农副产品应分配的成本总额 = 每种新等级农副产品售价总额 \times \frac{挑选整理前商品进价总额}{全部新等级农副产品售价总额}$$

$$每种新等级农副产品成本单价 = \frac{每种新等级农副产品分配的成本总额}{每种新等级农副产品数量}$$

【例4-9】 华美果品公司发生以下挑选整理业务：

（1）所属收购部门将收购的统货苹果10 000千克，单价每千克2.5元，拨交挑选组进行挑选整理。根据商品内部调拨单，做会计处理。

借：库存商品——挑选组　　　　　　　　　　　　　　　　　　　25 000
　　贷：库存商品——收购部　　　　　　　　　　　　　　　　　　25 000

（2）苹果挑选整理完毕，分为一级品5 500千克，每千克售价4元；二级品4 200千克，每千克售价 3 元。

① 计算每种新等级苹果售价总额：

一级品苹果售价总额 = 5 500 × 4 = 22 000（元）

二级品苹果售价总额 = 4 200 × 3 = 12 600（元）

新等级苹果售价总额 = 22 000 + 12 600 = 34 600（元）

② 计算每种新等级苹果应分配的成本总额：

一级品苹果应分配的成本总额 = 22 000 ×（25 000 ÷ 34 600）= 15 840（元）

二级品苹果应分配的成本总额 = 12 600 ×（25 000 ÷ 34 600）= 9 072（元）

③ 计算每种新等级苹果成本单价：

一级品苹果售价单价 = 15 840 ÷ 5 500 = 2.88（元）

二级品苹果售价单价 = 9 072 ÷ 4 200 = 2.16（元）

(3) 财务部门将转来的农副产品挑选整理单复核无误后，做会计处理。

借：库存商品——仓库　　　　　　　　　　　　　　　　250 000

　　贷：库存商品——挑选组　　　　　　　　　　　　　　　250 000

（五）购进商品退补价的核算

批发企业在商品购进的业务中，有时由于供货单位疏忽，发生开错单价或价格计算错误等情况，导致购入商品的货款与合同产生差异，因此就产生了退补价的业务。购入商品需要退补价时，应由供应商填制更正发票交给购货单位，经业务部门对照合同审核，送交财务部门复核无误后，据以进行退补价的核算。

1. 购进商品退价的核算

购进商品退价是指原结算货款的进价高于合同约定的价格，应由供应商将高于合同价格造成的货款差额退还给购货单位。

【例 4-10】 天力运动商城从阿迪公司购进足球鞋 1 000 双，合同价格每双 350 元，货款已付，商品入库。后经复核，发现供应商是按 360 元单价结算的，经过与供应商沟通，对方承认结算的价格有误，并同意更正。现收到供应商开来红字更正发票，应退货款 10 000 元，增值税额 1 300 元，退货款和退税款尚未收到。会计处理如下：

(1) 冲减商品采购额和增值税额：

借：在途物资——阿迪公司　　　　　　　　　　　　　　10 000

　　应交税费——应交增值税（进项税额）　　　　　　　　1 300

　　贷：应收账款——阿迪公司　　　　　　　　　　　　　11 300

(2) 同时冲减库存商品的价值：

借：库存商品——运动鞋类　　　　　　　　　　　　　　10 000

　　贷：在途物资——阿迪公司　　　　　　　　　　　　　10 000

2. 购进商品补价的核算

购进商品补价是指结算价格低于合同约定的价格，应由购进单位向供应商按照价差补付货款的核算。

【例4-11】 美华电器公司向本地的电饭煲厂购进200台电饭煲,每台500元,货款100 000元,增值税额13 000元,商品运到公司并验收入库,用支票付清货款。日前收到供应商开来的更正发票,每台单价应为600元,需补货款20 000元,增值税2 600元,会计处理如下:

借:库存商品——电饭煲 20 000
　　应交税费——应交增值税(进项税额) 2 600
　　贷:应付账款——电饭煲厂 22 600

(六) 进货退出的核算

进货退出是指商品购进验收入库后,因质量、品种、规格不符,经与供应商沟通后,再将商品退回供应商的业务。

批发企业对于购进的商品,在验收时一般只做抽样检查,因此在入库后复验商品时,往往会发现部分商品存在数量、质量、品种、规格不符的情况,此时批发企业应及时与供应商联系,调换商品或者作进货退出处理。在发生进货退出业务时,由供应商开出红字专用发票,企业收到后由业务部门据以填制进货退出单,通知储运部门发运商品;财务部门根据储运部门转来的进货退出单进行进货退出的核算。

【例4-12】 美华电器公司日前向美的集团购进电风扇200台,每台价格500元,货款已付讫。今复验发现其中5台电风扇的质量不符要求,经联系后同意做退货处理。

(1) 1月15日,收到美的集团开出的退货红字专用发票,开列退货款2 500元,退增值税325元,并收到业务部门转来的进货退出单的结算联。会计处理如下:

借:在途物资——美的集团 2 500
　　应交税费——应交增值税(进项税额) 325
　　贷:应收账款——美的集团 2 825

(2) 1月16日,收到本公司储运部门转来的进货退出单的出库联。会计处理如下:

借:库存商品——空调类 2 500
　　贷:在途物资——美的集团 2 500

(3) 1月18日,收到开户银行转来的对方退来货款及增值税共2 825元,会计处理如下:

借:银行存款 2 825
　　贷:应收账款——美的集团 2 825

(七) 拒付货款和拒收商品的核算

1. 拒付货款

批发企业从异地购进商品时,对于银行转来供应商的托收凭证及其所附的专用发票、运费凭证等,必须认真地与合同进行核对,如发现与购销合同不符、重复托收以及货款或运费多计等情况,应在银行规定的承付期内填制拒绝承付理由书,拒付托收款。对于与购销合同不符或重复托收的,应拒付全部托收款;对于部分与购销合同不符的,应拒付不符部分的托收款;对于多计的货款或运费,则应拒付多计的数额。

2. 拒收商品

对于供应商发来的商品及随货同行的专用发票,同样要与购销合同进行核对,并要认真检验商品的品种、规格、数量、质量，如不符，可以拒收商品。在拒收商品时，应由业务部门填制拒收商品通知单，通知供应商，同时需填制代管商品收货单一式数联，其中两联送交储运部门验收后，加盖"收讫"章，将其数量做账外记录，并将拒收商品与库存商品分别存放，一联由储运部门转交财务部门，据以记入"代管商品物资"账户。"代管商品物资"是表外账户，用来核算企业受托代管的商品物资等，该账户不与其他账户发生关系，只做单式记录。

在异地商品购进的业务中，由于托收凭证的传递与商品运输的渠道不同，因此，商品验收入库与支付货款的时间往往不一致，由此就会使拒收商品和拒付货款的时间发生差异。其主要表现为以下三种情况：

（1）先拒付货款，后拒收商品。企业收到银行转来的托收凭证，发现内附的专用发票与合同不符，拒付货款。等商品到达后，再拒收商品。由于没有发生结算与购销关系，只需在拒收商品时，将拒收的商品记入"代管商品物资"账户。

（2）先拒收商品，后拒付货款。企业收到商品时，发现商品与购销合同不符，可拒收商品，将拒收商品记入"代管商品物资"账户的借方，等银行转来托收凭证时，再拒付货款。

（3）先承付货款，后拒收商品。企业收到银行转来的托收凭证，将内附的专用发票与购销合同核对相符后，承付货款。等商品到达验收时，发现商品与购销合同不符，除将拒收商品记入"代管商品物资"账户的借方外，还应将拒收商品的货款、增值税额及运杂费，分别从"在途物资"账户、"应交税费"账户和"进货费用"账户一并转入"应收账款"账户。等业务部门与供货单位协商解决后，再进一步做出账务处理。

【例4-13】 华美电器公司日前向海狮集团购进小家电500台，每台单价100元，货款总计50 000元，增值税6 500元，运费1 000元，供应商采用托收承付方式结算。

(1) 开户银行转来海狮集团的托收凭证，经审核无误，予以承付，会计处理如下：

借：在途物资——海狮集团　　　　　　　　　　　　　　　　50 000
　　应交税费——应交增值税（进项税额）　　　　　　　　　 6 570
　　进货费用——小家电类　　　　　　　　　　　　　　　　　930
　　　贷：银行存款　　　　　　　　　　　　　　　　　　　57 500

(2) 商品到达验收，发现其中20台小家电的质量不符要求，予以拒收，由业务部门与供应商联系。

①480台合格小家电验收入库，结转商品的采购成本，会计处理如下：

借：库存商品——小家电类　　　　　　　　　　　　　　　48 000
　　　贷：在途物资——海狮集团　　　　　　　　　　　　　48 000

②将拒收小家电的货款、增值税及应承担的运费转入"应收账款"账户，拒收商品记入"代管商品物资"，会计处理如下：

借：在途物资——海狮集团　　　　　　　　　　　　　　　2 000
　　应交税费——应交增值税（进项税额）　　　　　　　　 262.80
　　进货费用——小家电类　　　　　　　　　　　　　　　　37.20
　　　贷：应收账款——海狮集团　　　　　　　　　　　　　2 300

同时在"代管商品物资"账户借记2 000元。

（3）经与供应商联系后，对方同意做退货处理，并汇来退货款，会计处理如下：

借：银行存款　　　　　　　　　　　　　　　　　　　　　　　　2 300
　　贷：应收账款——海狮集团　　　　　　　　　　　　　　　　　　2 300

（八）供应商提供现金折扣与销售折让的核算

1. 现金折扣的核算

现金折扣是指赊购方在赊购商品后，因迅速清偿赊购账款而从供应商处取得的折扣优惠。批发企业在赊购商品时，供应商为了鼓励客户及时清偿货款，会提出在规定的期限内还款而给予一定的折扣优惠。批发企业赊购商品，当供应商提出以付款期限为条件的现金折扣方案时，应采取按发票价格入账的总价法进行核算，若企业想享受供应商提供的现金折扣，其折扣额可冲减当期的财务费用。这种折扣的条件通常写成2/10、1/20、n/30的形式，其表示在10天内付清款项给予2%的折扣优惠；超过10天，在20天内付清给予1%的折扣优惠；在30天内付清没有折扣优惠。

【例4-14】 华东运动品经营公司从天宁集团赊购运动服1 000件，每件300元，货款300 000元，增值税额39 000元，商品入库。供应商给予的付款条件为：2/10、1/20、n/30。会计处理如下：

（1）商品购进时：

借：库存商品——运动服类　　　　　　　　　　　　　　　　　　300 000
　　应交税费——应交增值税（进项税额）　　　　　　　　　　　　 39 000
　　贷：应付账款——天宁集团　　　　　　　　　　　　　　　　　339 000

（2）付款时，根据企业自身的资金条件，企业决定在10天内付款：

借：应付账款——天宁集团　　　　　　　　　　　　　　　　　　339 000
　　贷：银行存款　　　　　　　　　　　　　　　　　　　　　　　333 000
　　　　财务费用　　　　　　　　　　　　　　　　　　　　　　　　6 000

2. 销售折让的核算

销售折让是指因为供应商的商品出现质量、品种、规格等问题，为避免出现退货或损伤信誉而给予客户在商品价格上的减让。批发企业在得到供应商的销售折让时，应以商品的买价扣除折让后的净额入账。届时增值税额与货款同样享有折让。

【例4-15】 华东运动品经营公司从强健体育器材公司购进乒乓球拍1 000副，每副100元，货款100 000元，增值税额13 000元，协议验货付款。这批商品运到企业时，经检验发现商品存在瑕疵，经协商，供应商同意给予5%的销售折让，商品入库，并按照协商后的价格付款。会计处理如下：

借：库存商品——运动器材类　　　　　　　　　　　　　　　　　 95 000
　　应交税费——应交增值税（进项税额）　　　　　　　　　　　　 12 350
　　贷：银行存款　　　　　　　　　　　　　　　　　　　　　　　107 350

（九）购进商品短缺或溢余的核算

购进商品发生短缺或溢余的原因：购进商品发生短缺或溢余既有自然因素，也有人为差错。如在运输途中由于不可抗拒的自然条件和商品性质等因素,使商品发生损耗或溢余;如运输单位的失职造成事故或商品丢失;供应商工作上的疏忽造成少发或多发商品;以及不法分子贪污盗窃等。因此,除根据实收数量入账外,还应认真调查,具体分析,查明缺溢原因,明确责任,及时予以处理。

发生短缺或溢余的处理程序:储运部门在验收商品时,如发现实收商品与供应商的专用发票(发货联)上所列数量不符时,必须在收货单上注明实收数量,并填制商品短缺溢余报告单一式数联,其中一联连同鉴定证明送交业务部门,由其负责处理;另一联送交财务部门,作为记账的依据。

1. 购进商品发生短缺的业务核算

购进商品发生短缺时,在查明原因前,应通过"待处理财产损溢"账户进行核算。查明原因后,如果是供货单位少发商品,经联系后,可由其补发商品或做进货退出处理;如果是运输途中的自然损耗,则应作为"进货费用"列支;如果是责任事故,应由运输单位或责任人承担经济责任的,则作为"其他应收款"处理;如由本企业承担损失的,报经批准后,在"营业外支出"账户列支。

批发企业购进商品发生非正常损失时,其增值税(进项税额)应相应转入有关账户,借记有关账户,贷记"应交税费——应交增值税(进项税额转出)"账户。

【例4-16】 大成集团从黑龙江粮食公司购进玉米100吨,每吨1 000元,货款100 000元,增值税额13 000元,运费5 000元,采用托收承付方式结算货款。

(1) 接到银行转来的托收凭证及专用发票(发票联)、运费凭证,经审核无误后,予以承付。会计处理如下:

借:在途物资——玉米   100 000
    应交税费——应交增值税(进项税额)   13 350
    进货费用——玉米   4 650
  贷:银行存款   118 000

(2) 玉米运到后,储运部门验收时,实收99吨,短缺1吨,货款1000元,填制商品短缺溢余报告单,如表4-1所示。

表4-1 商品短缺溢余报告单

2015年1月18日

货号	品名	单位	应收数量	实收数量	单价	短缺		溢余	
						数量	金额	数量	金额
2266	玉米	吨	100	99	1 000	1	1 000		
合计						1	1 000		
供应商:黑龙江粮食公司 专用发票号码:65872			处理意见			溢余或短缺原因:待查			

财务部门对储运部门转来的收货单及商品短缺溢余报告单复核无误后,结转已入库的商品成本,并对短缺商品进行核算。会计处理如下:

借:库存商品——玉米　　　　　　　　　　　　　　　　　　　　　99 000
　　待处理财产损溢——待处理流动资产损溢　　　　　　　　　　　1 000
　　　贷:在途物资——黑龙江粮食公司　　　　　　　　　　　　　100 000

(3) 经与供应商联系,查明短缺的玉米中,有500千克是对方少发了商品,已开来退货的红字专用发票,应退货款500元,增值税额65元。

①冲减商品采购额和增值税额,会计处理如下:

借:在途物资——玉米　　　　　　　　　　　　　　　　　　　　　500
　　应交税费——应交增值税(进项税额)　　　　　　　　　　　　　65
　　　贷:应收账款——黑龙江粮食公司　　　　　　　　　　　　　　565

②冲转待处理财产损溢,会计处理如下:

借:待处理财产损溢——待处理流动资产损溢　　　　　　　　　　　500
　　　贷:在途物资——玉米　　　　　　　　　　　　　　　　　　　500

(4) 另查明有100千克短缺的玉米是自然损耗,经批准予以转账,会计处理如下:

借:进货费用——玉米　　　　　　　　　　　　　　　　　　　　　100
　　　贷:待处理财产损溢——待处理流动资产损溢　　　　　　　　　100

(5) 另查明其余的400千克玉米短缺属于运输部门的过失,对方同意赔付货款及进项税额,会计处理如下:

借:其他应收款——某运输部门　　　　　　　　　　　　　　　　　452
　　　贷:待处理财产损溢——待处理流动资产损溢　　　　　　　　　400
　　　　　应交税费——应交增值税(进项税额转出)　　　　　　　　52

2. 购进商品溢余的业务核算

购进商品发生溢余,在查明原因前,应通过"待处理财产损溢"账户进行核算。查明原因后,如果是运输途中的自然升溢,应冲减"进货费用"账户;如果是供应商多发了商品,可与对方联系,由其补来专用发票后,作为商品购进处理,也可以退还对方。

【例4-17】 承上例,若验收商品时发现多出1吨玉米,财务部门根据储运部门转来的收货单及商品短缺溢余报告单,审核无误后,做商品入库及溢余的核算,会计处理如下:

(1) 借:库存商品——粮食类　　　　　　　　　　　　　　　　　　101 000
　　　　贷:在途物资——黑龙粮业公司　　　　　　　　　　　　　100 000
　　　　　　待处理财产损溢——待处理流动资产损溢　　　　　　　1 000

(2) 经与供应商联系,确认其中900千克为供应商多发商品,并补来发票,企业补付货款和税款;其余的100千克属于运输途中因湿度变化带来的自然升溢。会计处理如下:

①借:在途物资——黑龙江粮食公司　　　　　　　　　　　　　　　900
　　　应交税费——应交增值税(进项税额)　　　　　　　　　　　　117
　　　　贷:银行存款　　　　　　　　　　　　　　　　　　　　　1 017

② 借：待处理财产损溢——待处理流动资产损溢　　　　　　　　　1 000
　　贷：在途物资——黑龙江粮食公司　　　　　　　　　　　　　　900
　　　　进货费用——粮食类　　　　　　　　　　　　　　　　　　100

三、在途物资明细分类核算

为了加强对商品采购过程中在途商品的反映和控制，必须对在途物资进行明细分类核算。在途物资的明细分类核算主要有平行登记法和抽单核对法两种方式。

1. 平行登记法

平行登记法，又称"横线登记法""同行登记法"，是指在进行在途物资的明细核算时，采用两栏平行式账页，将同一批次购进的商品和商品验收入库业务，在账页的同一行次进行登记反映的方式。具体操作如下：当货款已付而商品未到时，记入账页的借方；待商品到达时，无论间隔时间长短，均记入同一行次的贷方。若一次付款，分批到货时，可在贷方内设几小行进行反映，待在途物资到达后，逐笔核销，并在账页的核销栏内画"√"，以示注销。

以【例4-4】为例，在途物资两栏平行式明细账的格式及登记方法如表4-2所示。

表4-2　在途物资明细分类账

供货单位	借　　方				贷　　方					注销号
	日期		凭证号	摘要	金额	日期		凭证号	摘要	金额	
	月	日				月	日				
沈阳电器公司	1	9	例4-4(1)	付电冰箱货款	200 000	1	16	例4-4(2)	电冰箱到货	200 000	√

月末，在途物资明细分类账的借方余额，表示已经支付货款的在途商品数额；在途物资明细分类账的贷方余额，表示商品已验收入库，而货款尚未支付的应付账款。

采用平行登记法的优点：能够清楚地反映每批购进商品的付款与入库情况，通过借贷方的对照，逐一核销，反映商品采购的动态，便于加强对商品采购过程的监控和管理，有效防范企业在采购过程中的各种作弊风险，保障企业资金与资产的安全，同时，发生差错后便于查找。缺点：该方法对于采购业务比较频繁的企业来说核算的工作量较大，如果发生悬账，往往拖延日久，账页长期不能结清。

2. 抽单核对法

抽单核对法是指不设置"在途物资"明细账，而是利用供应商提供的增值税专用发票（抵扣联）和与货物同行的发货单相互配合，来代替"在途物资"明细分类核算的一种简便方法。

该方法的核心是通过"在途商品"和"入库商品"两个账夹来专门存放上述两种单据；然后再运用两种单据依次先后到达及相互套对的过程，来反映企业在途物资的动态情况。

抽单核对法的优点：简化核算工作，节约人力、物力，提高核算工作效率。缺点：由于该方法是通过以单代账来对在途物资进行控制的，因而存在管理不严密、出现差错不易查找的弊端。实务中多数商品流通企业不采用这种方法，这里不做详细介绍。

此外，在途物资明细账也可以采用三栏式明细账进行登记。

第二节　批发商品销售的核算

一、商品销售业务涉及的会计科目

为了正确核算批发企业商品销售业务，必须合理设置核算商品销售业务的会计科目，一般应设置"主营业务收入""主营业务成本""预收账款"等科目。

"主营业务收入"是损益类账户，用以核算企业的商品销售收入，取得商品销售收入时，记入贷方；期末转入"本年利润"账户时，记入借方。

"主营业务成本"是损益类账户，用以核算企业的商品销售成本，当结转商品销售成本时，记入借方；期末转入"本年利润"账户时，记入贷方。

"预收账款"是负债类账户，用以核算企业按照合同规定向购货单位或个人预收的货款或定金。销售实现时，记入借方；按规定预收货款或定金时，记入贷方。

二、商品销售业务的程序及核算

批发企业的国内销售业务按照客户的地域不同，可分为同城销售和异地销售。客户的地域差别使商品的交接方式、货款结算方式有所不同，因而带来业务流程及账务处理上的差别。批发商品销售业务主要包括发出商品和结算货款两个环节。

（一）同城商品销售的业务程序及核算

1. 同城商品销售的业务程序

（1）同城商品销售的商品交接方式：提货制或送货制。

（2）同城商品销售的货款结算方式：支票、商业汇票、银行本票、委托收款、现金结算等。

（3）业务单证：商品销售所涉及的主要单证包括客户订单（合同）、增值税专用发票、发货单或提货单收款凭单（根据上述单证由财务部门填制）。

（4）业务流程：

①采用提货制交接方式，批发企业的业务部门根据购货单位选定的商品品种和数量，填制一式三联的增值税专用发票（发票联、抵扣联、记账联）和一式多联的商品发货单（提货单），业务部门留下专用发票的记账联和发货单（提货单）的存根联，将其余各联交与采购员，据以向财务部门结算货款和到仓库提货。

销货单位财务部门收妥货款后，留下专用发票的记账联和发货单（提货单）的记账联，据以进行账务处理；仓库发货后留下发货单（提货单）的提货联，据以登记商品实物保管账。客户提货后将专用发票的发票联和抵扣联带回,交给本单位的财务部门进行账务处理。

②采用送货制交接方式,通常有两种做法:一是客户先付货款,然后由销货单位送货;二是销货单位先将商品送给客户,经客户验收后再支付货款。第一种做法与提货制下的业务程序基本相同。采用第二种做法时,其程序如下:销货单位的业务部门根据客户的要求,填制增值税专用发票,除留下记账联转财务部门记账外,其余各联交储运部门向仓库提货送给客户,并将专用发票的发票联、税款抵扣联交给客户据以验收商品和结算货款;客户验货后,由送货人员将对方的验货凭证带回,连同记账联转交财务部门,结算货款。

2. 同城商品销售的核算

批发企业在销售商品后,应按专用发票列明的价税合计数收款,若收取转账支票、银行本票的,存入银行时,借记"银行存款"账户;若收取的是商业汇票,借记"应收票据"账户;若尚未收到账款的,则借记"应收账款"账户,同时按专用发票列明的货款贷记"主营业务收入"账户,按列明的增值税额贷记"应交税费"账户,然后计算出销售商品的进价成本,并予以结转,结转时借记"主营业务成本"账户,贷记"库存商品"账户。

【例4-18】 东华运动品经营公司向万力体育用品商城销售运动鞋100双,每双400元,每双进价350元。客户自己提货,并将货款用转账支票支付。其收入及成本的会计处理如下:

借:银行存款　　　　　　　　　　　　　　　　　　　　　　　　45 200
　　贷:主营业务收入——运动鞋　　　　　　　　　　　　　　　　40 000
　　　　应交税费——应交增值税(销项税额)　　　　　　　　　　 5 200
借:主营业务成本——运动鞋　　　　　　　　　　　　　　　　　　35 000
　　贷:库存商品——运动鞋　　　　　　　　　　　　　　　　　　35 000

在商品流通企业会计核算的实务中,由于商品种类繁多,每天计算商品销售成本工作量很大,为了简化核算手续,主营业务成本一般采取期末集中结转的方式进行处理。

(二)异地商品销售的业务程序及其核算

1. 异地商品销售的业务程序

(1) 异地商品销售的交接方式:发货制。

(2) 异地商品销售的货款结算方式:托收承付、委托收款、银行汇票和商业汇票等。

(3) 业务单证:商品销售所涉及的主要单证包括订单(合同)、增值税专用发票、发货单、托收凭证、运费单据、收款凭单(根据上述单证由财务部门填制)。

(4) 业务流程:在发货制和托收承付结合结算方式下,异地销售的业务流程如下:

由业务部门根据购销合同约定的商品品种、规格、数量、单价,填制增值税专用发票一式数联和商品发货单,业务部门留下存根联备查,将其余各联转交储运部门。储运部门根据专用发票和发货单提货、包装,并委托运输单位发运商品,发货联随货同行,留下发货单的提货联登记商品保管账。运输单位在发运商品后,送来运单,向财务部门结算运费。财务部门收到专用发票的发票联、发货单的提货联及运单后,一方面支付运输单位运费,另一方面填制托收凭证,附上发票联、抵扣联和运单,向银行办理托收手续,银行受理后,取回托收回单,据以做商品销售的核算。

2. 异地商品销售的核算

异地商品的销售业务，一般要委托运输单位将商品运往客户，支付给运输单位的运费，根据购销合同规定，一般由客户负担。销货单位在垫支时，通过"应收账款"账户进行核算，然后连同销货款、增值税额一并通过银行向购货单位办理托收。

【例4-19】 东华公司向万力体育商城销售运动鞋200双，每双300元，每双进价260元。采取发货制的商品交接方式。

（1）1月10日，运输公司开来运费凭证600元，东华公司用转账支票支付，会计处理如下：

借：应收账款——万力体育商城　　　　　　　　　　　　　　　600
　　贷：银行存款　　　　　　　　　　　　　　　　　　　　　　　　600

（2）1月15日，东华公司凭专用发票的发票联及运费凭证通过银行办理托收，根据银行的托收凭证回单联，做商品销售的会计处理：

借：应收账款——万力体育商城　　　　　　　　　　　　　　67 800
　　贷：主营业务收入——运动鞋　　　　　　　　　　　　　　　60 000
　　　　应交税费——应交增值税（销项税额）　　　　　　　　　7 800

（3）1月20日，收到银行转来的万力体育商城托收款项的收款通知。会计处理如下：

借：银行存款　　　　　　　　　　　　　　　　　　　　　67 800
　　贷：应收账款——万力体育商城　　　　　　　　　　　　　67 800

（4）同时结转商品销售成本，会计处理如下：

借：主营业务成本　　　　　　　　　　　　　　　　　　　52 000
　　贷：库存商品　　　　　　　　　　　　　　　　　　　　　52 000

（三）预收货款销售商品的核算

预收货款销售商品主要适用于市场上某些比较畅销或稀缺的商品，批发企业采用预收货款的方式销售商品，供应单位事先应与购货单位签订预收货款的销售合同或协议。在预收货款时，先不确认收入的实现，而是通过"预收账款"账户进行核算，待发出商品时才确认收入的实现。

【例4-20】 东华公司采用预收货款方式向万力商场销售运动服200件，单价150元，合同规定先预收货款30%，在10天交货时，再收取70%货款余额。

（1）2日，收到万力商场30%货款转账支票一张，金额为9 000元。

借：银行存款　　　　　　　　　　　　　　　　　　　　　9 000
　　贷：预收账款——万力商场　　　　　　　　　　　　　　　9 000

（2）12日，向万力商场发运运动服200件，销售发票共计货款30 000元，增值税3 900元，收到万力商场签发的余款转账支票一张，金额26 100元。会计处理如下：

借：预收账款——万力商场　　　　　　　　　　　　　　33 900
　　贷：主营业务收入　　　　　　　　　　　　　　　　　　　30 000
　　　　应交税费——应交增值税（销项税额）　　　　　　　　3 900
借：银行存款　　　　　　　　　　　　　　　　　　　　24 900
　　贷：预收账款——万力商场　　　　　　　　　　　　　　　24 900

(四) 直运商品销售的业务程序及其核算

1. 直运商品销售的业务程序

直运商品销售是指批发企业购进商品后，不经过本企业仓库储备，直接从供应商处发运给客户的一种销售方式。

直运商品销售涉及批发企业、供货单位和购货单位三方，因此，直运商品销售的核算包括两个部分：一是批发企业从供货单位购进商品的核算；二是批发企业向购货单位销售商品的核算。只有二者结合起来，才能真正完成一次直运商品销售业务。

直运商品销售的核算包括承付货款、托收销货款、结转销售成本、收到托收款四个环节。在一般情况下，是批发企业先向供货单位承付货款，然后再向购货单位托收销货款，但也有先向购货单位托收销货款，后向供货单位承付购货款的情况，以及二者同时完成的情况。在这种情况下，批发企业的购销业务几乎同时发生。

2. 直运商品销售的业务核算

采用直运商品销售，商品不通过批发企业仓库的储存环节，所以可以不通过"库存商品"账户，直接在"在途物资"账户进行核算。由于直运商品购进和销售的专用发票上已经列明商品的购进金额和销售金额，因此商品销售成本可以按照实际进价成本，分销售批次随时进行结转。

【例4-21】 美华运动品经营公司向天宁公司订购男运动服500套，每套400元，直运给成功体育用品商城，每套500元，购进、销售的增值税率均为13%，天宁公司代垫运费1 500元，购销合同规定运费由成功体育用品商城负担。

(1) 根据银行转来的天宁公司的托收凭证，内附专用发票，开列男运动服货款200 000元，增值税额26 000元，运费凭证1 500元，经审核无误，当即承付，会计处理如下：

借：在途物资——天宁公司　　　　　　　　　　　　　　　　　200 000
　　应交税费——应交增值税（进项税额）　　　　　　　　　　 26 000
　　应收账款——代垫运费　　　　　　　　　　　　　　　　　 1 500
　　贷：银行存款　　　　　　　　　　　　　　　　　　　　　227 500

(2) 直运销售男运动服500套，每套500元，货款250 000元，增值税额32 500元，连同垫付的运费1 500元，一并向成功体育用品商城托收，根据专用发票（记账联）及托收凭证（回单联），会计处理如下：

借：应收账款——成功体育用品商城　　　　　　　　　　　　　284 000
　　贷：主营业务收入——男运动服　　　　　　　　　　　　　250 000
　　　　应交税费——应交增值税（销项税额）　　　　　　　　 32 500
　　　　应收账款——代垫运费　　　　　　　　　　　　　　　 1 500

同时结转商品销售成本，会计处理如下：

借：主营业务成本——男运动服　　　　　　　　　　　　　　　200 000
　　贷：在途物资——天宁公司　　　　　　　　　　　　　　　200 000

在直运商品销售中发生的运费，一般应按供销双方的协议处理，属批发企业负担的，应列入"进货费用"；属购货单位负担的，应作为垫付款，连同货款一并托收。

(五) 分期收款销售的业务程序及其核算

1. 分期收款销售的业务程序

批发企业扩大销售数量，提高市场占有率，有时会以分期收款的方式进行商品销售。由于该方式下的商品销售具有收款期限长、货款回收风险大的特点，所以，采用这种销售方式事先要由业务部门与购货方订立分期收款商品购销合同，进行风险控制，合同内应注明发货日期、分期收款的期限和金额及违约责任。

对于不具有融资性质的分期收款商品销售，可按合同约定的收款日期进行收入实现的确认，并根据全部销售成本与销售收入的比率，计算本期应结转的销售成本。

2. 分期收款销售的业务核算

为了加强对分期收款发出商品的反映和控制，批发企业应设置"发出商品"账户。该账户属于资产类账户，用来核算企业采用分期收款方式销售商品时，未满足收入条件但已发出商品的实际成本。商品发出时，借记该账户，按照合同规定的时间收回货款时，按照规定的方法计算出应结转的销售成本，贷记该账户，其借方余额表示尚待以后收回的分期收款销售商品的成本。

【例4-22】 东华运动品经营公司采取年内分期收款方式向健强运动用品商城销售健身器材50套，该健身器材购进单价为2 200元，销售单价为2 500元，按合同约定，在一年内分三期收款，第一期收取价款的40%，后两期各收取价款的30%。

（1）1月10日，发给健强运动用品商城50套健身器材，财务部门根据分期收款商品发货单进行会计处理如下：

借：发出商品——健强运动用品商城　　　　　　　　　　　110 000
　　贷：库存商品——健身器材　　　　　　　　　　　　　　110 000

（2）1月30日，收到健强运动用品商城汇来的第一期货款及税款56 500元，会计处理如下：

①确认实现的收入：

借：银行存款　　　　　　　　　　　　　　　　　　　　　56 500
　　贷：主营业务收入——健身器材　　　　　　　　　　　　50 000
　　　　应交税费——应交增值税（销项税额）　　　　　　　6 500

②结转分期收款商品的销售成本：

借：主营业务成本——健身器材　　　　　　　　　　　　　44 000
　　贷：发出商品——健强运动用品商城　　　　　　　　　　44 000

以后两期收款期限到时，所作收入实现、成本结转的会计处理同上。

（六）代销商品销售的业务程序及其核算

代销商品是销售商品活动中普遍采用的一种营销方式，代销商品牵涉委托方和受托方两个方面，委托方委托代销的商品称为委托代销商品，受托方代销的商品称为受托代销商品。代销商品销售有视同买断和收取代销手续费两种方式。

为了加强对代销商品的核算与控制，对于代销的商品，委托方与受托方分别通过"委托代销商品""受托代销商品"和"受托代销商品款"账户进行核算。

"委托代销商品"是资产类账户,用以核算企业委托其他单位代销的商品,企业将商品交付受托单位代销时,记入该账户借方;企业收到受托单位已售代销商品清单确认销售收入并转销其成本时,记入该账户贷方;期末余额在借方,表示企业委托代销商品尚未销售的数额。该账户应按受托单位进行明细分类核算。

"受托代销商品"是资产类账户,用以核算企业接受其他单位委托代销的商品。受托企业收到代销商品时,记入该账户借方;受托代销商品销售后,结转其销售成本时,记入该账户贷方;期末余额在借方,表示企业尚未销售的代销商品数额。该账户应按委托单位进行明细分类核算。

"受托代销商品款"是负债类账户,用以核算企业接受代销商品的货款。企业在收到代销商品时,记入贷方;销售代销商品时,记入借方;期末余额在贷方,表示尚未销售的受托代销商品的货款。该账户应按委托单位进行明细分类核算。

1. 视同买断方式代销商品销售业务的核算

(1) 委托代销商品的业务程序。批发企业采取视同买断方式代销商品,作为委托方的批发企业应与受托方签订商品委托代销合同,合同上应注明委托代销商品的协议价、销售价、结算方式、结算时间以及双方承担的责任等内容。业务部门根据商品委托代销购销合同,填制委托代销商品发货单;然后由储运部门将商品发给受托方,由于商品所有权上的风险和报酬并未转移给受托方,因此,委托方在交付委托销售的商品时,不确认收入,受托方也不作购进商品的处理。受托方将商品销售后,按实际售价确认销售收入,并向委托方开具代销清单,委托方收到代销清单时,确认代销商品销售收入的实现。

视同买断方式代销商品,商品委托代销合同中委托方虽然注明了商品的销售价,但受托方可自行确定销售价格。

(2) 委托代销商品的业务核算。委托方在向受托方发运商品时,借记"委托代销商品"账户,贷记"库存商品"账户;代销商品销售后,收到受托方代销商品清单时,借记"应收账款"账户,贷记"主营业务收入"和"应交税费"账户,同时,结转已售代销商品成本,借记"主营业务成本"账户,贷记"委托代销商品"账户;委托方收到受托方转来的已售代销商品货款时,借记"银行存款"账户,贷记"应收账款"账户。

【例4-23】 东华运动品经营公司委托美华体育用品商城销售健身单车100台,根据商品委托代销合同,将健身单车发给美华体育用品商城。其协议单价为1 500元,销售单价为2 000元,增值税率为13%,合同规定每个月月末受托方向委托方开具代销清单,据以结算货款。

(1) 1月1日,发运商品时,根据委托代销商品发货单,进行会计处理如下:

借:委托代销商品——美华体育用品商城　　　　　　　　　　　　　150 000
　　贷:库存商品——健身单车　　　　　　　　　　　　　　　　　　150 000

(2) 1月31日,根据美华体育用品商城送来的代销商品清单,填制专用发票,列明销售健身单车50台,协议单价2 000元,金额100 000元,增值税额13 000元,会计处理如下:

借:应收账款——美华体育用品商城　　　　　　　　　　　　　　　113 000
　　贷:主营业务收入——健身单车　　　　　　　　　　　　　　　　100 000
　　　　应交税费——应交增值税(销项税额)　　　　　　　　　　　　13 000

同时结转已售委托代销商品的销售成本 75 000 元，会计处理如下：

借：主营业务成本——健身单车 75 000
  贷：委托代销商品——美华体育用品商城 75 000

（3）2 月 2 日，收到美华体育用品商城支付 50 台健身单车的货款及增值税额的转账支票，

借：银行存款 113 000
  贷：应收账款——美华体育用品商城 113 000

受托方收到代销商品并验收入库时，虽然企业尚未取得商品的所有权，但企业对代销商品有支配权，可以开展商品销售业务。所以，受托方收到商品时，应按代销商品的协议价借记"受托代销商品"账户，贷记"受托代销商品款"账户；代销商品在销售后，应填制专用发票，据以借记"银行存款"或"应收账款"账户，贷记"主营业务收入"和"应交税费"账户；并按协议价款借记"主营业务成本"账户，贷记"受托代销商品"账户；同时，借记"受托代销商品款"账户，贷记"应付账款"账户；至结算期届满时，将代销商品清单交付委托方，等收到委托方发票后，据以支付货款和增值税额，借记"应付账款"和"应交税费"账户，贷记"银行存款"账户。

【例 4-24】 美华运动品经营公司根据商品委托代销合同，接受天宁集团 1 000 双新品运动鞋的代销业务，合同规定运动鞋的协议单价为 300 元，销售单价为 400 元，增值税率为 13%，每个月月末向委托方开具代销清单，结算货款。

（1）1 月 3 日，收到 1 000 双运动鞋，会计处理如下：

借：受托代销商品——天宁集团 300 000
  贷：受托代销商品款——天宁集团 300 000

（2）1 月 18 日，销售运动鞋 500 双，每双 400 元，货款 200 000 元，增值税额 26 000 元，收到转账支票存入银行，会计处理如下：

①确认销售收入：

借：银行存款 226 000
  贷：主营业务收入——运动鞋 200 000
    应交税费——应交增值税（销项税额） 26 000

②结转商品销售成本：

借：主营业务成本——运动鞋 150 000
  贷：受托代销商品——天宁集团 150 000

③结转代销商品款：

借：受托代销商品款——天宁集团 150 000
  贷：应付账款——天宁集团 150 000

（3）1 月 31 日，开出代销商品清单给委托方，2 月 2 日，收到天宁集团专用发票，开列运动鞋 500 双，每双 300 元，货款 150 000 元，增值税额 19 500 元，当即签发转账支票支付全部账款，会计处理如下：

借：应付账款——天宁集团 150 000
  应交税费——应交增值税（进项税额） 19 500

贷：银行存款 169 500

2. 收取代销手续费方式代销商品销售业务的核算

(1) 委托代销商品的业务程序。批发企业采取收取手续费方式代销商品时，作为委托方的批发企业，其业务程序与视同买断代销商品销售的方式大体相同。其不同有两点：一是受托方是商品购销双方的中间人，委托方应当在收到受托方转来的商品代销清单时确认销售收入，同时，按照合同约定的比例支付受托方代销手续费，届时，借记"销售费用"账户，而受托方则按所收取的手续费确认收入；二是受托方应按照委托方规定的价格销售代销商品，不得随意变动。

(2) 委托代销商品的业务核算。委托方在向受托方发运商品时，借记"委托代销商品"账户，贷记"库存商品"账户；代销商品销售后，收到受托方代销商品清单时，借记"应收账款"账户，贷记"主营业务收入"和"应交税费"账户，同时，结转已售代销商品成本，借记"主营业务成本"账户，贷记"委托代销商品"账户；结算代销手续费时，借记"销售费用"账户，贷记"应收账款"账户；委托方收到受托方转来的已售代销商品货款及税金时，以扣减手续费后的金额，借记"银行存款"账户，贷记"应收账款"账户。

【例 4-25】 美华运动品经营公司将 1 000 支乒乓球球拍委托万力体育用品商城代销，该乒乓球球拍的购进价每支 200 元，合同规定销售单价为 300 元，增值税率为 13%，每个月月末受托方向委托方开具代销清单，据以结算货款，代销手续费率为 8%。

(1) 1 月 2 日，将乒乓球球拍交付万力体育用品商城时，根据代销商品发货单，会计处理如下：

借：委托代销商品——万力体育用品商城 200 000
　　贷：库存商品——乒乓球球拍 200 000

(2) 1 月 31 日，万力体育用品商城送来代销商品清单，据以填制专用发票，开列乒乓球球拍 200 支，每支 300 元，货款 60 000 元，增值税 7 800 元。

根据代销商品清单，确认收入：

借：应收账款——万力体育用品商城 67 800
　　贷：主营业务收入——乒乓球球拍 60 000
　　　　应交税费——应交增值税（销项税额） 7 800

同时结转已售委托代销商品成本：

借：主营业务成本——乒乓球球拍 40 000
　　贷：委托代销商品——万力体育用品商城 40 000

(3) 结算代销手续费，会计处理如下：

借：销售费用——手续费 4 800
　　贷：应收账款——万力体育用品商城 4 800

(4) 1 月 31 日，万力体育用品商城扣除代销手续费 4 800 元后，付来已售代销的 200 支乒乓球球拍的货款及增值税额，存入银行，会计处理如下：

借：银行存款 63 000
　　贷：应收账款——万力体育用品商城 63 000

受托方收到代销商品并验收入库时，应按代销商品的销售价借记"受托代销商品"账户,贷记"受托代销商品款"账户;代销商品在销售后,应填制专用发票,据以按价税合计收取的款项借记"银行存款"账户,按实现的销售收入及销项税额贷记"应付账款"和"应交税费"账户;同时,注销代销商品,借记"受托代销商品款"账户,贷记"受托代销商品"账户。

受托方扣收委托方代销手续费时,借记"应付账款"账户,贷记"其他业务收入"账户;向委托方支付销售货款及税金时,按扣减手续费后的价款借记"应付账款"和"应交税费"账户,贷记"银行存款"账户。

【例4-26】 美华运动品经营公司根据商品委托代销合同,接受东华集团500台跑步机的代销业务,合同规定该跑步机的单价为2 000元,增值税率为13%,代销手续费率为8%,每月月末向委托方开具代销清单,结算货款和代销手续费。

(1) 1月5日,收到500台跑步机,会计处理如下:

借:受托代销商品——东华集团 1 000 000
　　贷:受托代销商品款——东华集团 1 000 000

(2) 1月15日,销售跑步机100台,每台2 000元,货款200 000元,增值税额26 000元,收到转账支票存入银行,会计处理如下:

①反映商品销售:

借:银行存款 226 000
　　贷:应付账款——东华集团 200 000
　　　　应交税费——应交增值税(销项税额) 26 000

②同时注销代销商品:

借:受托代销商品款——东华集团 200 000
　　贷:受托代销商品——东华集团 200 000

(3) 1月30日,开出代销商品清单及代销手续费发票,开列代销手续费16 000元,会计处理如下:

借:应付账款——东华集团 16 000
　　贷:其他业务收入 16 000

(4) 1月31日,收到东华集团开来的专用发票,开列跑步机100台,每台2 000元。扣除代销手续费16 000元后,签发转账支票210 000元,支付东华集团已售代销商品货款及增值税额,会计处理如下:

借:应付账款——东华集团 184 000
　　应交税费——应交增值税(进项税额) 26 000
　　贷:银行存款 210 000

(七)现金折扣与销售折让的业务核算

1. 现金折扣的业务核算

现金折扣是指企业赊销商品时,为了使客户在一定期限内迅速还清账款而给予的折扣优惠。因此,现金折扣实质上是企业为了尽快回笼资金而发生的理财费用,应在其实际发生时,列入"财务费用"账户。采用现金折扣方式,应体现在合同中,作为落实现金折扣的依据。

【例4-27】 东华运动品经营公司为了提高赊销商品的资金回笼速度,对所有的赊购客户给予的信用条件为：2/10、1/20、n/30。

(1) 1月5日，赊销给南方体育用品商城商品一批，货款30 000元，增值税额3 900元，会计处理如下：

借：应收账款——南方体育用品商城　　　　　　　　　　　　　　33 900
　　贷：主营业务收入　　　　　　　　　　　　　　　　　　　　30 000
　　　　应交税费——应交增值税（销项税额）　　　　　　　　　3 900

(2) 1月10日，南方体育用品商城用转账支票支付赊购商品的货款及增值税，金额为33 300元，存入银行，会计处理如下：

借：银行存款　　　　　　　　　　　　　　　　　　　　　　　　33 300
　　财务费用　　　　　　　　　　　　　　　　　　　　　　　　　　600
　　贷：应收账款——南方体育用品商城　　　　　　　　　　　　33 900

核算时需要注意的是，在计算现金折扣时，应按照货款计算，增值税额并不同步享有现金折扣。

2. 销售折让的业务核算

销售折让是指因为所销售的商品出现质量、品种、规格等问题，或出现商品的品种、规格发错等情况时，为避免出现退货或损伤信誉而给予客户在商品价格上的减让。因此，在会计核算中，应冲减当期的商品销售收入。

【例4-28】 东华运动品经营公司于1月10日销售给华美体育用品商城篮球鞋1 000双，每双300元，货款300 000元，增值税额39 000元，以转账支票垫付运费1 000元。

(1) 1月10日一并向银行办妥托收手续。会计处理如下：

借：应收账款——华美体育用品商城　　　　　　　　　　　　　340 000
　　贷：主营业务收入——篮球鞋　　　　　　　　　　　　　　300 000
　　　　应交税费——应交增值税（销项税额）　　　　　　　　 39 000
　　　　银行存款　　　　　　　　　　　　　　　　　　　　　　1 000

(2) 1月15日，华美体育用品商城验收商品时，发现该批篮球鞋部分存在瑕疵，予以拒收，经双方协商后决定给予10%折让，华美体育用品商城开出专用发票支付货款。东华运动品经营公司的会计处理如下：

借：主营业务收入　　　　　　　　　　　　　　　　　　　　　　30 000
　　应交税费——应交增值税（销项税额）　　　　　　　　　　　3 900
　　贷：应收账款　　　　　　　　　　　　　　　　　　　　　　33 900

同时作收款的会计处理：

借：银行存款　　　　　　　　　　　　　　　　　　　　　　　　306 100
　　贷：应收账款——华美体育用品商城　　　　　　　　　　　306 100

（八）销售商品退补价的业务核算

销售商品的退补价一般发生在商品销售后，是指由于错发商品的规格或等级不符，以及货款计算错误等原因，需要向购货单位退还或补收货款的业务。

当商品的实际销售价格低于已经结算货款的价格时，需要向客户退还部分货款，销货单位应将多收的差额退还给客户；当实际销售价格高于已经结算货款的价格时，需要向客户提出补收货款，销货单位应向客户补收少算的差额。销售商品发生退补价时，应先由业务部门填制专用发票予以更正，财务部门审核无误并盖章后，据以结算退补价款并冲减或增加商品销售收入。

【例4-29】 东华运动品经营公司1月10日销售给万力体育用品商城男运动服1 000套，其单价为450元，增值税率为13%，货款已经结算，但15日收到万力体育用品商城发来专函，发现这批商品的单价错开为540元，对方要求退回多付的货款及税金。经财务部门与业务部门核对，发现发票及货款结算确实出现错误，应退回货款90 000元，税款11 700元，共计101 700元，财务部门开出红字专用发票并退回货款。会计处理如下：

借：银行存款　　　　　　　　　　　　　　　　　　　101 700
　　贷：主营业务收入——运动服　　　　　　　　　　　90 000
　　　　应交税费——应交增值税（销项税额）　　　　　11 700

若发生销货补价，则应借记"应收账款"账户，贷记"主营业务收入"账户和"应交税费"账户。

（九）销货退回的核算

销货退回是指批发企业销售的商品因品种、规格、质量等原因造成的客户退货。当发生销货退回时，财务部门应根据不同情况区别处理。

如果销货退回发生在企业确认收入之前，此时的处理比较简单，只需由业务部门收回已开出的增值税专用发票，注明"作废"字样，并将商品重新入库即可。

如果企业已经确认了收入而发生退货的，应取得客户的有效证明，据此开出红字增值税专用发票。无论是当年销售，还是以前年度销售的，均应冲减退回当月的商品销售收入，同时冲减退回当月的销售成本。如果该项销售已经发生现金折扣，应在退回当月一并调整。

【例4-30】 东华运动品经营公司1月11日销售给亚太体育用品商城男运动服1 000套，单价550元，增值税率为13%。发出商品已经确认为收入，并通过银行托收，1月18日亚太体育用品商城在收货时发现其中10套质量存在问题，要求退货，经业务部门同意并开出红字增值税专用发票，商品已经退回并验收入库。其会计处理如下：

借：应收账款　　　　　　　　　　　　　　　　　　　6 215
　　贷：主营业务收入——运动服　　　　　　　　　　　5 500
　　　　应交税费——应交增值税（销项税额）　　　　　715

对于因退货发生的运费，若应由销售方负担，应记入"销售费用"账户。

如果退回的商品已经结转了销售成本，同时还应作"主营业务成本"和"库存商品"的红字冲销处理。

（十）客户拒收商品与拒付货款的业务核算

在异地商品销售的业务中，一般采用发货制和托收承付结算方式，当客户收到托收凭证，并发现收到的商品因数量、品种、规格、质量与合同不符时，就会发生客户拒付货款和拒收商品的事。当财务部门接到银行转来客户的"拒绝付款理由书"时，暂不做账务处理，应由业务部门及时查明原因，并尽快与客户联系进行协商，然后根据不同的情况做出处理：

(1) 如果是商品计价错误，应由业务部门填制红字专用发票，财务部门审核无误后，据以作销货退价处理。

(2) 如果商品少发，应根据客户的要求分别进行处理：若客户要求补发商品，在商品发运后，仍按原发票货款进行结算；若客户不再要求补发商品，则由业务部门填制红字专用发票，作部分销货退回处理。退回商品的运费列入"销售费用"账户。

(3) 如果是因商品质量不符合要求，或因商品品种、规格发错，客户要求做退货处理时，做全部销货退回处理。退回商品的运费列入"销售费用"账户。

(4) 如果商品在运输过程中发生短缺，且客户不再要求补发，则先要对短缺商品的货款作红字冲销"主营业务收入""应交税费"及"应收账款"的处理，然后再根据具体情况进行账务处理。若属于本企业储运部门责任，应由储运部门填制"财产损失报告单"，财务部门将商品的短缺金额转入"待处理财产损溢"账户，待审批后，再转入"营业外支出"等相关账户；若是外部运输单位的责任，应将损失转入"其他应收款"账户。

【例4-31】 5月5日，东华运动品经营公司销售给万力体育用品商城跑步机100台，每台1 000元，货款100 000元，增值税额13 000元，代垫运费1 000元。

(1) 5月6日，向银行办理托收，做会计处理：

借：应收账款——万力体育用品商城　　　　　　　　　　　　114 000
　　贷：主营业务收入　　　　　　　　　　　　　　　　　　100 000
　　　　应交税费——应交增值税（销项税额）　　　　　　　 13 000
　　　　银行存款——代垫运费　　　　　　　　　　　　　　　1 000

(2) 5月10日，银行转来收账通知，其支付90台跑步机的货款、税金及运费102 600元，同时收到"拒付款理由书"，拒付其中10台跑步机的货款、税金及运费共计11 400元。

借：银行存款　　　　　　　　　　　　　　　　　　　　　　102 600
　　贷：应收账款——万力体育用品商城　　　　　　　　　　102 600

(3) 5月12日，查明该10台跑步机有质量问题，商品已退回，业务部门转来红字专用发票，财务部门审核无误后，做会计处理：

借：主营业务收入　　　　　　　　　　　　　　　　　　　　 10 000
　　应交税费——应交增值税（销项税额）　　　　　　　　　　1 300
　　销售费用——销货运费　　　　　　　　　　　　　　　　　　100
　　贷：应收账款——万力体育用品商城　　　　　　　　　　 11 400

(4) 5月13日，汇给万力体育用品商城退回跑步机的运费120元，做会计处理：

借：销售费用　　　　　　　　　　　　　　　　　　　　　　　　120
　　贷：银行存款　　　　　　　　　　　　　　　　　　　　　　120

（十一）农副产品销售的业务核算

1. 农副产品销售的业务程序

(1) 农副产品销售的交接方式：送货制。

(2) 货款的结算方式：汇兑结算或银行汇票。

(3) 农副产品销售使用的主要单证：农副产品拨付验收单、专用发票。

(4) 农副产品销售的业务流程：批发企业销售农副产品采取送货制时，一般要派押运员将货运送到收货单位；在发运农副产品时，一般应重新过磅、点数，按实际数额填制"农副产品拨付验收单"一式数联，其中，业务部门自留一联存根备查，将记账联转交财务部门作为商品运出的入账依据，其余各联随货同行。调入单位据以验收后，应根据验收的情况填列实收的等级、数量、单价和金额，加盖公章后，将验收联交押运员带回。销售单位凭押运员带回的验收联填制专用发票，据以作为农副产品销售的入账凭证。

2. 农副产品销售的业务核算

批发企业采用送货制销售农副产品时，在收货单位验收前，农副产品的所有权尚未转移，仍属于送货单位。为了对农副产品加强管理、监督货款及时结算，应在"库存商品"账户下设置"运出在途商品"账户，在发出农副产品时，应将其采购成本从"库存商品"有关明细分类账户中转入"运出在途商品"明细分类账户，等收到押运员带回的对方验收凭证后，填制专用发票，再做商品销售处理。同时，结转商品销售的成本，将发出的在途商品转入"主营业务成本"账户。

【例 4-32】 兴旺农副产品经销站采用送货制销售给泰安农贸市场笨鸡一批，已由押运员运出。

（1）根据农副产品拨付验收单记账联登记成本金额 5 000 元，做会计处理：

借：库存商品——运出在途商品　　　　　　　　　　　　　　　　　　　　5 000
　　　贷：库存商品——兴旺农副产品经销站　　　　　　　　　　　　　　5 000

（2）根据专用发票列明的销售金额 6 000 元，增值税额 540 元，做会计处理：

借：应收账款——泰安农贸市场　　　　　　　　　　　　　　　　　　　　6 540
　　　贷：主营业务收入　　　　　　　　　　　　　　　　　　　　　　　6 000
　　　　　应交税费——应交增值税（销项税额）　　　　　　　　　　　　 540

同时，结转已销商品成本，做会计处理：

借：主营业务成本　　　　　　　　　　　　　　　　　　　　　　　　　　5 000
　　　贷：库存商品——运出在途商品　　　　　　　　　　　　　　　　　5 000

（3）收到泰安农贸市场电汇收账通知 6 540 元时，做会计处理：

借：银行存款　　　　　　　　　　　　　　　　　　　　　　　　　　　　6 540
　　　贷：应收账款——泰安农贸市场　　　　　　　　　　　　　　　　　6 540

活畜禽在销售过程中，在数量不变的情况下，发生等级升降、增重或减重时，先按验收的等级和价格作为商品销售标准，然后仍按原发的等级和价格结转商品销售成本，其等级升降、重量的增减均体现在商品经营的损益中。若发生零星死亡，或屠宰的销售收入低于进价的差额，以及肉食蛋品的自然损耗，应列入"销售费用——商品损耗"账户；若发生零星走失、疫病流行、自然灾害，以及责任事故造成的大量死亡、走失、被盗等损失，经批准后列入"营业外支出"账户，或由责任人赔偿。

第三节　批发商品储存的核算

商品储存是指商品流通企业购进的商品在销售以前在企业的停留状态。它是商品流通企业开展商品流通正常进行的必要条件和物质基础，是适应市场需求变化的重要保证，开展商品流通储存核算是商品流通企业会计核算的重要内容之一。为此，批发企业财务部门应通过与有关各部门的配合，加强对库存商品的核算与控制工作；通过库存商品的盘点工作，保证账实相符和商品的完整性；通过正确计算和结转商品销售成本，保证企业利润核算的准确性。

一、库存商品的核算

批发企业一般采用数量进价金额核算法对库存商品进行核算。

（一）数量进价金额核算法的含义

数量进价金额核算法是指库存商品的总分类账户和明细分类账户除均按进价金额反映外，库存商品的明细分类账户还必须按每一种商品的品名、规格等分户，用实物数量和进价金额两种计量方式反映和控制商品收、发、存状况，并根据已销商品的数量按进价结转商品销售成本的一种核算方法。

（二）数量进价金额核算法的应用要点

（1）库存商品实施三级核算控制。批发企业要设置库存商品的总账、类目账和明细账，对库存商品实施三级控制。总账和类目账一般只记金额，不记数量；明细账既要登记金额，又要登记数量，并且需要按每一种商品的品名、规格等分户，同时用实物数量和进价金额两种计量方式反映和控制商品收、发、存的状况。

（2）库存商品的明细核算，实施"三账分设"控制。除财务部门设置库存商品明细账外，业务部门和仓库部门还应分别设置商品调拨账和实物保管账。

（3）账账核对与账实核对相结合。财务部门应定期将库存商品总账、类目账和明细账进行核对，同时在定期盘点的基础上，对库存商品的明细账与商品调拨账、实物保管账进行核对。

（4）根据已销商品的数量按进价结转商品销售成本。

（三）库存商品的明细分类核算

库存商品的明细分类核算，是商品储存核算中最基本的工作，核算方法要根据不同的经营方式和对象有所区别，其核算内容主要包括库存商品明细账的设置与登记两个方面。

1. 库存商品明细账的设置

批发企业在用数量进价金额核算法对库存商品进行核算时，为了加强对库存商品的管理和控制，一般对库存商品实行总账、类目账和明细账三级控制，由此构成总账通过金额控制类目账，类目账通过数量、金额控制明细账的三级控制体系。库存商品的明细分类核算既包括商品大类核算，又包括商品明细核算，但以后者为主。

在实务中，商品流通企业的库存商品一、二级核算在企业财务部门进行，即通过设置库存商品总账和类目账分别核算企业全部自营库存商品的收入、发出及结存的进价金额情况。其三级核算则应同时在财务部门、业务部门和仓库部门进行，本着既方便各部门业务需要，又符合重要性原则的要求，可分别采用"三账一卡""两账一卡"或"一账一卡"三种方式。

（1）库存商品类目账的设置。库存商品类目账是指按商品类别分户设置，登记其收入、发出与结存情况的账簿。类目账是处于总账与明细账之间的二级账户，当批发企业商品品种规格繁多，但又可以按照一定的标准分类时，企业就可以在库存商品总账下设置库存商品的类目账进行归类管理和核算，并通过定期与库存商品总账、明细账进行核对，达到对商品明细账的数量和金额的双重控制，有利于账账之间的核对，以减少查账和计算商品销售成本的工作量。

（2）库存商品明细账的设置。如前所述，批发企业对库存商品明细账可分别采用"三账一卡""两账一卡"和"一账一卡"三种方式进行设置。

"三账一卡"又称"三账分设"，是指业务部门、财务部门和仓库部门各设一套"库存商品"明细账。业务部门按照商品的编号、品名、等级、规格分户设置一套商品调拨账，登记库存商品的数量，掌握商品的可调库存（又称业务库存），据以办理商品的购进、调拨和销售；财务部门与业务部门同口径设置一套库存商品明细账，登记库存商品的数量和进价金额，核算商品的会计库存，以掌握和控制商品资金的变化情况，计算已销商品的销售成本，并达到对业务部门和仓库部门的控制；仓库部门也设置一套与财务部门、业务部门同口径的实物保管账，掌握商品的实际库存（保管库存），据以安排仓位、保管商品、办理发货。此外，仓库部门还应在商品堆放处挂堆垛卡，便于随时掌握各堆商品的存量。这种方式便于控制商品变动，利于部门间对账，但登记账簿的工作量大，重复劳动多，且易造成未达账项。

"两账一卡"又称"两账合一"，是指商品调拨账与商品明细账合并设置，并由业务部门人员凭单登记，财会人员逐笔钩稽，仓库部门仍然设置实物保管账和堆垛卡。这种方式适用于业务部门与财务部门在同一场所办公，且相互协调比较好的企业。在实务中，较多的批发企业采用这种方式。

"一账一卡"又称"三账合一"，是指将商品调拨账、商品明细账和实物保管账合并设为一套商品明细账，既登记数量，又登记金额。这种方式只适用于业务部门、财会部门和仓库部门在同一场所办公的"前店后仓"式小型批发企业。

2. 库存商品明细账的登记

库存商品明细账是按商品的品名、规格、等级分户设置，登记其收入、发出和结存情况的账簿。

（1）库存商品类目账的登记。库存商品类目账采用三栏式账页格式，一般是只记金额，不记数量，但如果该大类商品所属商品的实物计量单位相同，也可以同时核算数量和金额。

库存商品品种不多的批发企业也可以不设置库存商品类目账。

（2）库存商品明细账的登记。一般采用数量金额三栏式账页，以反映和控制每一种商品的数量和金额。由于批发企业的商品销售成本主要是通过库存商品明细账进行计算的，因此要求库存商品明细账能够正确地反映商品的购进、销售和结存的情况，而库存商品明细账的登记方法又与销售商品成本的计算方法和结转方式有着紧密联系。现就库存商品明细账的登记方法说明如下：

①货物购进入库时，应根据商品入库凭证在该账户的收入栏登记购进商品的数量、单价和金额。

②进货退出时，应根据进货退出凭证，在该账户的收入栏用红字登记购进数量和金额，表示购进的减少，并用蓝字登记单价。

③商品加工收回时，应根据委托加工商品成本计算单在该账户收入栏登记其他数量、单价和金额。

④购进商品退补价时，将退补价款的差额在收入栏登记单价和金额，退价用红字登记，

补价用蓝字登记。

⑤销售商品发出时，应根据商品销售的发货凭证，记入该账户的发出栏。若采取逐日结转成本方式，应登记商品的销售数量、单价和金额；若采取定期结转成本方式，则平时只登记销售商品的数量，不登记单价和金额，销售成本金额在月末一次登记。

⑥销货退回时，应根据销货退回凭证在该账户的发出栏登记。若逐日结转成本，用红字在发出栏登记销售数量和金额，用蓝字登记单价；若定期结转成本，平时只用红字在发出栏登记销售数量，不登记单价和金额。

⑦商品发出加工时，应根据商品加工发料单在该账户发出栏登记其他数量、单价和金额。

⑧商品溢余时，应根据商品溢余报告单在该账户收入栏登记其他数量、单价和金额。

⑨商品短缺时，应根据商品短缺报告单在该账户发出栏登记其他数量、单价和金额。

3. 商品保管账的登记

商品实物保管账是掌握和控制库存商品实物数量变动的明细账，应由仓库保管员根据每一种商品收入、发出的原始凭证顺时逐笔登记，登记时只记数量，不记金额。每月月末，其结果应与所记录的商品实物数量及堆垛卡记录相符。

二、库存商品盘点的核算

商品流通企业的商品在储存过程中，由于自然条件或人为原因，可能会引起商品数量的短缺或溢余以及质量上的变化，为了保护商品的安全，保证账实相符，企业必须定期或不定期地开展库存商品的盘点，以清查商品在数量上有无损耗和溢余，在质量上有无残次、损坏、变质等情况，同时，及时掌握商品在库存结构上是否合理，判断是否存在呆滞冷僻商品等问题，以便做出调整。

（一）库存商品盘点流程

企业必须建立健全盘点制度，并做到有领导、有组织、有计划地进行。在盘点前，应根据盘点的范围，确定参加盘点的人员与组织分工，财务部门与保管部门（即仓库部门）应将有关商品收发业务的凭证全部登记入账，并结出余额，以便与盘点出来的实存数量进行核对。盘点时，要根据商品的特点，采用不同的盘点方法和操作规程。盘点结束，应由保管人员负责填制商品盘存表，根据账面资料填写账存数量，根据盘点结果填列实存数量，以反映盘点的结果。二者的差额即为溢余或短缺数。

当商品盘点出现溢余或短缺时，应及时填制商品盘点短缺溢余报告单一式数联，其中一联转交财务部门，财务部门据以将商品短缺或溢余的金额分别转入"待处理财产损溢"账户，以便调整"库存商品"账户的账面记录。等待处理的库存商品溢余或短缺，应于期末前查明原因，按企业管理权限报请企业的管理机构批准后，在期末结账前处理完毕。

（二）商品盘点短缺的核算

财务部门经过审核，根据商品盘点短缺溢余报告单，调整库存商品结存额时，以短缺金额借记"待处理财产损溢"账户，贷记"库存商品"账户；当查明原因结转处理时，如为自然损耗，借记"销售费用"账户，如为企业损失，借记"营业外支出"账户；贷记"待处理财产损溢"账户。

(三) 商品盘点溢余的核算

财务部门经过审核,根据商品盘点短缺溢余报告单,调整库存商品结存额时,以溢余金额借记"库存商品"账户,贷记"待处理财产损溢"账户;当查明原因结转处理时,借记"待处理财产损溢"账户,溢余如为销货少发商品,并做补发商品处理时,贷记"库存商品";如发生自然升溢,贷记"销售费用"账户。

【例 4-33】 利民食品经营公司按照规定对库存商品进行盘点,发现如下商品与账存数存在差异:食用油盘亏 50 千克,单价 6 元;冰糖盘盈 20 千克,单价 5 元,原因待查,并将结果填入商品盘点短缺溢余报告单交财务部门。

(1) 财务部门审核无误后,据以调整库存商品结存额。

① 根据短缺金额,会计处理如下:

借:待处理财产损溢——待处理流动资产损溢　　　　　300
　　贷:库存商品——食用油　　　　　　　　　　　　　　300

② 根据溢余金额,会计处理如下:

借:库存商品——冰糖　　　　　　　　　　　　　　100
　　贷:待处理财产损溢——待处理流动资产损溢　　　　100

(2) 查明原因后,做会计处理。

① 现查明食用油 50 千克,其中:5 千克系自然损耗,45 千克系收发过程中的差错,经领导批准,予以核销转账,会计处理如下:

借:销售费用——自然损耗　　　　　　　　　　　　30
　　营业外支出——盘亏损失　　　　　　　　　　　270
　　贷:待处理财产损溢——待处理流动资产损溢　　　　300

② 现查明冰糖溢余 20 千克,其中 15 千克系销货时少发商品,当即补发对方;另 5 千克系自然升溢,会计处理如下:

借:待处理财产损溢——待处理流动资产损溢　　　　100
　　贷:库存商品——冰糖　　　　　　　　　　　　　　75
　　　　销售费用——自然升溢　　　　　　　　　　　　25

三、库存商品非正常损失的核算

批发企业的库存商品因火灾、水灾、盗窃等原因造成的非正常损失,按照税法规定,商品购进时所发生的进项税额不能从销项税额中抵扣,因此要按照规定从进项税额中予以转出,并按非正常损失商品的成本及其进项税额借记"待处理财产损溢"账户,按非正常损失商品的成本贷记"库存商品"账户,按非正常损失商品的进项税额贷记"应交税费——应交增值税(进项税额转出)"账户。然后与保险公司联系,按保险公司承诺理赔的金额,借记"其他应收款"账户;将作为企业损失的金额,借记"营业外支出"账户;按损失的总金额,贷记"待处理财产损溢"账户。

【例 4-34】 利民食品经营公司因仓库漏雨,损失一批食品,其购进成本为 10 000 元。

(1) 注销损失食品,并转销其进项税额,会计处理如下:

借:待处理财产损溢——待处理流动资产损溢　　　　11 300

    贷：库存商品——食品类　　　　　　　　　　　　　　　　　　　　　10 000
      应交税费——应交增值税（进项税额转出）　　　　　　　　　　 1 300
  （2）与保险公司联系后，保险公司同意赔偿8 000元，其余部分作为企业损失，会计处理如下：
    借：其他应收款——保险公司　　　　　　　　　　　　　　　　　　　 8 000
      营业外支出　　　　　　　　　　　　　　　　　　　　　　　　　 3 300
      贷：待处理财产损溢——待处理流动资产损溢　　　　　　　　　　 11 300

四、库存商品的期末计量

  根据《企业会计准则第1号——存货》的规定：在资产负债表日，存货应当按照成本与可变现净值孰低法计量，批发企业的库存商品是存货的主要组成部分，在流动资产中占有重要的比重，因此，在会计期末，批发企业应按照成本与可变现净值孰低对库存商品进行计量，使存货更符合资产的定义。当商品存货的可变现净值低于其成本时，表明该存货给企业带来的未来经济利益低于其账面价值，因而应将该部分损失从资产价值中扣除，计入当期损益。否则，就会出现虚计资产的现象。

  对于商品流通企业而言，库存商品的成本是指取得商品时发生的实际成本，包括采购成本和加工成本；而库存商品的可变现净值是指企业在日常活动中，以存货的估计售价减去存货成本、估计的销售费用以及相关税费后的金额。当库存商品成本低于可变现净值时，库存商品按成本计量；当库存商品成本高于可变现净值时，库存商品按可变现净值计量。但是，对于为执行销售合同而持有的库存商品，其可变现净值应当以合同价格为基础计算，超出销售合同需要的商品存货的可变现净值应当以一般销售价格为基础。

  存货跌价准备应按单个商品项目计提。对于数量繁多、单价较低的商品，也可以按商品类别计提。

（一）存货跌价准备的计提条件

  批发企业在期末或年度终了时，应对商品进行全面的清查，如果由于商品遭受毁损、全部或部分陈旧过时等原因使其可变现净值低于成本，应将其低于成本的金额计提存货跌价准备。

  1. 尚有使用价值和转让价值的库存商品

  当商品流通企业的库存商品尚有使用价值和可转让价值，当其存在下列情况之一时，应当计提存货跌价准备：

  （1）市价持续下跌，并且在可预见的未来无回升的希望。

  （2）因企业所提供的商品过时或者消费者消费偏好改变而使市场的需求发生变化，导致市场价格逐渐下跌。

  （3）为执行销售合同而持有的库存商品，其入账成本已经高于以合同价格为基础确定的可变现净值。

  （4）其他足以证明有关库存商品实质上已经发生减值的情况。

  2. 完全丧失使用价值和转让价值的库存商品

  企业的库存商品存在以下一项或若干项情况的，属完全丧失使用价值和转让价值的库存商品：
(1) 已霉烂变质的商品。
(2) 已过期且无转让价值的商品。
(3) 其他足以证明已无使用价值和转让价值的商品。

(二) 存货跌价准备的核算

商品流通企业应通过"存货跌价准备"科目核算库存商品跌价准备的金额。该科目是资产类账户，它是"库存商品""原材料"等存货账户的抵减账户，用以核算企业提取的存货跌价准备。在期末发生存货可变现净值低于成本时，所计提的跌价准备金额记入该科目的贷方；在已计提跌价准备的存货出售、领用或者价值恢复，转销其已计提的跌价准备时，记入该科目的借方；期末余额在贷方，表示已经提取但尚未转销的存货跌价准备的数额。

1. 尚有使用价值和转让价值的库存商品存货跌价准备的核算

商品流通企业应当于资产负债表日比较库存商品的成本与可变现净值，计算出库存商品应计提的存货跌价准备金额，然后与"存货跌价准备"账户现有的余额进行比较，若应提数大于已提数，则补提；反之，应冲销部分已提数。提取和补提存货跌价准备时，借记"资产减值损失——计提存货跌价损失"账户，贷记"存货跌价准备"账户；冲回或转销存货跌价损失时，做相反的会计处理。但是，当已计提跌价准备的库存商品价值以后又恢复时，其冲减的跌价准备金额应以"存货跌价准备"账户的余额冲减至零为限，而减记的转回要以"以前减记存货价值的影响因素已经消失"为前提。

【例4-35】 东华运动品经营公司对商品在期末采用存货成本与可变现净值孰低法计价。

(1) 1月31日，业务部门送来库存商品可变现净值报告单，列明运动鞋200双，账面成本500元，可变现净值单价450元，计提减值金额10 000元。财务部门的会计处理如下：

借：资产减值损失——存货减值损失　　　　　　　　　　　　　　10 000
　　贷：存货跌价准备　　　　　　　　　　　　　　　　　　　　　　10 000

(2) 2月2日，销售减值运动鞋100双，每双450元，共计货款45 000元，增值税额5 850元，收到货款并存入银行。

①确认商品销售收入，会计处理如下：

借：银行存款　　　　　　　　　　　　　　　　　　　　　　　　50 850
　　贷：主营业务收入　　　　　　　　　　　　　　　　　　　　　　45 000
　　　　应交税费——应交增值税（销项税额）　　　　　　　　　　　5 850

②结转商品销售成本，会计处理如下：

借：主营业务成本　　　　　　　　　　　　　　　　　　　　　　50 000
　　贷：库存商品　　　　　　　　　　　　　　　　　　　　　　　　50 000

③2月28日，结转本月已销运动鞋计提的存货跌价准备，会计处理如下：

借：存货跌价准备　　　　　　　　　　　　　　　　　　　　　　5 000
　　贷：主营业务成本　　　　　　　　　　　　　　　　　　　　　　5 000

2. 完全丧失使用价值和转让价值的库存商品存货跌价准备的核算

对于已经完全丧失了使用价值和转让价值的库存商品，应区别情况进行核算。未计提过跌价准备的商品，应按其账面价值，借记"资产减值损失——存货减值损失"账户，贷记"库存商品"等账户。对于事前曾计提过跌价准备的商品，则应按该商品已计提的跌价准备，借记"存货跌价准备"账户，按商品的账面价值，贷记"库存商品"账户；两者的差额则应列入"资产减值损失——存货减值损失"账户的借方。

五、商品销售成本的计算和结转

商品流通企业所用库存商品核算方法的不同造成了商品销售成本核算的差异。在进价核算法下，库存商品按照实际采购成本入账，自然已销商品的成本也应按照实际采购成本进行核算。由于批发企业是采用数量进价金额核算法对库存商品进行核算，所以，应根据实际采购成本核算已销商品的成本。批发企业在购进商品时，由于每次进货的品种、数量、规格、单价都不会相同，在采用数量金额式账页格式进行库存商品明细核算的情况下，其会计核算的工作量较大，因此，批发企业应根据企业的特点和管理的需要，在确定商品销售成本结转的时间、计算的程序和结转的方式的基础上，再确定适当的商品销售成本计算方法。

（一）商品销售成本的计算方法

商品销售成本按照计算的程序，有顺算成本和逆算成本。顺算成本是先计算各种商品的销售成本，再计算各种商品的结存金额，这种方法一般逐日结转，所以工作量较大。逆算成本又称倒挤成本，是先计算各种商品的期末结存金额，然后据以计算商品销售成本，该方法一般定期结转，所以工作量较小。

为了正确计算销售商品的单位进价成本，在数量进价金额核算法下，批发企业可以采用个别计价法、加权平均法、移动加权平均法、先进先出法和毛利率推算法。企业一旦确定了商品销售成本的计算方法后，在同一会计年度内不得随意变更。下面分别介绍上述各种方法的销售成本计算：

1. 个别计价法

个别计价法又称分批实际进价法，是指认定每一件或每一批商品的实际进价，计算该件或该批商品销售成本的一种方法。在整批购进分批销售时，可以根据该批商品的实际购进单价，乘以销售数量来计算商品销售成本，其计算公式如下：

商品销售成本 = 某件（批）商品销售数量 × 该件（批）商品购进单价

采用个别计价法，必须具备以下条件：一是应对每件或每批购进的商品分别存放；二是分户登记库存商品明细账；三是对每次销售的商品，应在专用发票上注明进货件别或批次，便于按照该件或该批商品的实际购进单价计算商品销售成本。所以，在采用该方法时，必须在每批次商品购进时，按批次分设明细账页，该批次商品销售完后，即结清该账户，不得续用。

个别计价法的优点是可以逐日结转商品销售成本，不需另外计算单价，计算出来的商品销售成本最为准确；缺点是同一商品不同批次购进需分设账页，手续繁杂，账页过多，适用范围较窄。其只适用于整进整出或整进零出以及直运商品销售等进销货物能分清批次的商品，或是不能替代、单位价值较高的商品成本计算。

2. 加权平均法

加权平均法又称全月一次加权平均法，是指在一个计算期内（一般为1个月）根据期初结存商品和本期收入商品的数量和金额，计算出库存商品的加权平均单位成本，并以此作为基础计算出本期销售商品成本和期末结存商品成本的一种方法。其计算公式如下：

$$加权平均单价 = \frac{期初结存商品金额 + 本期购进商品金额 - 本期非销售发出商品金额}{期初结存商品数量 + 本期购进商品数量 - 本期非销售发出商品数量}$$

$$本期期末结存商品成本 = 加权平均单价 \times 期末结存商品数量$$

本期销售商品成本 = 期初结存商品成本 + 本期购进商品成本 - 本期期末结存商品成本

在实际工作中，由于加权平均单价往往不能整除，计算的结果会产生尾差，为了保证本期销售商品成本的准确性，一般应该先确定期末库存商品的成本，然后再倒挤出销售商品的成本。

在上述计算公式中，本期非销售发出商品数量和成本，是指除销售以外其他的商品发出，包括分期收款发出商品、发出加工商品、盘缺商品等。这些非销售发出的商品，应在发生时，即在库存商品账户予以转销，所以在期末计算加权平均单价时要剔除这些因素。

加权平均法计算的商品销售成本比较均衡，且计价手续比较简便，但工作量仍然较大，平时无法从账面上反映商品的结存金额，因此适用于前后进货价格相差幅度较大，购进业务频繁，而且管理上不要求随时掌握结存情况的商品成本计算。

【例4-36】 东华运动品经营公司1月份某规格篮球鞋明细账资料如表4-3所示。

表4-3 库存商品明细账

商品名称：篮球鞋　　　　规格：42码　　　　单位：双　　　　金额单位：元

2019年		发	摘要	收入			发出			结存		
月	日			数量	单价	金额	数量	单价	金额	数量	单价	金额
1	1		期初							100	300	30 000
	8		购入	400	320	128 000				500		
	10		发出				300			200		
	15		购入	300	325	97 500				500		
	20	略	发出				260			240		
	27		购入	150	328	49 200				390		
	30		发出				160			230		
	30		结转成本						260 929.8			
	30		本月合计	850		274 700	720		260 929.28	230	320.74	73 770.2

$$加权平均单价 = \frac{30\,000 + 274\,700}{100 + 850} = \frac{304\,700}{950} = 320.74（元）$$

$$本期期末结存商品成本 = 230 \times 320.74 = 73\,770.2（元）$$

$$本期销售商品成本 = 30\,000 + 274\,700 - 73\,770.2 = 230\,929.8（元）$$

3. 移动加权平均法

移动加权平均法是指按实际成本组织商品明细分类核算时，在每次进货后，将进货前结存商品成本与本次进货成本之和，除以本次进货数量加上进货前结存商品的数量，据以计算出加权平均单价，作为随后发出商品的成本，来计算商品销售成本的一种方法。其计算公式如下：

$$移动加权平均单价 = \frac{本次进货前结存商品金额 + 本期购进商品金额}{本次进货前结存商品数量 + 本期购进商品数量}$$

$$商品销售成本 = 移动加权平均单价 \times 商品销售数量$$

采用移动加权平均法计算出来的商品销售成本比采用加权平均法计算出来的更均衡和准确，但计算量大，一般适用于经营品种不多、进货次数不频繁，或者前后购进商品的单价相差幅度较大并逐日结转商品销售成本的企业。

【例4-37】采用表4-3的资料，采用移动加权平均法计算商品的销售成本：

$$1月8日的加权平均单价 = \frac{30\,000 + 128\,000}{100 + 400} = 316（元）$$

$$1月10日结存商品成本 = 200 \times 316 = 63\,200（元）$$

$$1月10日销售商品成本 = 30\,000 + 128\,000 - 63\,200 = 94\,800（元）$$

以后每次销售商品成本的计算同上，不再赘述。

4. 先进先出法

先进先出法是指以先购进的商品先销售的实物流转顺序假设为前提，以先购进商品的采购成本作为商品销售成本的一种计算方法。采用先进先出法计算商品销售成本的具体操作是：企业购进商品时，逐笔登记购入商品的数量、单价和金额；销售商品时，按照先进先出原则，先按最早购进商品的进价计算成本，销售完了，再按第二批购进商品的进价计算成本，依次类推。如果销售的商品属于前后两批购进的，单价又不相同，就要分别用两个单价计算。

【例4-38】根据例4-35采用加权平均法计算商品销售成本的资料，用先进先出法登记并计算商品销售成本，如表4-4所示。

在采用先进先出法时，一般采用顺算成本的方法计算商品销售成本，由于期末结存商品金额是根据近期进价计价的，因此，其价值最接近市场价格，符合易于变质、有一定保质期的商品的流转规律。但由于每次销售都要根据先购进的单价计算，工作量较大，所以，该方法最适用于经营品种较少、具有较强时效性而且管理上要求随时掌握结存情况的商品成本的计算。

采用逆算成本法是先计算期末结存商品金额，再据以计算商品销售成本。

表 4-4　库存商品明细账

商品名称：篮球鞋　　　　规格：42 码　　　　　　单位：双　　　　　　　金额单位：元

2019年		凭证号码	摘要	收入			发出			结存		
月	日			数量	单价	金额	数量	单价	金额	数量	单价	金额
1	1	略	期初							100	300	30 000
	8		购入	400	320	128 000				500		158 000
	10		发出				100 200	300 320	30 000 64 000	200	320	64 000
	15		购入	300	325	97 500				500		161 500
	20	略	发出				200 60	320 325	64 000 19 500	240	325	78 000
	27		购入	150	328	49 200				390		127 200
	30		发出				160	325	52 000	80 150	325 328	75 200
	30		结转成本						229 500			
	30		本月合计	850		274 700	720		229 500	230		75 200

5. 毛利率推算法

毛利率推算法是指根据本期商品销售收入净额乘以上季度实际毛利率（或本季度计划毛利率），推算出商品销售毛利，进而推算销售商品和期末结存商品成本的一种方法。其计算公式如下：

$$毛利率 = \frac{商品销售毛利}{商品销售收入净额} \times 100\%$$

本期商品销售毛利 = 本期商品销售收入净额 × 上季度实际毛利率（本季度计划毛利率）

本期商品销售成本 = 本期商品销售收入净额 − 本期商品销售毛利

　　　　　　　　　= 本期商品销售收入净额 × （1 − 上季度实际毛利率）

【例 4-39】利民食品经营公司 2018 年第四季度实际毛利率为 10%，2019 年 1 月份、2 月份商品销售收入净额分别为 86 000 元、92 000 元。用上述资料计算 1、2 月份商品销售成本。

　　　　1 月份商品销售成本 = 86 000 × （1 − 10%）= 77 400（元）

　　　　2 月份商品销售成本 = 92 000 × （1 − 10%）= 82 800（元）

在实务中，由于企业经营的商品品种繁多，且同一类别内商品的毛利率不尽相同，本期的经营品种与上期时常有变动，用上季度的毛利率来推算本期的毛利，往往与本季度实际的毛利不一致，计算结果不够准确。所以，该方法只能在每季度的第一、二个月采用，每季度的第三个月应按季末各种商品实际结存数和实际进货单价，先确定季末库存商品成本，再在商品类目账上用倒挤法计算本季商品销售总成本，然后从销售总成本中扣除前两个月预转的销售成本，即为本季度内第三个月的商品销售成本。

采用毛利率推算法，不是按库存商品品名、规格逐一计算商品销售成本，而是按商品类别进行计算，大大简化了企业的计算工作。它一般适用于经营商品品种较多、按月计算商品销售成本有困难的企业。

（二）商品销售成本的结转

商品销售成本的结转是指将计算出来的已销商品进价成本，自"库存商品"账户转入"主营业务成本"账户的过程。

1. 商品销售成本按照结转的时间分，有逐日结转和定期结转

逐日结转是逐日计算出商品销售成本后，逐日从"库存商品"账户上转销，故又称随销随转。这种方法能随时反映库存商品的结存金额，但工作量较大。定期结转是在期末即月末集中计算出商品销售成本后，从"库存商品"账户上一次转销，故又称月末一次结转。这种方法工作量较小，但不能随时反映库存商品的结存金额。

2. 商品销售成本按照结转的方式分，有分散结转和集中结转

分散结转是按每一库存商品明细账户逐户计算出商品销售成本，逐户转销，然后加总后作为类目账结转商品销售成本的依据。采用这种方法，账簿记录清楚完整，有利于对各种商品的经营业绩进行分析考核，但工作量较大。集中结转是期末在每一库存商品明细账上只结出期末结存金额，再按类目加总后作为类目账的期末结存金额，然后在类目账上计算并结转商品销售成本。这种方法可以简化计算和记账手续，但账簿记录不够完整，只能按商品类别来考核分析其经营业绩。

无论企业采取哪一种销售成本的计算方式和结转方式，都要根据其计算结果结转商品的销售成本，结转时，借记"主营业务成本"账户，贷记"库存商品"账户。

（三）进货费用的分摊

当批发企业采取通过"进货费用"账户归集商品的采购费用，并在期末在结存商品和已销商品之间用分摊方式处理采购费用时，在平时就要按商品类别在"进货费用"账户中归集商品采购费用，期末应将进货费用在结存商品和已销商品之间进行分摊。

"进货费用"是成本类账户，用以核算企业归集的商品采购费用。企业发生商品采购费用时，记入借方；月末按存销比例分摊商品采购费用时，记入贷方，分摊后应无余额。

其分摊的计算公式如下：

$$某类商品进货费用分摊率 = \frac{该类商品期初结存进货费用 + 该类商品本期增加进货费用}{该类商品期初余额 + 该类商品本期增加额} \times 100\%$$

某类结存商品应分摊进货费用 = 该类商品期末余额 × 该类商品进货费用分摊率

某类已销商品应分摊进货费用 = 该类商品进货费用总额 − 该类结存商品应分摊进货费用

【例4-40】 仍用例4-36中的资料，该公司"库存商品——篮球鞋类"账户1月份期初

余额为 30 000 元，本期增加金额为 274 700 元，期末余额为 73 770.2 元，"进货费用——篮球鞋类"账户期初余额为 3 000 元，本期增加金额为 6 500 元，分摊本月份篮球鞋类商品进货费用如下：

$$篮球鞋类商品进货费用分摊率 = \frac{3\ 000 + 6\ 500}{30\ 000 + 274\ 700} \times 100\% = \frac{9\ 500}{304\ 700} \times 100\% = 3.12\%$$

篮球鞋类结存商品应分摊进货费用 = 73 770.20 × 3.12% = 2 301.63（元）

篮球鞋类已销商品应分摊进货费用 = 3 000 + 6 500 − 2 301.63 = 7 198.37（元）

根据计算的结果，做以下账务处理。

(1) 1月31日，结转已销商品进货费用，会计处理如下：

借：主营业务成本　　　　　　　　　　　　　　　　　　　　　7 198.37
　　贷：进货费用——篮球鞋类　　　　　　　　　　　　　　　　7 198.37

(2) 1月31日，结转结存商品的进货费用，会计处理如下：

借：库存商品——篮球鞋类（进货费用）　　　　　　　　　　　2 301.63
　　贷：进货费用——篮球鞋类　　　　　　　　　　　　　　　　2 301.63

(3) 2月1日，将"库存商品"账户中的进货费用转回，会计处理如下：

借：进货费用——篮球鞋类　　　　　　　　　　　　　　　　　2 301.63
　　贷：库存商品——篮球鞋类（进货费用）　　　　　　　　　　2 301.63

本章小节

　　批发商品流通是商品从生产领域进入流通领域的关键环节，是以整批买卖为特色的交易方式。批发业务具有下述基本特征：一是经营规模、交易量和交易额较大，交易频率较低；二是商品储备量较大，核算时要随时掌握各种商品进、销、存的数量和结存金额；三是每次交易都必须取得合法的交易凭证，用以反映和控制商品的交易活动。

　　商品流通企业在国内采购商品，由于供应商的地域差别，使商品的交接方式、货款结算方式均有所不同，因而带来业务流程上的区别。同城商品购进的交接方式：送货制或提货制；货款结算方式：支票、商业汇票、银行本票、委托收款等。异地商品购进的交接方式：发货制；货款结算方式：托收承付、委托收款、银行汇票和商业汇票等。

　　批发企业在购进商品过程中会发生退补价、折扣与折让、拒收商品与拒付货款及商品溢余与短缺等问题。

　　为了保证所购商品的完整，需要对在途物资进行明细分类核算，其方法主要通过平行登记法和抽单核对法进行。

　　批发企业的国内销售业务按照客户的地域不同，可分为同城销售和异地销售。由于客户的地域差别，使商品的交接方式、货款结算方式有所不同，因而带来业务流程上的差别。批发商品的销售包括同城销售和异地销售及直运销售等特殊销售活动。

　　在会计期末，批发企业应按照成本与可变现净值孰低法对库存商品进行计量。应采取数量进价金额核算法对库存商品进行核算。为了加强对库存商品的管理和控制，商品流通企业一般对库存商品实行总账、类目账和明细账三级控制。在实务中，商品流通企业的库存商品

一、二级核算在企业财务部门进行,即通过设置库存商品总账和类目账分别核算企业全部自营库存商品的收入、发出及结存的进价金额情况。其三级核算则应同时在财务部门、业务部门和仓库部门进行,本着既方便各部门业务需要,又符合重要性原则的要求,可采用"三账一卡""两账一卡"或"一账一卡"三种方式。

商品流通企业对库存商品核算方法的不同造成了商品销售成本核算的差异。在进价核算法下,库存商品按照实际采购成本入账,自然已销商品的成本也应按照实际采购成本进行核算。由于批发企业是采用数量进价金额核算法对库存商品进行核算的,所以,应根据实际采购成本核算已销商品的成本。

批发企业应根据企业的特点和管理的需要,在确定商品销售成本结转的时间、计算的程序和结转的方式的基础上,再确定适当的商品销售成本计算方法。为了正确计算销售商品的单位进价成本,在数量进价金额核算法下,批发企业可以采用个别计价法、加权平均法、移动加权平均法、先进先出法和毛利率推算法。企业一旦确定了商品销售成本的计算方法后,在同一会计年度内不得随意变更。商品销售成本按照计算的程序分,有顺算成本和逆算成本两种。商品销售成本按照结转的方式分,有分散结转和集中结转两种;商品销售成本按照结转的时间分,有逐日结转和定期结转两种。

主要概念

1. 现金折扣
2. 销售折让
3. 平行登记法
4. 抽单核对法
5. 顺算成本
6. 逆算成本
7. 加权平均法
8. 移动加权平均法
9. 先进先出法
10. 毛利率推算法

训练测试

一、单项选择题

1. 大中型批发流通企业通常采用的商品核算方法是( )。
   A. 进价金额核算法　　　　　　　B. 售价金额核算法
   C. 数量进价金额核算法　　　　　D. 数量售价金额核算法
2. 企业在购进商品时,如遇到月末商品先到,货款结算凭证尚未到达,则( )。
   A. 按实际价格入账　　　　　　　B. 不入账
   C. 按暂估价入账　　　　　　　　D. 退回

3. 企业取得的现金折扣应（　　）。
   A. 列入"营业外收入"　　　　　　　　B. 列入"其他业务收入"
   C. 冲减"财务费用"　　　　　　　　　D. 冲减"采购成本"
4. 期末结存商品金额比较接近市场价格的计算方法是（　　）
   A. 个别计价法　　　　　　　　　　　B. 加权平均法
   C. 移动加权平均法　　　　　　　　　D. 先进先出法
5. 应在库存商品明细账发出方"其他数量"栏内登记的业务是（　　）。
   A. 商品短缺　　　　　　　　　　　　B. 销售退回
   C. 进货退出　　　　　　　　　　　　D. 销售商品
6. 经营商品少，进货次数少，进货单价前后相差小，该企业应采用的成本计算方法是（　　）。
   A. 个别计价法　　　　　　　　　　　B. 移动加权平均法
   C. 先进先出法　　　　　　　　　　　D. 毛利率推算法
7. 以下各种商品销售成本核算方法中，计算出的单位成本较均衡的是（　　）。
   A. 个别计价法　　　　　　　　　　　B. 加权平均法
   C. 移动加权平均法　　　　　　　　　D. 先进先出法
8. 运用毛利率推算法与先进先出法计算出第三个月的商品销售成本，实质上是（　　）。
   A. 对前两个月商品销售成本的调整
   B. 第三个月的销售成本
   C. 第三个月的商品销售成本及对前两个月商品销售成本的调整
   D. 对第三个月商品销售成本的调整
9. 购进商品短缺，如果属于运输单位的失职，应列入（　　）账户。
   A. "销售费用"　　　　　　　　　　　B. "其他应付款"
   C. "营业外支出"　　　　　　　　　　D. "其他应收款"
10. 期末结存商品金额偏低，（　　）。
    A. 商品销售成本就会偏高，毛利额就偏低
    B. 商品销售成本就会偏高，毛利额也偏高
    C. 商品销售成本就会偏低，毛利额也偏高
    D. 商品销售成本就会偏低，毛利额也偏低

二、多项选择题

1. 批发商品流通企业对异地销售商品时，可采用的结算方式有（　　）。
   A. 支票　　　　B. 银行本票　　　C. 商业汇票　　　D. 银行汇票
2. "在途物资"明细分类账可采用的登记方法有（　　）。
   A. 三栏式账页　　　　　　　　　　　B. 两栏式（平行式）账页
   C. 多栏式账页　　　　　　　　　　　D. 抽单核对法
3. "库存商品"明细账的设置方法有（　　）。
   A. 以单代账　　　　　　　　　　　　B. 三账分设

C. 两账合一 D. 三账合一
4. "三账分设"是指（　　）部门各设一套"库存商品"明细账。
   A. 业务部门　　　B. 财务部门　　　C. 销售部门　　　D. 仓库部门
5. 可以采用逆算成本的计算方法有（　　）。
   A. 个别计价法　　　　　　　　B. 加权平均法
   C. 移动加权平均法　　　　　　D. 先进先出法

三、判断题

1. 批发企业商品购进业务的核算，需要设置"在途物资"和"库存商品"等账户。（　　）
2. 农副产品在挑选整理过程中，发生的自然损耗可以列入"进货费用"账户。（　　）
3. 增值税纳税人外购货物所支付的运杂费用，可按7%扣除率计算进项税额抵扣。（　　）
4. 购进商品在运输途中由于不可抗拒的自然灾害等因素，使商品发生损耗的，应记入"营业外支出"账户。（　　）
5. 仓储商品销售和直运商品销售都属于商品销售，在核算上没有什么区别。（　　）
6. 库存商品发生短缺，不论是自然损耗还是责任事故，经领导批准由企业列支时，均列入"营业外支出"账户。（　　）
7. 商品销售成本的顺算法一般采用逐日结转，工作量较大。（　　）
8. 商品销售成本的逆算法是先计算商品的销售成本，再据以计算期末结存金额。（　　）
9. 用移动加权平均法计算商品销售成本最为准确。（　　）
10. 毛利率推算法一般适用于经营商品品种较少，按月计算商品销售成本有困难的企业。（　　）

四、简答题

1. 简述农副产品挑选整理的核算原则。
2. 简述批发企业"库存商品"账户的登记方法。
3. 商品销售成本的计算方法有哪些？其优缺点及适用性是什么？

五、综合实务题

习题1

目的：掌握批发商品购进核算的业务处理。

资料：东华运动品经营公司1月份发生下列经济业务。

（1）2日，业务部门转来美达运动品厂开来的专用发票，开列男运动服500套，每套200元，共计货款100 000元，增值税额13 000元，并收到自行填制的收货单，经审核无误，当即签发转账支票付讫。

（2）3日，储运部门转来收货单（入库联），列明向美达运动品厂购进的男运动服500套，每套200元，已全部验收入库，结转男运动服的采购成本。

（3）10日，银行转来天宁运动品厂的托收凭证，附来专用发票，开列男运动服100套，每套300元，共计货款30 000元，增值税额3 900元，对方代垫运费800元，并收到自行填制的收货单（结算联），经审核无误，当即承付。

（4）15日，储运部门转来天宁运动品厂的专用发票（发货联），开列男运动服100套，每套 300 元，并收到自行填制的收货单（入库联）。男运动服已全部验收入库，结转其采购成本。

要求：编制上述业务处理的会计分录。

习题 2

目的：掌握进货退出及购进商品退补价的核算。

资料：美华电器公司 1 月份发生下列有关的经济业务。

（1）3 日，业务部门转来长春电器厂开来的专用发票，开列电风扇 300 台，每台 200 元，共计货款 60 000 元，增值税额 7 800 元，并收到自行填制的收货单（结算联）。经审核无误，当即签发转账支票付讫。

（2）5 日，储运部门转来收货单（入联库），列明从长春电器厂购进的电风扇已全部验收入库，结转其采购成本。

（3）6 日，开箱复验商品，发现 5 日入库的电风扇中有 10 台质量不符合要求，与长春电器厂联系后对方同意退货，收到其退货的红字专用发票，应退货款 2 000 元，增值税额 260 元，并收到业务部门转来的进货退出单（结算联）。

（4）8 日，储运部门转来进货退出单（出库联），将 10 台质量不符合要求的电风扇退还厂方，并收到对方退还货款及增值税额的转账支票 2 260 元，存入银行。

（5）10 日，业务部门转来长春电器厂开来的专用发票。开列电磁炉 200 台，每台 400 元，共计货款 80 000 元，增值税额 10 400 元，并收到自行填制的收货单（结算联）。经审核无误，当即签发转账支票付讫。

（6）11 日，储运部门转来收货单（入库联），列明向长春电器厂购进电磁炉 200 台，每台 400 元。已全部验收入库，结转其采购成本。

（7）15 日，业务部门转来迅达电器厂的更正专用发票，更正本月 12 日发票错误，列明消毒柜每台应为 420 元，补收货款 4 000 元，增值税额 520 元。经审核无误，当即以转账支票付讫。

要求：编制上述业务处理的会计分录。

习题 3

目的：掌握购进商品溢余和短缺的核算。

资料：某商品批发企业（一般纳税人）1 月份发生下列有关商品购进的业务。

（1）5 日，银行转来外地兴达公司托收凭证及所附单据，开列白糖 15 000 千克，单价 3 元，共计 45 000 元，进项税额 5 850 元；白酒 1 200 瓶，单价 2.1 元，共计 2 520 元，进项税额 327.6 元，代垫运费 400 元，经审核无误，承付价款，商品尚未运到。

（2）10 日，上项购进商品运到，仓库验收入库，转来收货单和商品溢余短缺报告单：白糖实收 15 460 千克，溢余 460 千克；白酒实收 1 120 瓶，短缺 80 瓶，溢余及短缺原因待查。

（3）15 日，对上项溢余、短缺商品查明原因及处理如下：溢余白糖 460 千克，其中 400 千克系供货方多发，本企业同意做购进，已收到对方补来发货票，企业汇付货款，其余 60 千克系自然升溢。短缺白酒 80 瓶，其中 50 瓶系供货方少发，同意补发；20 瓶系运输部门责任造成，索赔；其余 10 瓶是企业搬运时丢失，经批准做销售费用核销。

要求：编制上述业务处理的会计分录。

习题 4

目的：掌握现金折扣和购货折让的核算。

资料：东华运动品经营公司1月份发生下列经济业务。

（1）1日，向成材运动器材厂赊购健身器100台，每台2 000元，共计货款200 000元、增值税额26 000元。厂方给予的付款条件为：2/10、1/20、n/30。健身器已验收入库。

（2）8日，向成材运动器材厂签发支票，支付健身器货款和增值税款。

（3）10日，向众诚运动器材厂购入篮球100个，每个100元，共计货款10 000元，增值税额1 300元，当即签发转账支票付讫。

（4）12日，众诚运动器材厂发来篮球100个，验收时发现外观存在瑕疵。与厂方联系后，对方同意给予8%的购货折让，当即收到厂方的销货折让发票，并收到对方退回的折让款800元，增值税额104元；款项已存入银行，商品已验收入库。

要求：编制上述业务处理的会计分录。

习题 5

目的：掌握商品销售的核算。

资料：东华运动品经营公司1月份发生下列经济业务。

（1）1日，向北京体育用品商城销售篮球鞋300双，每双350元，每双进价300元。客户采取自己提货的方式，并将货款用转账支票支付。

（2）5日，签发转账支票1 500元，支付代垫通达商城购货运费。

（3）7日，销售给通达商城男运动服600套，每套380元，当即连同代垫的运费一并向银行办妥托收手续。

要求：编制上述业务处理的会计分录。

习题 6

目的：掌握代销商品销售的核算。

资料：东华运动品经营公司1、2月份发生下列经济业务。

（1）东华运动品经营公司委托美华体育用品商城销售健身器200台，根据商品委托代销合同，将健身器发给海德体育商城。其购进单价为2 600元，协议单价为3 000元，增值税率为13%，合同规定每个月月末受托方向委托方开具代销清单，据以结算货款。

①1月2日，根据委托代销商品发货单发运商品。

②1月31日，根据美华体育用品商城送来的代销商品清单，填制专用发票，列明销售健身器50台，单价3 000元，金额150 000元，增值税额19 500元。

③2月5日，收到美华体育用品商城支付50台健身器的货款及增值税额的转账支票。

（2）东华运动品经营公司将1 000副网球拍委托成材体育用品商城代销，该球拍的购进价为200元，合同规定销售单价为280元，增值税率为13%，每个月月末受托方向委托方开具代销清单，据以结算货款，代销手续费率为8%。

①1月5日，网球拍交付成材体育用品商城。

②1月31日，成材体育用品商城送来代销商品清单，据以填制专用发票，开列网球拍300副，每副280元，共计货款84 000元，增值税额10 920元。

③结算代销手续费。

④1月31日，成材体育用品商城扣除代销手续费6 720元后，付来已售代销的300付网球拍的货款及增值税额，存入银行。

要求：编制上述业务处理的会计分录。

习题7

目的：练习主营业务成本的计算与结转。

资料：某商品批发企业2019年1月6号电线库存资料如下：

(1) 上月结存数量500米，单价12元。

(2) 购进：

5日，数量600米，单价12.2元，记账凭证号#26；

11日，数量400米，单价12.4元，记账凭证号#533；

19日，数量800米，单价12.5元，记账凭证号#79。

(3) 销售：

8日，数量300米，记账凭证号#33；

16日，数量700米，记账凭证号#69；

20日，数量900米，记账凭证号#82。

(4) 报损：

30日，数量5米，单价12元，记账凭证号#91。

要求：分别用加权平均法、先进先出法计算结转6号电线1月份的销售成本（列式计算）并进行结转。

第五章

零售企业业务核算

学习目标

1. 了解零售商品经营的特点。
2. 理解零售商品核算的方法。
3. 理解零售企业商品购进与销售的业务流程。
4. 掌握零售企业商品购进、销售和储存的账务处理。
5. 掌握已销商品进销差价的计算方法。
6. 掌握鲜活商品的核算处理。

第一节 零售商品经营的特点和核算方法

零售商品流通是企业通过买卖方式,从生产部门或其他商品流通企业(批发企业)购进商品,再把商品卖给城乡居民用于生活消费或卖给其他组织用于非生产消费的买卖行为。它是商品流通过程的最终环节。零售商品流通的环节包括商品购进、商品销售和商品储存。

一、零售商品经营的业务特点

(一)零售商品流通的特点

(1) 经营品种多,规格复杂,直接服务于消费者,且交易次数频繁、数量零星。
(2) 交易方式主要是一手交钱一手交货的现金交易,成交时间短。
(3) 除集团购买或贵重商品外,一般无须填制销货凭证。
(4) 依据业务性质,一般零售商品都采用售价金额核算法。
(5) 零售贵重商品(金银首饰)采用售价金额核算法,零售鲜活商品采用进价金额核算法。

（二）会计核算价格的特点

零售商品在流通过程中，价格的核算主要采用"一进三销"方式。"一进"是指购入商品时用购进的实际价格核算；"三销"是指商品验收入库时采用销售价核算，商品销售时采用销售价核算，商品结转主营业务成本时也采用销售价核算。

二、零售商品的核算方法

零售企业为了适应其经营特点，简化记账工作，通常采用售价金额核算法。售价金额核算法也称"售价记账、实物负责制"，它不仅是零售企业库存商品核算的一种方法，也是零售企业一项重要的经营管理制度。其内容包括以下几个方面：

（一）建立实物负责制

企业为了加强对库存商品的管理和控制，零售企业通常按照经营商品的品种和存放地点的不同，划分若干营业柜组或门市部，确定实物负责人，建立实物负责制，明确每个成员的职责分工，进而要求各实物负责小组对其所经营的全部商品承担经济责任，使商品的进、销、存各环节都有专人负责，建立必要的手续。这是实行售价金额核算的基础。

（二）库存商品按含税售价记账

零售企业销售商品时，标价即售价，包括销售价格和销项税额两部分。也就是说，售价是含税的价格。因此，会计部门对商品进、销、存的总分类账及其所属的明细分类账都按照零售价记账。在总账中只记库存商品的售价总金额，库存商品明细账按实物负责小组设置，按商品售价金额分别记载各实物负责小组经管的所有商品，以随时反映和掌握实物负责小组对其经营商品所承担的经济责任情况。为了加强商品管理，仓库中的全部商品，门市部、营业柜组存放的贵重商品、大件商品，以及业务上经常需要掌握数量的商品，实物负责小组必须设置商品数量账，每天登记收、付、存数量。这是实行售价金额核算的核心。

（三）设置"商品进销差价"账户

采用售价金额核算的零售企业，由于库存商品的增加、减少和结存都是按售价在库存商品账上反映的，这就与实际购进商品时所支付的金额不一致，通常是售价高于进价。会计核算不仅要以售价控制商品，还要以进价反映库存商品的实际价值。因此，需要设置"商品进销差价"账户，以核算库存商品售价与进价的差额。在月末要分摊和结转已销商品所实现的商品进销差价。

（四）加强商品实地盘点制度

由于库存商品实行售价金额核算，其明细账只反映售价金额，不反映数量和进价金额。但企业期末为了核实各实物负责小组库存商品的实有数额，每月必须进行一次全面盘点，计算实际结存商品售价金额，并与账面结存金额进行核对。实物负责人发生调动或者商品调价的，应及时进行盘点。盘点结果出现差异时，应及时查明原因，进行处理，保证账实相符。这是一项重要的管理措施，也是在售价金额核算下的一项重要内容。通过盘点和账实核对，可以考核实物负责小组对企业财产保管的情况，月终盘点后，确定实际库存，并据以处理损耗或溢余。

（五）按时编制商品进销存日报表

零售企业的进、销、调、存等业务活动是通过商品进销存日报表进行反映的，这对会计核算的报账、对账、记账工作及资金运用和经营管理具有很重要的作用。因此，实物负责人必须每天编制商品进销存日报表，详细填列商品购进、销售及库存情况，并连同应附的有关原始凭证报送会计部门。会计部门应加强审核，无误后，编制记账凭证，以反映实物负责人所经管商品的金额。商品进销存日报表也可分别装订，作为库存商品明细账。

（六）健全各业务环节的手续制度

实物负责人针对商品购进、调拨、销售、调价、升溢、损耗、损失、盘点交接等必须建立必要的手续，填制完备的凭证，按照合理的程序传递凭证，及时调整账面金额。商品要认真验收，不仅要验收数量、质量，而且要核实价格、金额是否相符；销售时要正确执行规定的价格，以加强商品和销售货款的管理。

第二节 零售商品购进的核算

一、零售商品购进的业务程序

零售企业主要从当地批发企业和生产企业采购商品，根据市场需要及货源情况也从异地购进商品。从异地购进商品的接收与结算方式，与批发企业基本相同，下面仅以同城购进商品为例，介绍其商品购进的业务流程。

（1）采购组织：根据企业的内部组织分工不同，部分企业设专职采购员负责整个企业的进货；部分企业由各实物负责人（门市部及营业柜组）直接进货；还有的企业既设专职采购员进货，又由实物负责人直接进货。

（2）商品交接方式：同城采用提货制或送货制；异地采用发货制。

（3）结算方式：同城通常采用支票、银行本票、商业汇票；异地通常采用银行汇票、商业汇票、汇兑和委托收款等。

（4）业务单证：订购单（合同）、增值税专用发票、验收单（收货单）、付款凭单（根据上述单证由财务部门填制）。

（5）业务流程：零售企业的采购员或实物负责人到供货单位采购商品，凭供货单位的专用发票，一般以转账支票或商业汇票办理结算；所购货物可以采用提货制或送货制；货到后由实物负责人将专用发票上开列的购进单价、商品货号、品名、规格、等级、数量与实物进行核对，如核对无误，在专用发票签收后，转交财务部门入账；也可以根据管理需要，由业务部门另行填制收货单一式数联，将其中一联与专用发票一并送交财务部门。

二、零售商品购进的业务核算

（一）零售商品购进业务涉及的会计科目

零售商品购进核算所涉及的会计科目除批发业务中所涉及的在途物资、库存商品、应交税费——应交增值税（进项税额）、销售费用、银行存款、其他货币资金、应付账款、应付票据外，还需设置商品进销差价科目，下面做重点介绍。

"商品进销差价"账户是资产类账户，是"库存商品"账户的抵减账户，用以反映库存商品含税售价金额与不含税进价金额之间的差额。商品购进、溢余及调价增值发生差价时，记入该账户贷方；因结转已销商品进销差价、商品短缺、削价及调价减值等而注销时，记入该账户借方；期末余额在贷方，表示期末库存商品的进销差价。期末"库存商品"账户余额减去"商品进销差价"账户的余额，即为库存商品的进价金额。

在售价金额核算法下，由于库存商品是按含税售价记载的，所以，商品进销差价也是含税的，而非实际的进销差价。由此计算的差价率也不是能真实体现企业经营成果的商品经营差价率，必须待月份终了时，将进销差价按商品存销比例分摊后，才可以将商品销售成本和结存成本中的差价及税金予以抵扣，将其还原为不含税的进价成本，然后用不含税的销售收入与不含税的进价成本比较，计算出真正的商品经营毛利。

（二）零售商品购进业务的核算

零售商品购进过程与批发商品购进一样，由于结算单证与货物到达企业的时间可能不同，一般也会存在单货同到、单到货未到、货到单未到三种情况。现仅以第二、第三种情况为例。

【例 5-1】 美华商厦是一家综合性零售企业，1 月 2 日从本市东北电器公司购进电磁炉 500 台，单价 200 元，供货方垫付运费 600 元，通过托收承付方式结算货款。

（1）1 月 2 日收到货款托收单证，列明货款 100 000 元，增值税额 13 000 元，财务部门签发转账支票付款。会计处理如下：

借：在途物资——电磁炉　　　　　　　　　　　　　　　　　100 000
　　应交税费——应交增值税（进项税额）　　　　　　　　　　 13 000
　　进货费用　　　　　　　　　　　　　　　　　　　　　　　　 600
　　贷：银行存款　　　　　　　　　　　　　　　　　　　　　113 600

（2）5 日收到商品，财务部门收到家电柜转来的收货单，列明含税售价金额 120 000 元。会计处理如下：

借：库存商品——家电柜　　　　　　　　　　　　　　　　　120 000
　　贷：在途物资——电磁炉　　　　　　　　　　　　　　　100 000
　　　　商品进销差价——家电柜　　　　　　　　　　　　　 20 000

【例 5-2】 1 月 26 日，美华商厦向利源服装厂购进女装一批，商品已验收入库，女装 500 件，每件进价 400 元，售价 600 元。结算凭证未到，将收货单妥善保管，暂不入账。

（1）31 日，结算凭证仍未到达，财务部门根据服装组转来的收货单、随货同行的发货单等暂估入账。

借：库存商品——女装　　　　　　　　　　　　　　　　　　300 000
　　贷：应付账款——利源服装厂　　　　　　　　　　　　　200 000
　　　　商品进销差价——服装组　　　　　　　　　　　　　100 000

（2）2 月 1 日，财务部门用红字冲销上述暂估入账分录。

借：库存商品——女装　　　　　　　　　　　　　　　　　　300 000

贷：应付账款——利源服装厂　　　　　　　　　　　　　　200 000
　　商品进销差价——服装组　　　　　　　　　　　　　　100 000

（3）2月10日，收到利源服装厂转来的上批女装结算凭证，增值税专用发票上列明女装500件，每件单价400元，增值税额26 000元，经审核无误后付款。

①借：在途物资——女装　　　　　　　　　　　　　　　　200 000
　　　应交税费——应交增值税（进项税额）　　　　　　　　26 000
　　　贷：银行存款　　　　　　　　　　　　　　　　　　　226 000
②借：库存商品——服装组　　　　　　　　　　　　　　　300 000
　　　贷：在途物资——女装　　　　　　　　　　　　　　　200 000
　　　　　商品进销差价——服装组　　　　　　　　　　　　100 000

（三）购进商品退补价的核算

零售企业购进商品并结算后，如果发现结算凭证的价格有误，应向供方索取更正发票，以便调整会计处理。

如果供货方开来更正发票时，只更正购进价格，没有影响到商品的零售价，财务部门只需调整"商品进销差价"账户，而不必调整"库存商品"账户的记录。

1. 购进商品退价的核算

购进商品退价是指原结算货款的进价高于合同约定的价格，应由供应商将高于合同价格造成的货款差额退还给购货单位。财务部门应根据供应商开来的红字专用发票冲减商品采购额和进项税额。用红字借记"在途物资""应交税费"账户，贷记"银行存款""应收账款"或"应付账款"账户；同时还应增加商品进销差价，用红字借记"商品进销差价"账户，贷记"在途物资"账户。

【例5-3】 美华商厦日前从华夏服装厂购进女装100套，每套进价200元，售价260元，商品已由服装组验收入库，货款已付，现经查验发现对方的发票有误，每套服装多收10元，经交涉，收到厂方的更正发票，并退回多收的货款及税款1 130元。其会计处理如下：

（1）冲销商品进货额及进项税额：

借：在途物资——华夏服装厂　　　　　　　　　　　　　　1 000
　　应交税费——应交增值税（进项税额）　　　　　　　　　130
　　贷：银行存款　　　　　　　　　　　　　　　　　　　　1 130

（2）同时调整增加商品进销差价：

借：商品进销差价——服装组　　　　　　　　　　　　　　1 000
　　贷：在途物资——华夏服装厂　　　　　　　　　　　　　1 000

此例中如果购货方还未付货款，应用红字贷记"应付账款"账户；如果已付款，但供货方在开来红字发票后，尚未退回多收的货款，可用红字贷记"应收账款"账户。

2. 购进商品补价的核算

如果购货单位少收了货款，只需由购进单位按合同或协议价格补价。此时应根据专用发票增加商品采购额和进项税额,借记"在途物资"和"应交税费"账户,贷记"应付账款"账户;同时还要减少商品的进销差价,借记"商品进销差价"账户,贷记"在途物资"账户。

【例5-4】 美华商厦日前从利兴日用品厂购进1 000条毛巾,厂方开来的发票单价为10元,售价15元,货款已付,商品已由百货柜验收入库。现收到厂方开来的更正发票,每条单价应为12元,应补付货款及税款2 260元,财务部门开出转账支票付款。其会计处理如下:

(1) 补记商品进货额及进项税额:

借:在途物资——利兴日用品厂	2 000
应交税费——应交增值税(进项税额)	260
贷:银行存款	2 260

(2) 同时调整减少商品进销差价:

借:商品进销差价——百货柜	2 000
贷:在途物资——利兴日用品厂	2 000

3. 因商品品种、等级错误形成的退补价

供货单位发错商品品种、规格及等级时,经双方协商不退货和重新换货的前提下,就形成了退补价业务。此时供货方需开来更正发票更正批发价和零售价,如因更正价格供货单位应退还货款时,除了应根据更正专用发票冲减商品采购额、进项税额和应付账款外,还要冲减库存商品的售价金额、进价成本和商品进销差价。如因更正价格购货单位应补付货款时,除了根据供货方开来的更正发票增加商品采购额、进项税额和应付账款外,还要增加库存商品的售价金额、进价成本和商品进销差价。

【例5-5】 美华商厦日前从康乐食品公司购进一级草菇200千克,每千克进价50元,售价60元。商品已由食品柜验收入库,货款已付。经查验,发现收到的草菇为二级品,经协商不做退货处理,现收到对方的更正发票,该二级草菇每千克的进价为42元,售价为50元,应退货款1 600元,增值税额208元。其会计处理如下:

(1) 冲减商品进价和进项税额:

借:在途物资——草菇	1 600
应交税费——应交增值税(进项税额)	208
贷:应收账款——康乐食品公司	1 808

(2) 同时冲减库存商品的售价金额和进价成本:

借:库存商品——食品柜	2 000
贷:在途物资——草菇	1 600
商品进销差价——食品柜	400

(四) 进货退出的核算

零售企业购进商品后,发现商品的品种、规格或质量达不到要求等情况时,如不愿通过退补价等方式处理,应与供货方联系,做退货处理。经供货方同意后,由供货单位开出退货的红字专用发票,办理退货手续,并将商品退还供货单位。

【例5-6】 美华商厦发现日前购进的餐具中有50套质量存在瑕疵,经与供应商兴昌公司联系后同意做退货处理。该餐具每套进价100元,售价120元。

(1) 退货后,根据百货柜转来的红字收货单,会计处理如下:

借:库存商品——百货柜　　　　　　　　　　　　　　　　　6 000
　　贷:在途物资——兴昌公司　　　　　　　　　　　　　　　5 000
　　　　商品进销差价——百货柜　　　　　　　　　　　　　　1 000

(2) 收到对方开来退货的红字专用发票,货款及税款5 650元,会计处理如下:

借:在途物资——兴昌公司　　　　　　　　　　　　　　　　5 000
　　应交税费——应交增值税(进项税额)　　　　　　　　　　　650
　　贷:银行存款　　　　　　　　　　　　　　　　　　　　　5 650

(五) 购进商品发生溢缺的核算

零售企业在购进商品过程中,由于发货差错或运输事故会造成所购商品的短缺或溢余,同时有些商品因自然因素也会发生自然升溢或自然损耗,进而形成验收商品的数量有短缺或溢余情况。对于发错商品数量的情况,可与供货单位联系,由对方补发其少发的商品,或将对方多发的商品退还;也可经过协商后做退补价处理。但对于因自然因素、责任事故或一时难以查明原因等造成的溢缺,应由验收柜组填制商品购进短缺溢余报告单,财务部门据以按进价将短缺或溢余的商品先记入"待处理财产损溢"账户,并按实收商品数量的售价金额借记"库存商品"账户。待查明原因并经管理层批准后,再根据不同的原因从"待处理财产损溢"账户转入各有关账户,原则上对于"待处理财产损溢"的处理不得跨月。

【例5-7】 美华商厦从大连海产公司购入海米500千克,每千克进价10元,售价16元,对方代垫运费500元,采用托收承付结算。

(1) 1月5日,收到银行转来的托收凭证,内附专用发票,共计货款5 000元,进项税额650元,运费凭证500元,经查验与合同相符,予以承付,会计处理如下:

借:在途物资——海米　　　　　　　　　　　　　　　　　　5 000
　　应交税费——应交增值税(进项税额)　　　　　　　　　　　650
　　进货费用　　　　　　　　　　　　　　　　　　　　　　　500
　　贷:银行存款　　　　　　　　　　　　　　　　　　　　　6 150

(2) 1月8日,海米已运到,由食品柜验收,实收510千克,溢余10千克,原因待查。

①借:库存商品——食品柜　　　　　　　　　　　　　　　　8 000
　　贷:在途物资——海米　　　　　　　　　　　　　　　　5 000
　　　　商品进销差价——食品柜　　　　　　　　　　　　　3 000

②根据商品购进短缺溢余报告单做如下处理:

借:库存商品——食品柜　　　　　　　　　　　　　　　　　 160
　　贷:待处理财产损溢——待处理流动资产损溢　　　　　　　100
　　　　商品进销差价——食品柜　　　　　　　　　　　　　　60

(3) 经查明溢余商品属于自然升溢。

借：待处理财产损溢——待处理流动资产损溢　　　　　　　　　　100

　　贷：进货费用　　　　　　　　　　　　　　　　　　　　　　　　100

【例5-8】假设例5-7中美华商厦在收货时发现短缺10千克，其会计处理如下：

(1) 验收入库：

①借：库存商品——食品柜　　　　　　　　　　　　　　　　　　7 840

　　贷：在途物资——海米　　　　　　　　　　　　　　　　　　　4 900

　　　　商品进销差价——食品柜　　　　　　　　　　　　　　　　2 940

②根据商品购进短缺溢余报告单做如下处理：

借：待处理财产损溢——待处理流动资产损溢　　　　　　　　　　100

　　贷：在途物资——大连海产公司　　　　　　　　　　　　　　　100

(2) 经查明短缺的10千克海米属于自然损耗，其会计处理如下：

借：进货费用　　　　　　　　　　　　　　　　　　　　　　　　100

　　贷：待处理财产损溢——待处理流动资产损溢　　　　　　　　　100

第三节　零售商品销售的核算

一、零售商品销售的业务流程

零售企业的商品销售业务，一般按营业柜组或门市部组织进行。商品销售的业务程序，根据企业的规模、经营商品的特点以及经营管理的需要而有所不同。

（一）零售商品销售的组织

营业柜组或门市部分别组织所负责商品的销售，同时，也负有对其经营商品的保管责任。

（二）零售商品销售的货款结算方式

以现金或信用卡及借记卡结算为主，涉及企事业单位的大额销售采取转账结算。

（三）销售货款收取方式

主要有以下三种：

(1) 由营业员分散收款（直接收款），即一手交钱一手交货，一般不填制销售凭证，手续简便，交易迅速，但由于货款均由营业员一人经手，容易发生差错与弊端，且不易及时发现，该方式适合价值较低的商品或小型零售企业。

(2) 在商城内设立若干收银台负责集中收款，营业员只负责售货，并负责填制销货凭证或商品计数卡，消费者据以向收银台交款，消费者凭付款后的单证向营业员领取商品，该方式由于钱货分管，职责分明，不易发生差错，但手续烦琐，效率较低，适合于价值较高的商品销售或大型零售企业。

(3) 对于一些超市的销售，由于实行开架销售，基本上采取在出口处集中设立若干收银机的方式，由专职收银员负责货物的清点和收取货款，该方式手续简便，效率较高。

（四）货款的解缴

不论采用哪一种收款方式，均应按照现金管理的规定，在当天将销货款解缴到银行，解缴货款的方式有集中解缴和分散解缴两种。

集中解缴是每天营业结束后，由各营业柜组（门市部）或收款员按其所收的销货款，填制内部缴款单及零售商品进销存日报表，连同所收的货款一并送交财务部门，财务部门将各营业柜组或门市部的销货款集中汇总后填制解款单，并集中将当日的销售货款全部解存银行。内部缴款单、零售商品进销存日报表及银行进账单回单是财务部门对每日销售业务进行账务处理的依据。

分散解缴是在每天营业结束后，由各营业柜组（门市部）或收款员负责，按其所收的销货款填制银行进账单后，将现金直接解存银行，取得银行进账单回单后，填制内部缴款单、零售商品进销存日报表，一并送交财务部门，作为账务处理的依据。

以上单据的格式见表5-1和表5-2。

表5-1　内部缴款单（第一联缴款人留存）

缴款单位：实物负责人　　　　　　　年　　月　　日

项目	金额	小票金额合计	
现金		销售折扣金额	
支票		应收金额	
信用卡			
借记卡		长款金额	
实缴金额合计		短款金额	

缴款人：　　　　　　　　　　　收款人：

内部缴款单由缴款人填制，通常一式两联：一联缴款单位自存，一联上交财务部门，作为入账依据。

表5-2　零售商品进销存日报表

柜组名称：　　　　　　　　　年　　月　　日　　　　　　　　　　编号：

项目		金额	项目		金额
昨日库存			本日销售		
今日收入	本日进货		今日减少	残品减值	
	调价增值			调价减值	
	盘点溢余			盘点亏损	
	商品升溢			商品损耗	
	加工收回				
				本日结存	
	合计			合计	
本月销售计划			销售完成累计		

柜组长：　　　　　复核：　　　　　制表：　　　　　附凭证　　张

商品进销存日报表由实物负责人填制,通常一式两份:一份营业柜组自存,一份上交财务部门,作为入账的依据。

二、零售商品销售的业务核算

(一) 零售商品销售涉及的科目

零售企业商品销售业务是通过"主营业务收入"和"主营业务成本"账户进行核算的。

在零售商品的核算中,"主营业务收入"账户平时在贷方登记含税销售收入,为了简化核算手续,期末再将其调整为不含税的销售额;借方登记的是定期或月终计算转出的销项税额和期末结转"本年利润"账户的不含税销售收入;期末结转后该账户应无余额。在核算零售商品销售时,其明细账应按商品大类或实物负责人分设。

在零售商品核算中,"主营业务成本"账户平时在借方登记结转含税的商品销售收入,贷方登记月末计算结转的已销商品应分摊的进销差价和期末结转"本年利润"账户的进价成本数额,结转后该账户应无余额。在核算零售商品销售时,其明细账应按商品大类或实物负责人分设。

(二) 零售商品销售的日常核算

日常核算时,财务部门根据各营业柜组(门市部)交来的当日内部缴款单、零售商品进销存日报表及银行进账单回单,按已售商品的含税售价登记"主营业务收入"和"银行存款"账户。同时,将实物负责人经管的库存商品转入"主营业务成本"账户。

【例5-9】 美华商厦为信用卡特约单位,信用卡结算手续费率为3%,1月10日各营业柜组商品销售及货款收入情况见表5-3。

表5-3 商品销售及货款收入情况

营业柜组	销售金额	现金收入	信用卡签购单	转账支票	现金溢缺
服装柜	18 230.50	12 630.50	5 600.00		
箱包柜	15 350.70	10 150.70	4 200.00	1 000.00	
食品柜	16 330.60	13 030.60	3 300.00		
办公用品柜	11 253.40	6 353.40	2 600.00	2 300.00	
合计	61 165.20	42 165.20	15 700.00	3 300.00	

(1) 财务部门根据各营业柜组交来的商品销售收入内部缴款单及现金、签购单和转账支票,根据签购单编制计汇单,与转账支票一并存入银行,并根据银行进账单回单做会计处理如下:

借:银行存款　　　　　　　　　　　　　　　　　　　　　　　　60 694.20
　　财务费用　　　　　　　　　　　　　　　　　　　　　　　　　　471
　　贷:主营业务收入——服装柜　　　　　　　　　　　　　　　18 230.50
　　　　　　　　　　——箱包柜　　　　　　　　　　　　　　　15 350.70

	——食品柜	16 330.60
	——办公用品柜	11 253.40

（2）转销实物负责人保管的已销商品库存，会计处理如下：

借：主营业务成本——服装柜　　　　　　　　　　　18 230.50
　　　　　　　　——箱包柜　　　　　　　　　　　15 350.70
　　　　　　　　——食品柜　　　　　　　　　　　16 330.60
　　　　　　　　——办公用品柜　　　　　　　　　11 253.40
　　贷：库存商品——服装柜　　　　　　　　　　　18 230.50
　　　　　　　——箱包柜　　　　　　　　　　　15 350.70
　　　　　　　——食品柜　　　　　　　　　　　16 330.60
　　　　　　　——办公用品柜　　　　　　　　　11 253.40

按上述方式所进行的会计处理，零售企业平时的"主营业务收入"和"主营业务成本"账户并不能反映真实的收入和成本，更不能反映出真实的毛利。只有待月终计算并结转全月已销商品的进销差价，并通过价税分离后，才能进一步计算出已销商品的毛利。之所以这样处理，是为了适应零售企业商品流转的特点及管理要求，也是简化会计核算的需要。

（三）零售商品分期收款销售的核算

近年来，零售企业为了扩大销售规模，提高市场占有率，纷纷采取了分期收款方式。采取分期收款方式销售的商品均是一些高档耐用品，但对于零售企业来讲，由于其面对的是广大消费者，且其销售的商品均不是批量销售，所以，此时的分期收款销售并不具有融资性质。

在采用分期收款方式销售商品时，应将所销售的商品转入"发出商品"账户，并应将其转为进价，凡是已经转入"发出商品"账户的已发出商品，均不再参与月终的商品进销差价的分摊。在以后按合同约定的期限分期收款时，应按每次的实收价款确认销售收入的实现，同时应按所收取款项占全部销售收入的比例结转销售成本。

【例5-10】 美华商厦为了对所经营的电脑进行促销，于1月份开始对该类电脑实行分期收款的销售活动。活动方案约定：首次收取该电脑价款的40%，余款采取分两次各按30%的比例收取，后两次收款的时间分别为6月30日和12月30日。2月10日当天共销售该电脑10部，每部进价3 000元，活动售价3 500元。

（1）发出商品时：

借：发出商品——科技柜　　　　　　　　　　　　30 000
　　商品进销差价——科技柜　　　　　　　　　　 5 000
　　贷：库存商品——科技柜　　　　　　　　　　35 000

（2）首次确认40%的收入：

借：银行存款　　　　　　　　　　　　　　　　　14 000
　　贷：主营业务收入——科技柜　　　　　　　　14 000

同时结转销售成本：

借：主营业务成本——科技柜　　　　　　　　　　12 000
　　贷：发出商品——科技柜　　　　　　　　　　12 000

（3）第二次（6月30日）及第三次（12月30日）的账务处理同上，只是比例按30%处理。

(四)零售商品销售长短款的核算

如前所述,由于商品零售业务交易频繁,且多以现金结算,所以,在日常销售过程中不可避免地会发生长短款。当实收货款多于应收货款时,即为长款;当实收货款少于应收货款时,即为短款。其原因多为收款过程中的差错造成的。

每日终了,各实物负责人或收银台应将实收现款与收款记录进行核对,若有差异,应及时填报长短款报告单,连同零售商品进销存日报表送交财务部门据以进行账务处理。

零售企业采用售价金额核算法下的实物负责制,既是针对库存商品的核算方法,也是一种管理制度,其实物负责制的核心就是柜组岗位责任制。为此,零售企业必须根据《内部会计控制规范——货币资金》规范的要求,建立健全防范收款错弊的机制与业务规范,尽量防止其发生,同时,对于发生的长短款应有规范的处理办法,明确责任,在长短款报告单中应列明长短款的原因及处理意见,作为财务部门进行账务处理的依据。长短款报告单的格式见表5-4。

表5-4 长短款报告单

实物负责人(收银台):　　　　　　　年　月　日　　　　　　单位:元　　　字第　号

应收金额		实收金额		长款金额		短款金额	
长短款原因							
处理意见				签字:			

财务部门根据批复后的处理意见,分别记入"其他应收款""管理费用""营业外支出"或"营业外收入"账户。对于同时发生的长短款,财务部门不可做相互抵消处理,应分别核算。

【例5-11】 美华商厦1月15日百货柜销货记录为5 600元,实收5 650元;箱包柜销货记录为4 800元,实收4 760元。经查:百货柜的长款原因不明,转入营业外收入;箱包柜的短款为收款员李燕收款疏忽所致,应记入其个人责任。会计处理如下:

(1) 反映当日销售收入:

借:银行存款　　　　　　　　　　　　　　　　　　　　　　10 410
　　其他应收款——李燕　　　　　　　　　　　　　　　　　　40
　　贷:主营业务收入——百货柜　　　　　　　　　　　　　　　5 600
　　　　　　　　——箱包柜　　　　　　　　　　　　　　　　4 800
　　　营业外收入　　　　　　　　　　　　　　　　　　　　　50

(2) 转销已销的库存商品:

借:主营业务成本——百货柜　　　　　　　　　　　　　　　5 600
　　　　　　——箱包柜　　　　　　　　　　　　　　　　　4 800
　　贷:库存商品——百货柜　　　　　　　　　　　　　　　　5 600
　　　　　　——箱包柜　　　　　　　　　　　　　　　　　4 800

(五)受托代销商品销售的核算

零售企业接受代销商品业务,一般根据与委托方签订的协议,可采取视同买断或收取手续费方式进行结算。两种方式的核算过程与批发企业的核算基本相同。

1. 采取视同买断方式受托代销商品的核算

零售企业收到受托代销商品时,并没有取得商品的所有权,为了加强对受托代销商品的管理,在受托代销商品验收入库时,应按代销商品的售价金额借记"受托代销商品"账户,按代销商品的协议价金额贷记"受托代销商品款"账户;售价金额与协议价金额之间的差价,则贷记"商品进销差价"账户。

代销商品销售后,借记"库存现金"账户,贷记"主营业务收入"账户;并按售价金额借记"主营业务成本"账户,贷记"委托代销商品"账户;同时按代销商品的协议价结转代销商品款,借记"受托代销商品款"账户,贷记"应付账款"账户。当结算期届满时,将代销商品清单交付委托方,等收到委托方的专用发票,据以支付其货款和增值税额时,借记"应付账款"账户和"应交税费"账户,贷记"银行存款"账户。

【例5-12】 美华商厦根据受托代销合同,接受信诚服装厂200件高档男装的代销业务,该男装的协议单价2 000元,零售单价2 500元,合同规定每个月月末受托方向委托方开具代销清单,据以结算货款。

(1) 1月5日,收到200件高档男装,由服装组验收入库,会计处理如下:
借:受托代销商品——服装组　　　　　　　　　　　　　　　　500 000
　　贷:受托代销商品款——信诚服装厂　　　　　　　　　　　400 000
　　　　商品进销差价——服装组　　　　　　　　　　　　　　100 000

(2) 1月10日,服装组销售20件,收到现金50 000元,会计处理如下:
①确认收入:
借:库存现金　　　　　　　　　　　　　　　　　　　　　　　50 000
　　贷:主营业务收入——服装组　　　　　　　　　　　　　　　50 000
②注销受托代销商品:
借:主营业务成本——服装组　　　　　　　　　　　　　　　　50 000
　　贷:受托代销商品——服装组　　　　　　　　　　　　　　　50 000
③结转代销商品款:
借:受托代销商品款——信诚服装厂　　　　　　　　　　　　　40 000
　　贷:应付账款——信诚服装厂　　　　　　　　　　　　　　　40 000

(3) 1月31日,开出代销商品清单后,收到信诚服装厂专用发票,开列服装销售20件,每件2 000元,货款40 000元,增值税额5 200元,当即签发转账支票支付货款及税款,会计处理如下:
借:应付账款——信诚服装厂　　　　　　　　　　　　　　　　40 000
　　应交税费——应交增值税(进项税额)　　　　　　　　　　　5 200
　　贷:银行存款　　　　　　　　　　　　　　　　　　　　　　45 200

2. 采取收取代销手续费方式受托代销商品的核算

采取收取代销手续费方式的零售企业,在收到代销商品时,按代销商品的售价借记"受托代销商品"账户,贷记"受托代销商品款"账户。

在代销商品时，根据收取的现金，借记"库存现金"账户，贷记"应付账款"账户；同时注销代销商品，借记"受托代销商品款"账户，贷记"受托代销商品"账户。结算期届满时，开出代销商品清单交付委托方，等收到委托方专用发票支付已售代销商品账款时，根据专用发票上列明的价税合计借记"应付账款"账户，根据应收取的代销手续费贷记"其他业务收入"账户，根据价税合计与代销手续费之间的差额贷记"银行存款"账户。

【例5-13】 美华商厦根据受托代销合同接受信诚服装厂100套女装的代销业务，合同规定该女装的销售单价（不含税）为500元，增值税率为13%，代销手续费率为8%。

(1) 1月5日，收到100套女装，由服装柜验收入库，会计处理如下：

借：受托代销商品——服装柜　　　　　　　　　　　　　56 500
　　贷：受托代销商品款——信诚服装厂（货款）　　　　50 000
　　　　受托代销商品款——信诚服装厂（增值税）　　　6 500

(2) 1月10日，销售该女装20套，收到价税现金11 300元。

①反映商品销售：

借：库存现金　　　　　　　　　　　　　　　　　　　　11 300
　　贷：应付账款——信诚服装厂　　　　　　　　　　　11 300

②注销代销商品：

借：受托代销商品款——信诚服装厂（货款）　　　　　　10 000
　　受托代销商品款——信诚服装厂（增值税）　　　　　1 300
　　贷：受托代销商品——服装柜　　　　　　　　　　　11 300

(3) 1月31日，开出代销商品清单，收到信诚服装厂专用发票，开列女装20套，每套500元，货款10 000元，增值税额1 300元，扣除代销手续费904元，余款签发转账支票支付信诚服装厂已售代销商品的全部款项。会计处理如下：

借：应付账款——信诚服装厂　　　　　　　　　　　　　11 300
　　贷：其他业务收入　　　　　　　　　　　　　　　　904
　　　　银行存款　　　　　　　　　　　　　　　　　　10 396

三、零售商品销售收入调整的核算

为了适应零售企业的经营特点，简化日常核算，"主营业务收入"账户在平时均是按含税收入进行核算的，所以，月份终了，应将含税的销售收入分解为不含税的销售收入，分解出的销项税额记入"应交税费——应交增值税（销项税额）"账户。

含税收入的调整及销项税额的计算公式如下：

$$不含税销售收入 = \frac{含税销售额}{1+增值税率}$$

$$销项税额 = 不含税销售收入 \times 适用税率$$

或

$$销项税额 = 含税收入 - 不含税销售收入$$

【例5-14】 月末，美华商厦主营业务收入各明细账户中汇集的含税销售总额为1 000 000元，其中：办公柜260 000元、服装柜280 000元、箱包柜240 000元、食品柜

220 000元。价税分离的处理如下：

(1) 价税分离：

$$办公柜不含税销售收入 = \frac{260\ 000}{1+13\%} = 230\ 088.50\ (元)$$

$$服装柜不含税销售收入 = \frac{280\ 000}{1+13\%} = 247\ 787.61\ (元)$$

$$箱包柜不含税销售收入 = \frac{240\ 000}{1+13\%} = 212\ 389.38\ (元)$$

$$食品柜不含税销售收入 = \frac{220\ 000}{1+13\%} = 194\ 690.27\ (元)$$

计算销项税额：

办公柜销项税额 = 230 088.50 × 13% = 29 911.51 (元)

服装柜销项税额 = 247 787.61 × 13% = 32 212.39 (元)

箱包柜销项税额 = 212 389.38 × 13% = 27 610.62 (元)

食品柜销项税额 = 194 690.27 × 13% = 25 309.74 (元)

(2) 账务处理：

借：主营业务收入——办公柜　　　　　　　　　　　　　　　29 911.51
　　　　　　　　——服装柜　　　　　　　　　　　　　　　32 212.39
　　　　　　　　——箱包柜　　　　　　　　　　　　　　　27 610.62
　　　　　　　　——食品柜　　　　　　　　　　　　　　　25 309.74
　　贷：应交税费——应交增值税（销项税额）　　　　　　　115 044.26

四、已销商品进销差价率及销售成本的调整

由于零售企业采取售价金额核算法对库存商品进行核算，所以，为了满足管理和简化核算的需要，平时按商品售价结转商品销售成本，到月末时，为了正确核算零售商品销售业务的经营成果和真实反映期末库存商品的价值，就需要通过科学的计算方法来计算和结转已销商品的进销差价，并将商品销售成本由售价调整为进价。

零售企业计算已销商品进销差价的方法有综合差价率推算法、分柜组差价率推算法和实际进销差价计算法三种。

（一）综合差价率推算法

综合差价率推算法是按全部商品的存销比例，计算本期销售商品应分摊进销差价的一种方法。具体的计算过程是：首先将期末结转前的"商品进销差价"账户余额除以期末全部商品价值（"库存商品"账户余额加上"受托代销商品"账户余额与本期"主营业务收入"账户余额），计算出本期商品的综合差价率，然后再将本期已销商品销售收入乘以综合差价率计算出已销商品应分摊的进销差价。其计算公式如下：

$$综合差价率 = \frac{月末结转前"商品进销差价"账户余额}{期末"库存商品"账户余额 + 期末"受托代销商品"账户余额 + 本期"主营业务收入"账户余额} \times 100\%$$

本期已销商品进销差价 = 本期"主营业务收入"账户余额 × 综合差价率

在上述计算综合差价率公式的分母中，包括期末"受托代销商品"账户的余额，需要强调的是：其仅包括"受托代销商品"账户的余额中采取视同买断方式的受托代销商品，不包括采取收取手续费方式的受托代销商品。如果企业存在较多的折价销售情况，"主营业务收入"账户的余额资料就不能真实反映原售价，所以，此时用"主营业务成本"账户的发生额较为适宜。

【例5-15】 美华商厦12月末相关账户资料如下："商品进销差价"余额为310 000元，"库存商品"账户余额为550 000元，"主营业务收入"和"主营业务成本"账户余额均为1 000 000元。根据上述资料计算本月已销商品应分摊的进销差价。

$$综合差价率 = \frac{310\ 000}{550\ 000 + 1\ 000\ 000} \times 100\% = 20\%$$

本月已销商品应分摊的进销差价 = 1 000 000 × 20% = 200 000（元）

根据以上计算结果，会计处理如下：
借：商品进销差价　　　　　　　　　　　　　　　　　　　200 000
　　贷：主营业务成本　　　　　　　　　　　　　　　　　　　200 000

月末"主营业务成本"的进价成本 = 1 000 000 - 200 000 = 800 000（元）

为了及时计算本月已销商品的销售毛利，还需将含税的销售收入进行价税分离，将含税收入还原为不含税的收入。

$$不含税商品销售收入 = \frac{1\ 000\ 000}{1 + 13\%} = 884\ 955.75（元）$$

销项税额 = 884 955.75 × 13% = 115 044.25（元）

价税分离的会计处理如下：
借：主营业务收入　　　　　　　　　　　　　　　　　　　115 044.25
　　贷：应交税费——应交增值税（销项税额）　　　　　　　115 044.25

经过上述调整后，"主营业务收入"账户的余额884 955.75元，即为本月真正实现的收入，800 000元为本月已销商品的真正成本，二者相抵后的余额84 955.75元（884 955.75 - 800 000）即为本月零售商品的销售毛利。

综合差价率推算法的计算与核算手续比较简便，但由于零售企业经营商品的品种繁多，各类商品间的进销差价率不尽相同，而且各类商品占全部销售额的比重也有差异，全部商品按同一差价率分摊进销差价，其结果的准确性较低，所以，各类商品差价率较为均衡的零售企业适合采用该方法。

（二）分柜组差价率推算法

分柜组差价率推算法（或计算法）是按经营商品大类或各营业柜组（门市部）商品的存销比例，计算本期已销商品应分摊进销差价的一种方法。该方法要求先按商品大类或营业柜组（门市部）分别计算进销差价率，然后再分别计算各大类商品或营业柜组（门市部）已销商品应分摊的进销差价，最后汇总成企业全部已销商品进销差价。采用此方法时，要求"库存商品""主营业务收入""主营业务成本""商品进销差价"账户均要按各商品大类或营业柜组（门市部）开设明细科目。其计算方法与综合差价率推算法相同，财务部门可编制"已销商品进销差价计算表"进行计算。

【例5-16】 美华商厦采用分柜组差价率推算法计算已销商品的进销差价。12月末各有关明细账户的资料见表5-5。

表5-5 明细账户资料   元

实物负责人	商品进销差价账户余额	库存商品账户余额	主营业务收入账户余额
服装柜	105 853	180 000	260 000
食品柜	98 600	160 000	240 000
百货柜	135 765	210 000	280 000
五金柜	44 727	100 000	220 000
合计	384 945	650 000	1 000 000

财务部门根据上述资料编制已销零售商品进销差价计算表，见表5-6。

表5-6 已销零售商品进销差价计算表
2014年12月31日

实物负责人	商品进销差价账户余额/元	库存商品账户余额/元	主营业务收入账户余额/元	分类差价率/%	已销商品进销差价/元
服装柜	105 853	180 000	260 000	24.06	65 556
食品柜	98 600	160 000	240 000	24.65	59 160
百货柜	135 765	210 000	280 000	27.71	77 588
五金柜	44 727	100 000	220 000	13.98	3 0 756
合计	384 945	650 000	1 000 000	—	233 060

会计主管：   复核：   制表：

根据已销商品进销差价计算表的结果，会计处理如下：
借：商品进销差价——服装柜   65 556
                ——食品柜   59 160
                ——百货柜   77 588
                ——五金柜   30 756
    贷：主营业务成本——服装柜   65 556
                  ——食品柜   59 160
                  ——百货柜   77 588
                  ——五金柜   30 756

分柜组差价率推算法的计算较为简便，计算的结果相对于综合差价率推算法较为准确，但与实际相比仍有一定的偏差。该方法适用于经营柜组间差价率较大的企业，或者需要分柜组核算其经营成果的企业。

（三）实际进销差价计算法

分柜组差价率推算法实际上仍是类内商品的综合差价率，而每类商品内部的各种商品差价率仍存在着差异，且类内各种商品的比重不同，必然会使按大类计算进销差价率的已销商品进销差价与实际每种商品的进销差价存在差距，从而不能真实反映每种商品的毛利。为此，零售企业年末必须运用实际进销差价计算法对实存商品的进销差价进行一次全面的核实与调整。

实际进销差价计算法是指根据期末盘存商品的进销差价逆算（倒挤）出已销商品进销差价的一种方法。其具体计算过程如下：

（1）年终，由各实物负责人或营业柜组（门市部）通过商品盘点，编制出库存商品盘存表和受托代销商品盘存表，用各种商品的实存数量乘以含税销售单价和购进单价，分别计算出期末库存商品的含税售价金额和进价金额。

（2）用全部库存商品的含税售价总额减去其进价总额，计算出期末结存商品的进销差价及期末受托代销商品的售价金额和进价金额。

（3）计算已销商品应分摊的进销差价。

（4）结转已销商品的进销差价。

各营业柜组（门市部）编制的库存商品盘存表和受托代销商品盘存表应一式数联，其中一联送交财务部门，经复核无误后，据以编制零售商品盘存汇总表。

期末商品进销差价、已销商品进销差价的计算公式如下：

$$期末商品进销差价 = 期末库存商品售价金额 - 期末库存商品进价金额 + 期末受托代销商品售价金额 - 期末受托代销商品进价金额$$

$$已销商品进销差价 = 结账前商品进销差价账户余额 - 期末商品进销差价$$

【例5-17】 华美商厦2019年12月31日服装柜库存商品盘存表的数据见表5-7。

表5-7 服装柜库存商品盘存表

实物负责人：服装柜　　　　　　2019年12月31日　　　　　　　　　　　　　　元

品名	规格	计量单位	盘存数量	含税售价金额		进价金额	
				单价	金额	单价	金额
男西装		套	50	1 200.00	60 000.00	980.00	49 000.00
女职业装			30	800.00	24 000.00	640.00	19 200.00
休闲装			25	650.00	16 250.00	460.00	11 500.00
小计					100 250.00		79 700.00
合计					180 000.00		137 692

百货柜、食品柜和五金柜的库存商品盘存表略。

财务部门根据各营业柜组的库存商品盘存表编制的零售商品盘存汇总表见表5-8。

表 5-8 零售商品盘存汇总表

2019 年 12 月 31 日　　　　　　　　　　　　　　　　　　　　　　　元

实物负责人	库存商品售价金额	库存商品进价金额	商品进销差价
服装柜	180 000	137 692	42 308
食品柜	160 000	123 560	36 440
百货柜	210 000	140 899	69 101
五金柜	100 000	86 668	13 332
合计	650 000	488 819	161 181

各营业柜组结转前零售商品进销差价账户余额与例 5-16 相同，计算本期已销商品进销差价如下：

服装柜已销商品进销差价 = 105 853 − 42 308 = 63 545（元）

食品柜已销商品进销差价 = 98 600 − 36 440 = 62 160（元）

百货柜已销商品进销差价 = 135 765 − 69 101 = 66 664（元）

五金柜已销商品进销差价 = 44 727 − 13 332 = 31 399（元）

根据上述计算结果，会计处理如下：

借：商品进销差价——服装柜　　　　　　　　　　　　　　　　　63 545
　　　　　　　　　——食品柜　　　　　　　　　　　　　　　　　62 160
　　　　　　　　　——百货柜　　　　　　　　　　　　　　　　　66 664
　　　　　　　　　——五金柜　　　　　　　　　　　　　　　　　31 399
　　贷：主营业务成本——服装柜　　　　　　　　　　　　　　　　63 545
　　　　　　　　　　——食品柜　　　　　　　　　　　　　　　　62 160
　　　　　　　　　　——百货柜　　　　　　　　　　　　　　　　66 664
　　　　　　　　　　——五金柜　　　　　　　　　　　　　　　　31 399

如果经过上述计算后，应保留的进销差价大于"商品进销差价"账户余额，说明企业平时多转了进销差价，少计了销售成本，应对账务处理进行如下调整：

借：主营业务成本
　　贷：商品进销差价

实际进销差价计算法相对于前两种方法，其结果更接近于实际，但必须在对库存商品进行全面盘点的基础上来计算商品的进销差价，计算量很大，所以仅适于年终决算调整年度内运用前两种方法计算并结转的已销商品进销差价的误差，反映期末库存商品实际价值时采用。经营品种较少的企业或管理比较完善的企业也可以考虑选用。

在实际工作中，为了简化计算手续，准确地计算已销商品进销差价，往往在平时采取分柜组差价率推算法，到年末采用实际进销差价计算法，以保证整个会计年度核算资料的准确性。

第四节 零售商品储存的核算

零售企业为了使商品流通正常进行,满足市场的需求,不需要保持适当的商品储存。商品储存的核算,包括商品调价、削价、内部调拨、盘点缺溢及库存商品和商品进销差价的明细分类核算等内容。

一、商品调价的核算

商品调价是指零售企业根据市场供需情况或国家物价政策,对某些正常商品的价格进行适当地调高或调低。

实行售价金额核算法的零售企业,库存商品按售价金额核算,商品销售价格的变动会直接影响库存商品的金额。因此,对于因调价而增值或减值的金额,应在库存商品明细账中做增减记录。

通常情况下,在调价日期的前一天营业结束后,应由企业的物价人员、财务人员会同营业柜组对调价商品进行盘点,按照实际库存由实物负责人填制零售商品调价盘点表一式数联,一联送交财务部门,财务部门复核无误后,将调价差额全部体现在商品经营损益内。调高售价时,借记"库存商品"账户,贷记"商品进销差价"账户;调低售价时,借记"商品进销差价"账户,贷记"库存商品"账户。

【例 5-18】 美华商厦根据市场情况将部分秋装于 8 月 15 日起调整零售价格,服装柜经过盘点后编制零售商品调价盘点表,见表 5-9。

表 5-9 零售商品调价盘点表

调价通知单号:调字第 1002 号
通知日期:2019 年 8 月 15 日
实物负责人:服装柜
执行日期:2019 年 8 月 20 日

品名	单位	盘存数量	零售价格		调价差额		调价总额	
			原售价	新售价	+	-	+	-
男风衣	件	200	550	500		50		10 000
女风衣	件	150	530	470		60		9 000
合计								19 000

柜长: 柜核算员: 监盘人: 物价员: 复核: 制表:

财务部门根据服装柜转来的零售商品调价盘点表进行会计处理如下:
借:商品进销差价——服装柜 19 000
　　贷:库存商品——服装柜 19 000

二、商品削价的核算

零售企业对于库存中的呆滞、冷背、残损、变质的商品所做的降价处理,是为了避免更大的损失,多数零售企业一般采取削价处理,而不必像批发企业那样计提减值准备。库存商品进行削价处理时,一般由实物负责人或柜组(门市部)盘点数量后,填制零售商品削价报告单一式数联,按照规定的审批权限报经有关领导批准后方可执行,同时将审批后的报告单一联送交财务部门,以便其进行相关的账务处理。

零售商品削价后不含增值税的新售价不低于其进价的,其账务处理与调价减值的处理相同;零售商品削价后不含增值税的新售价低于其进价的,在不计提削价准备金的情况下,除了根据削价减值金额借记"商品进销差价"账户,贷记"库存商品"账户外,其低于进价部分直接列入当期损益(销售费用)。

【例5-19】美华商厦服装柜计划将换季某款男装50套做削价处理,其原零售单价为220元,经批准按原售价的5折110元进行削价处理,该男装的进价为每套180元。估计销售费用每套4元。其账务处理如下:

    该男装削价后不含增值税销售额 = 110 × 50 ÷ 1.13 = 4 867.26(元)
    该男装可变现净值 = 4 867.26 -(4 × 50)= 4 667.26(元)
    该男装可变现净值低于成本的差额 = 180 × 50 - 4 667.26 = 4 332.74(元)

(1)根据削价减少的售价金额调整其账面价值:
借:商品进销差价——服装柜   5 500
  贷:库存商品——服装柜(220 - 110)× 50   5 500

(2)将可变现净值低于进价的损失列入当期损益:
借:销售费用   4 332.74
  贷:库存商品   4 332.74

三、商品内部调拨的核算

商品内部调拨是指在零售企业内部各实物负责人或柜组(门市部)之间调剂商品余缺而进行的商品调拨转移。由于是各实物负责人或柜组(门市部)之间为了调剂商品余缺所发生的商品调剂,因此,商品内部调拨不作为商品销售处理,也不进行结算。在调拨商品时,一般由调出部门填制商品内部调拨单一式数联,调出部门在各联上签章后,连同商品一并转交调入部门。调入部门验收后签章,双方各留一联,另一联转交财务部门入账。财务部门只做"库存商品"明细科目的调整,采取分柜组差价率推算法分摊已销商品进销差价的企业,要相应调整"商品进销差价"账户。

【例5-20】美华商厦餐饮部从商厦的食品柜调入茶点、牛奶及咖啡共计1 500元,商厦实行分柜组差价率推算法分摊已销商品进销差价,经计算,该批商品的进销差价400元。双方已办理相关手续,并将内部调拨单的附联转交财务部门。财务部门的会计处理如下:

借:库存商品——餐饮部   1 500
  贷:库存商品——食品柜   1 500
借:商品进销差价——食品柜   400
  贷:商品进销差价——餐饮部   400

四、零售商品盘点短缺和溢余的核算

相对于批发企业,零售企业在采用售价金额核算时,库存商品明细分类账并未按照商品

进行明细核算，只是按照实物负责人设置，且在账簿中只按照售价登记金额，并未登记数量。所以，要想了解和控制各种商品的实存数量，保证账实相符，只有通过实地盘点，逐项计算出各种商品的售价金额及售价总金额，再与当天"库存商品"账户余额进行核对后，才能了解和控制各种商品的实存数量。同时，通过商品盘点，可以检查商品的保管情况，及时发现商品的管理状态和掌握各种商品的销售动态，为企业改善商品的营销及保管提供依据。

为此，零售企业每个月至少要进行一次定期的全面盘点，同时，当发生部门实物负责人调动、企业内部柜组调整、商品调价削价等情况时，也要进行不定期的全面盘点或局部盘点。零售企业要制定相关的商品盘点制度，做好商品盘点的组织工作。在盘点过程中，盘点人员应将库存商品按照品名、规格将其实存数填入零售商品盘点表内，计算出各实物负责人的实际库存总金额，并与库存商品的账面金额进行核对。

对于在商品盘点过程中发生的溢余或短缺，应填报商品盘点溢余短缺报告单一式数联，待管理机构批复后，将其中一联送交财务部门作为账务处理的依据。报告单中的金额是以商品的售价金额来反映的，为此需要将其调整为进价金额。在未查明溢余或短缺的原因前，财务部门应将短缺或溢余商品的进价金额先转入"待处理财产损溢"账户；等原因查明后，再根据管理机构的批复分别转入各有关账户，其账务处理与批发企业的处理相同。

（一）盘点短缺的核算

库存商品短缺，根据商品盘点溢余短缺报告单短缺商品的进价借记"待处理财产损溢"账户，按短缺金额与进价差额（短缺商品差价）借记"商品进销差价"账户，按短缺金额贷记"库存商品"账户。经查明原因审批后，如属自然损耗，应转入"销售费用"账户；如属责任事故，由责任人或保险公司赔偿，转入"其他应收款"账户；如由企业负担，转入"营业外支出"账户。同时结转时，贷记"应交税费——应交增值税（进项税额转出）"账户。

【例 5-21】 美华商厦服装柜 1 月 25 日盘点库存商品，发现短缺 600 元，填制商品盘点溢余短缺报告单见表 5-10。

表 5-10 商品盘点溢余短缺报告单

实物负责人：服装柜　　　　　　2019 年 1 月 28 日　　　　　　　　　　　　　　　元

账存金额	185 960	溢余金额		溢余短缺原因	保管员王某过失
实存金额	185 360	短缺金额	600.00		
上月本柜组差价率			25%		
溢余商品差价		溢余商品进价			
短缺商品差价	150	短缺商品进价	450		
处理意见	按规定由负责人赔偿 300 元，企业损失 208.5 元。 2019 年 1 月 30 日			柜组意见	由责任人部分赔偿

(1) 28日，财务部门根据商品盘点溢余短缺报告单的会计处理如下：

借：待处理财产损溢——待处理流动资产损溢　　　　　　　　　450
　　商品进销差价——服装柜　　　　　　　　　　　　　　　　150
　　贷：库存商品——服装柜　　　　　　　　　　　　　　　　　　600

(2) 30日根据管理机构批复的会计处理如下：

借：其他应收款——王军　　　　　　　　　　　　　　　　　　300
　　营业外支出　　　　　　　　　　　　　　　　　　　　　　208.5
　　贷：待处理财产损溢——待处理流动资产损溢　　　　　　　　450
　　　　应交税费——应交增值税（进项税额转出）　　　　　　　58.5

（二）盘点溢余的核算

库存商品溢余，根据商品盘点溢余短缺报告单短缺商品的溢余金额借记"库存商品"账户，按溢余商品进价贷记"待处理财产损溢"账户，按溢余商品差价贷记"商品进销差价"账户。经查明原因，如属销售单位多发商品，则应作为商品购进补付货款；如属自然升溢，则应冲减"销售费用"账户。

【例5-22】 美华商厦食品柜2月25日盘点库存商品，发现溢余600元，填制商品盘点溢余短缺报告单，见表5-11。

表5-11　商品盘点溢余短缺报告单

实物负责人：食品柜　　　　2019年2月25日　　　　　　　　　　　元

账存金额	185 360	溢余金额	600.00	溢余短缺原因	自然升溢
实存金额	185 960	短缺金额			
上月本柜组差价率			25%		
溢余商品差价	150	溢余商品进价	450		
短缺商品差价		短缺商品进价			
处理意见	按销售费用处理　2019年2月28日		柜组意见	按销售费用处理	

(1) 财务部门收到商品盘点溢余短缺报告单等凭证的会计处理如下：

借：库存商品——食品柜　　　　　　　　　　　　　　　　　　600
　　贷：待处理财产损溢——食品柜　　　　　　　　　　　　　　450
　　　　商品进销差价——食品柜　　　　　　　　　　　　　　　150

(2) 经管理部门审批，将溢余商品成本结转的会计处理如下：

借：待处理财产损溢——食品柜　　　　　　　　　　　　　　　450
　　贷：销售费用　　　　　　　　　　　　　　　　　　　　　　450

五、库存商品和商品进销差价的明细分类核算

实行售价金额核算的零售企业，应按各实物负责人或柜组（门市部）设置"库存商品"

明细分类账，该账户应按售价计算的总金额进行登记，用以记载和控制各实物负责人或柜组（门市部）所经管的库存商品的收发存状况。

采取分柜组差价率推算法调整商品销售成本的企业，还必须按实物负责人或柜组（门市部）设置"商品进销差价"明细账户，由于"商品进销差价"是"库存商品"账户的抵减账户，在发生经济业务时，这两个账户往往同时发生变动，为了便于记账和随时了解二者的变动情况，实务中可以将"库存商品"与"商品进销差价"账户的明细账合并设立，设置成"库存商品和商品进销差价联合明细分类账"，其格式见表5-12。

表5-12 库存商品和商品进销差价联合明细分类账

部门：服装柜　　　　　　　　　　　　　　　　　　　　　　　　　　　　　　　　元

2019年		凭证号数	摘要	库存商品							商品进销差价			
				借方				贷方						
月	日			购进	调入	调价增值	溢余	销售	调出	调价减值削价	短缺	借或贷	余额	借方	贷方	借或贷	余额
1	1		余额									借	136 400			贷	34 782
	1		购入	1 500											381		
	1		进货退出	1 000											256		
	1		调入		5 000										1 270		
	1		调价增值			500									500		
	1		销售					12 420									
	1		调出						3 000					762			
			调价减值							640		借	126 340	640		贷	35 275

各实物负责人或柜组（门市部）为了掌握本部门商品进销存的动态和销售计划的完成情况，便于向财务部门报账，一般应逐日或定期根据商品经营的各种原始凭证，编制零售商品进销存日报表一式数联，其中一联留存，一联连同有关的原始凭证一并送交财务部门作为账务处理的依据。其格式见表5-13。

由于零售商品进销存日报表的内容与按实物负责人或柜组（门市部）分户设立的"库存商品"明细账的内容基本一致，为简化核算手续，对于一些小型零售企业，可以用零售商品进销存日报表代替明细账。在实务中，当财务部门收到各实物负责人送来的零售商品进销存日报表后，经审核无误，可以将该表分部门并按时间顺序装订成册，加具封面，代替"库存商品"明细账。

表 5-13　零售商品进销存日报表

实物负责人：　　　　　　　　　　　　　　年　月　日　　　　　　　　　　　　　　编号：

项目		金额	项目		金额
上日结存			销售		
今日结存	购进		今日发出	调出	
	调入			委托加工发出	
	委托加工收回			调价减值	
	调价增值			削价	
	溢余			短缺	
				损耗	
			今日结存		
本月销售计划			本月销售累计		

第五节　鲜活商品的核算

一、鲜活商品核算的方法

鲜活商品是指鱼、肉、禽、蛋、蔬菜和瓜果等商品。在流通市场分工中，有一些专门经营鲜活商品的零售企业，同时，在综合性的零售企业中，往往也设有专门经营蔬菜、瓜果、鱼、肉、禽、蛋等鲜活商品的柜组。

（一）鲜活商品在零售流通中的特点

（1）在经营过程中一般都要经过清选整理、分等分级，以便按质论价。
（2）容易损耗和腐烂变质，且损耗数量难以掌握。
（3）随着商品鲜活程度的变化，其价格也要随时调整，价格变化频繁。
（4）鲜活商品交易频繁、数量零星，且往往随进随出。

（二）鲜活商品流通的核算方法

鲜活商品的上述特征，使得在会计核算时难以控制其售价和数量，采用售价金额核算法较为困难，所以在实务中，一般采用进价金额核算法进行核算。

进价金额核算法又称"进价记账、盘存计销"，是指在核算过程中，库存商品总分类账户和明细分类账户都只反映商品的进价金额，不反映实物数量的一种核算方法。即只用进价总金额控制实物负责人或柜组（门市部）经营商品进销存情况。其核算中的要点可以概括为以下几方面：

（1）商品购进后，财务部门根据商品验收单及有关凭证登记总账和明细账，无论总账还是明细账，均只记进价金额，不记数量。

（2）商品销售后，按实际取得的销售收入，贷记"主营业务收入"账户，平时不结转商品的销售成本，也不注销库存商品。

（3）除发生责任事故造成的商品减少需进行账务处理外，对于商品在销售过程中产生的溢余、损耗、调价等均不作账务处理。

（4）月末，通过实地盘点，查明实存数量，用倒挤的方法计算和结转已销商品的进价成本。

二、鲜活商品购进的核算

（一）鲜活商品购进的程序

经营鲜活商品的零售企业，主要是向批发企业购进商品，也可以直接向生产商或农户采购，鲜活商品的采购一般都是同城采购，但随着物流业和保鲜技术的发展，鲜活商品的异地购进也越来越多。

（1）交接方式：提货制、送货制或发货制。

（2）货款结算方式：转账支票和现金结算。

（3）购进的业务流程：由购货单位委派采购员到供货单位采购商品，由供货单位填制专用发票。在采用提货制的情况下，采购员取得专用发票后，当场验收商品。商品运回后，由实物负责人（或柜组）根据采购员带回的专用发票，对商品进行复验。在采用送货制的情况下，则由采购员取回专用发票，直接交与实物负责人（或柜组），由其负责验收。在采用发货制的情况下，专用发票与商品由供货方一并发运，采购员或实物负责人（或柜组）收到后，负责验收。

（二）鲜活商品购进的业务核算

鲜活商品流通无论采用何种交接方式和货款结算方式，各实物负责人或柜组（门市部）验收商品后，都要填制收货单一式数联，将其中一联连同供货单位的专用发票一并送交财务部门进行账务处理。财务部门审核无误后，借记"在途物资"和"应交税费"账户，贷记"银行存款"等账户；根据收货单，借记"库存商品"账户，贷记"在途物资"账户，库存商品的明细账一般按经营类别划分的实物负责人设置。

【例5-23】 东华副食品商厦是一家专门经营鲜活商品的零售企业，根据其经营商品的特点，采用进价金额核算法进行核算。1月3日，从肉联厂购入鲜牛肉一批，货款10 000元，增值税1 300元，牛肉由肉食柜验收后，已将收货单及有关结算凭证转交财务部门，货款签发转账支票付记。会计处理如下：

(1) 根据供货单位的专用发票和转账支票存根做购进处理：

借：在途物资——肉联厂　　　　　　　　　　　　　　　　　　10 000
　　应交税费——应交增值税（进项税额）　　　　　　　　　　 1 300
　　贷：银行存款　　　　　　　　　　　　　　　　　　　　　　　　11 300

(2) 根据肉食柜转来的收货单做入库处理：

借：库存商品——肉食柜　　　　　　　　　　　　　　　　　　10 000
　　贷：在途物资——肉联厂　　　　　　　　　　　　　　　　　　10 000

财务部门要按照实物负责人以进价金额登记库存商品明细分类账，对于购进过程中发生的溢余或短缺,应及时查明原因,并按规定进行账务处理。

三、鲜活商品销售的核算

鲜活商品的销售方式多采用现金交易。当天在营业结束后,财务部门根据各柜组(门市部)交来的当日内部缴款单、零售商品进销存日报表及银行进账单回单进行销售的账务处理。但是,企业取得的销货款是含税的收入,其中包含销项税额,因此需要定期或不定期地将含税收入调整为真正的销售收入。其计算公式如下:

$$销售收入 = \frac{含税收入}{1+增值税税率}$$

企业财务部门根据内部缴款单及计算的结果,借记"库存现金"账户,贷记"主营业务收入"账户和"应交税费"账户;根据银行解款单,借记"银行存款"账户,贷记"库存现金"账户。

【例5-24】 东华副食品商厦1月6日各柜组累计实现销售收入39 550元,其中:肉食柜销售11 300元,蔬菜柜销售5 650元,水果柜销售22 600元。财务部门根据各柜组(门市部)交来的当日内部缴款单、零售商品进销存日报表及银行进账单回单进行会计处理如下:

(1) 分离销项税额,将销售收入入账。

借:库存现金 39 550
 贷:主营业务收入——肉食柜 10 000
      ——蔬菜柜 5 000
      ——水果柜 20 000
  应交税费——应交增值税(销项税额) 4 550

(2) 将收入现金全部解存银行。

借:银行存款 39 550
 贷:库存现金 39 550

四、鲜活商品储存的核算

在进价金额核算法下,鲜活商品在储存过程中发生损耗、调价、削价等情况,不进行账务处理,月末一次性体现在销售成本内,但由责任事故造成的损失要及时查明原因,在分清责任的基础上,根据不同情况进行处理。若为企业损失,列入"营业外支出"账户;若由当事人赔偿,列入"其他应收款"账户。

月末,由各实物负责人对实存商品进行盘点,将盘存商品的数量填入商品盘存表,并以最后一次进货单价作为期末库存商品的单价,计算出各种商品的结存金额,然后采取逆算的方法倒挤出已销商品的销售成本。其计算公式如下:

$$\frac{本期商品}{销售成本} = \frac{期初结存}{商品金额} + \frac{本期收入}{商品金额} - \frac{本期非销售}{发出商品金额} - \frac{期末结存}{商品金额}$$

在实务中,一般可通过编制鲜活商品销售成本计算表进行计算。

【例5-25】 1月31日东华副食品商厦财务部门根据相关资料编制鲜活商品销售成本计算表,见表5-14。

表 5-14 鲜活商品销售成本计算表

2019 年 1 月 31 日　　　　　　　　　　　　　　　　　　　　　　元

柜组	项目	期初结存商品金额	本期销售商品收入金额	本期非销售发出商品金额	期末结存商品金额	本期销售商品成本
肉食柜		21 450	350 876		74 500	297 826
蔬菜柜		570	142 543		2 980	140 133
水果柜		6 750	253 000	350	9 340	250 060
合计		28 770	746 419	350	86 820	688 019

根据以上资料，财务部门的会计处理如下：

借：主营业务成本——肉食柜　　　　　　　　　　297 826
　　　　　　　　——蔬菜柜　　　　　　　　　　140 133
　　　　　　　　——水果柜　　　　　　　　　　250 060
　　贷：库存商品——肉食柜　　　　　　　　　　297 826
　　　　　　　　——蔬菜柜　　　　　　　　　　140 133
　　　　　　　　——水果柜　　　　　　　　　　250 060

进价金额核算法对商品流转的核算最为简便，也更适应鲜活商品流转的核算要求，但是由于其"进价记账、盘存计销"的核算原则，导致平时无法反映出商品的实际库存，易于掩盖日常经营过程中的差错事故和管理不善；将造成的商品损耗计入商品销售成本，不易发现企业在经营管理中存在的问题，因此，企业必须严格进货验收制度、商品管理制度和销售制度，加强对该类商品进销存的控制。

为了弥补进价金额核算法对鲜活商品控制方面的不足，在实务中，可以通过"进价核算、售价控制"的方法对进价金额核算法进行适当的修正，其核算要点主要体现在通过按售价反映的拨货单和销货日报表对各实物负责人所经营商品的零售价格进行控制，当应收数与实收数相差过大时，就反映出可能存在差错或舞弊，应予以重视和查明原因。

这种方法的计算量较大，企业应根据具体情况判断是否采用。

本章小节

零售商品流通是企业通过买卖方式，从生产部门或其他商品流通企业购进商品，再销售给最终消费者的一种活动。它是商品流通的最终环节，具有交易次数繁多且数量零星的特点。为简化核算记账工作，零售企业一般采用售价金额核算法。其核算方法的主要内容有建立实物负责制、对库存商品按售价记账、设置"商品进销差价"账户、加强盘点和健全手续制度。

零售企业无论采用何种形式的商品购进业务，都应根据增值税专用发票、商品验收单、结算凭证、运输费用单据和送货单、零售商品收货单等原始凭证进行分析，以商品含税售价借记"库存商品"账户,商品含税售价与不含税进价之间的差额贷记"商品进销差价"账户。零售企业商品销售有分散收款(直接收款)和集中收款两种收款方式。无论采用何种收款方式,每天收入的销货款,必须按规定及时送存银行。送存银行有分散解缴和集中解缴两种方式。

零售企业商品销售的业务核算主要通过"主营业务收入"和"主营业务成本"账户进行。平时按已销商品的含税售价确认商品销售收入,在确认销售收入的同时,按含税售价结转已销商品的成本,以注销库存商品。月终,做两笔分录调整收入及成本:一是将全月含税销售收入中的销项税额剥离出来,贷记"应交税费——应交增值税(销项税额)"账户;二是按一定的方法计算出全月已销商品应分摊的进销差价,再集中结转调整商品销售成本。

已销商品进销差价的计算方法有综合差价率推算法、分柜组差价率推算法和实际进销差价计算法三种。企业可根据自身管理需要和特点选择已销商品进销差价的计算方法。在实际工作中,为了做到简化计算手续,准确地计算已销商品进销差价,往往在平时采用分柜组差价率推算法,到年终采用实际进销差价计算法,以保证整个会计年度核算资料的准确性。

零售企业为了商品流通正常进行,需要保持适当的商品储存。储存的核算包括调价、削价、内部调拨、盘点溢余和短缺等内容。同时,按其盘点制度,每月至少进行一次定期的全面盘点。商品盘点发生账实不符时,应及时查明原因并进行账务调整。

零售企业鲜活商品的流通具有交易频繁且数量零星、易腐烂变质、损耗数量难以掌握等特点。为简化核算,通常采用进价金额核算法。商品购进后,只记进价金额,不记数量。商品销售后,按实际取得的销售收入,贷记"主营业务收入"账户,平时不结转商品销售成本,定期进行实地盘点,查明实存数量,用倒挤的方法计算并结转商品销售成本。

主要概念

1. 分散收款
2. 集中收款
3. 综合差价率推算法
4. 分柜组差价率推算法
5. 实际进销差价计算法
6. 商品调价
7. 商品削价
8. 商品内部调拨

训练测试

一、单项选择题

1. 零售企业商品流通采用的核算方法是(   )。

A. 进价金额核算法 B. 数量进价金额核算法
C. 售价金额核算法 D. 数量售价金额核算法
2. 采用售价金额核算法的企业在商品销售的同时，将库存商品按售价金额转入"主营业务成本"账户的目的是（   ）。
A. 简化核算工作 B. 及时反映各营业柜组经营商品的库存额
C. 及时反映各营业柜组的经济责任 D. 月末计算和结转已销商品的进销差价
3. 在售价金额核算法下，以不含税进价核算的账户有（   ）。
A. 在途物资 B. 库存商品
C. 主营业务收入 D. 商品进销差价
4. 已销商品进销差价计算偏低，那么（   ）。
A. 期末库存商品价值偏高，毛利也偏高
B. 期末库存商品价值偏低，毛利也偏低
C. 期末库存商品价值偏高，毛利则偏低
D. 期末库存商品价值偏低，毛利则偏高
5. 在售价金额核算法下，商品流通企业"库存商品"明细账的分类标志是（   ）。
A. 商品品名 B. 商品大类
C. 商品规格 D. 营业柜组

二、多项选择题
1. 零售企业商品销售收款方式有（   ）。
A. 分散收款 B. 统一收款
C. 集中收款 D. 同时收款
2. 采用售价金额核算法，月末需要调整的账户有（   ）。
A. 库存商品 B. 商品进销差价
C. 主营业务收入 D. 主营业务成本
3. 借记"商品进销差价"账户，贷记"库存商品"账户的会计分录反映的经济业务有（   ）。
A. 购进商品退价 B. 商品调价
C. 商品削价 D. 商品内部调拨
4. 在售价金额核算法下，已销商品进销差价计算方法有（   ）。
A. 综合差价率推算法 B. 加权平均法
C. 分柜组差价率推算法 D. 实际进销差价计算法
5. 鲜活商品在储存过程中一般不进行账务处理，月末体现在商品销售成本内的情况包括（   ）。
A. 溢余 B. 损耗
C. 调价 D. 内部调拨

三、判断题
1. 采用集中收款方式难以分清销货现金的缺溢和商品的缺溢。（   ）
2. 采用售价金额核算法，企业购进商品发生短缺或溢余时，应按商品售价记"待处理

财产损溢"账户。( )

3. 采用售价金额核算法的企业，由于库存商品按售价记账，因此以视同买断方式的受托代销商品也应按售价记账。( )

4. 平时将已销商品按售价转入"主营业务成本"账户，月末再将其调整为成本价，这是以售价金额核算企业商品销售的特点。( )

5. 计算和结转已销商品进销差价的目的是调整商品销售成本。( )

6. 实物小组为了掌握本部门商品进销存的动态和销售计划完成情况，便于向财务部门报账，要编制商品进销日报表。( )

7. 年终，企业要根据具体情况采用分柜组差价率推算法或实际差价率计算法计算已销商品进销差价。( )

8. 由于零售企业平时"主营业务收入"账户是按含税售价核算的，因此期末结转该账户到"本年利润"账户时也应按含税售价。( )

四、简答题

1. 简述零售商品经营的特点。
2. 简述售价金额核算法的主要内容。
3. 零售商品进销差价的计算方法有哪些？每种方法具有怎样的特点？
4. 鲜活商品在零售流通中具有哪些特点？

五、综合实务题

习题1

目的：掌握零售商品购进、进货退出及进货退补价的核算。

资料：美华商厦1月份发生下列经济业务：

（1）2日，业务部门转来东华服装公司的专用发票，开列女装100套，每套1 200元，货款120 000元，增值税额15 600元，经审核无误，当即签发转账支票付讫。

（2）3日，服装组转来收货单，列明2日购进的女装100套已验收入库，结转其采购成本。该女装零售单价为1 400元。

（3）5日，发现3日入库的女装中有10套质量不符合要求，与东华服装公司联系后同意退货，收到其开来退货的红字专用发票，退回10套女装，退货款尚未收到。

（4）9日，利民服装厂发来女裙100件，附来专用发票（发货联），开列女裙货款35 800元，商品由服装组验收。该女裙零售单价为400元。

（5）10日，利民服装厂开来红字专用发票，更正本月9日所售女裙的单价，每件应为338元，应退货款2 000元，应退增值税额260元。

要求：编制上述业务处理的会计分录。

习题2

目的：掌握零售商品销售的核算。

资料：远航商厦为信用卡特约单位，信用卡手续费率为4%，1月份发生下列经济业务：

（1）6日，各营业柜组商品销售收入的情况见表5-15，实收现金和根据签购单编制的计汇单当天已解存银行。

表 5-15　1 月 6 日各营业柜组商品销售收入情况　　　　　　　　　　　　　　元

柜组	项目	销售收入	实收现金	信用卡签购单
服装组		58 990.00	35 280.00	23 710.00
百货组		65 370.00	53 650.00	11 720.00
食品组		33 220.00	21 850.00	11 370.00
合计		157 580.00	110 780.00	46 800.00

（2）8 日，各营业柜组商品销售收入情况见表 5-16。

实收现金和根据签购单编制的计汇单当天已解存银行，现金溢缺的原因待查。

表 5-16　1 月 8 日各营业柜组商品销售收入情况　　　　　　　　　　　　　　元

柜组	项目	销售收入	实收现金	信用卡签购单	现金溢缺
服装组		69 820.00	57 220.00	12 615.00	+15.00
百货组		53 920.00	40 830.00	13 064.00	−26.00
食品组		34 956.00	34 956.00	11 612.00	−32.00
合计		133 006.00	133 006.00	37 291.00	−43.00

（3）10 日发生的销货溢缺款，查明百货组和食品组的短款系两组的收银员张艳和马丽的工作差错所致，服装组的长款原因不明。经领导批准，短款应由责任人承担，长款予以转账。

要求：编制上述业务处理的会计分录。

习题 3

目的：掌握受托代销商品的核算。

资料：美华商厦发生下列经济业务：

（1）1 月 3 日，化妆品柜根据视同买断方式的受托代销合同，将丽人化妆品厂 500 盒代销的彩妆化妆品验收入库，该化妆品的协议单价为 1 200 元/盒，零售单价为 1 500 元/盒。合同规定每个月末向委托方开具代销清单，据以结算货款。

（2）1 月 10 日，化妆品柜售彩妆化妆品 50 盒，收到现金 75 000 元，已全部解存银行，注销代销商品，并将进项税额按 13% 税率入账。

（3）1 月 31 日，开出代销商品清单后，收到丽人化妆品厂专用发票，开列彩妆化妆品 50 盒，每盒 1 200 元，货款 6 000 元，增值税额 7 800 元，当即签发转账支票付讫。

（4）2 月 1 日，服装柜根据收取手续费方式的受托代销合同，将东华服装厂的 300 套男装验收入库。合同规定该男装的销售单价（不含税）为 1 300 元，增值税率为 13%，代销手续费率为 7%。

（5）2 月 8 日，服装柜销售 60 套男装，收到现金 88 140 元，已全部解存银行，注销代销商品。

(6) 2月28日，开出代销商品清单后，收到东华服装厂专用发票，开列男装60套，每套1 300元，货款78 000元，增值税额10 140元，扣除代销手续费5 460元，签发转账支票支付厂方已售代销商品的全部款项。

要求：编制上述业务处理的会计分录。

习题4

目的：掌握商品销售成本和商品销售收入的调整。

资料：美华商厦某年末经济业务如下：

(1) 美华商厦12月末各有关明细账户的资料见表5-17。

表5-17　12月末有关明细账户的资料　　　　　　　　　　　　　　　元

实物负责人	结账前商品进销差价账户余额	库存商品账户余额	主营业务收入账户余额
服装柜	165 000	158 000	280 000
食品柜	108 000	169 000	250 000
百货柜	130 500	180 000	298 000
合计	403 500	507 000	828 000

(2) 各柜组商品的增值税率均为13%。

(3) 年末各营业柜组编制商品盘存表，分别计算出实际结存商品的购进金额，服装柜115 000元，食品柜124 000元，百货柜126 000元。

要求：

①根据本业务资料（1），分别用综合差价率推算法和分柜组差价率推算法调整商品销售成本。

②根据本业务资料（1）、资料（2），调整本月商品销售收入。

③根据本业务资料（1）、资料（3），用实际进销差价计算法调整商品销售成本。

④比较上述3种调整方法的结果，并分析其产生差异的原因。

第六章

外币业务与国际贸易结算

学习目标

1. 掌握外汇的概念、包括的内容及其确认的条件。
2. 理解外汇的分类。
3. 掌握外汇汇率的概念及标价方法。
4. 理解外币业务及账务处理方法。
5. 掌握汇兑损益的内容。
6. 掌握汇兑损益的归属。
7. 掌握汇兑损益的核算。
8. 理解国际贸易术语的概念及种类。
9. 掌握现汇结算三种方式的业务核算。

第一节 外汇与外汇管理

一、外汇的含义

商品流通企业开展进出口等国际贸易经营活动时,要使用外汇或取得外汇进行国际贸易结算。外汇是国际汇兑的简称,是指以外国货币表示的可用以国际结算的支付手段和资产。

（一）外汇有动态和静态两个概念

动态概念,是指把一国货币兑换成另外一个国家的货币,借以清偿国际债权、债务关系的一种专门性的经营活动,是国际汇兑的简称。

静态概念,是指以外国货币表示的可用于国际结算的支付手段。这种支付手段包括以外币表示的信用工具和有价证券。

（二）外汇通常包括四项内容

（1）外国货币，包括纸币和铸币；
（2）外币支付凭证，包括票据、银行存款凭证和邮政储蓄凭证；
（3）外币有价证券，包括政府债券、公司债券、股票、息票等；
（4）其他外汇资产。

（三）外汇必须同时具备三个条件

（1）可支付性（以外币表示的国外资产）；
（2）可获得性（在国外能得到偿付的货币债权）；
（3）可兑换性（可以兑换成其他支付手段的外币资产）。

二、外汇的分类

外汇可以按不同的标准分类，主要有以下两种：

（一）按受限程度，可分为自由外汇、有限自由外汇和记账外汇三种。

1. 自由外汇

自由外汇是指不需要经过外汇管理当局批准，在国际金融市场上可以随时自由兑换成其他国家的货币，或可以随时自由买卖并可以对任何国家自由支付的货币。目前国际上属于自由外汇的货币有50多种，使用最广泛的有美元、日元、欧元、英镑、瑞士法郎和港元等。

2. 有限自由外汇

有限自由外汇则是指未经货币发行国批准，不能自由兑换成其他货币或对第三国进行支付的外汇。国际货币基金组织规定凡对国际性经常往来的付款和资金转移有一定限制的货币均属于有限自由兑换货币。世界上有一大半国家的货币属于有限自由兑换货币，包括人民币。

3. 记账外汇

记账外汇也称协定外汇或清算外汇，是指不经货币发行国批准，不能自由兑换成其他国家货币或对第三国进行支付，只能在两国政府间签订的支付协定项目所使用的外汇。

（二）按外汇的来源，可分为贸易外汇、非贸易外汇和金融外汇。

1. 贸易外汇

贸易外汇也称实物贸易外汇，是指来源于或用于进出口贸易的外汇，即由于国际上的商品流通所形成的一种国际支付手段。包括货款及其从属费用。

2. 非贸易外汇

非贸易外汇是指进出口贸易以外通过其他方面所收付的外汇。如旅游外汇、劳务外汇、驻外机构经费，以及运输、邮电、银行、保险等部门业务的收支外汇。

3. 金融外汇

金融外汇与贸易外汇、非贸易外汇不同，是一种金融资产外汇，例如银行同业间买卖的外汇，既非来源于有形贸易或无形贸易，也非用于有形贸易，而是为了各种货币头寸的管理和摆布。

三、外汇汇率

外汇汇率简称汇率,又称汇价、牌价、兑换率,是指一国货币折算为另一国货币的比率,也就是用某一国货币表示的另一国货币的价格,或外汇市场买卖外汇的价格。简单说就是两种货币之间的比价。

(一) 外汇汇率的标价方法

外汇汇率的确定,应先选用一国货币作为折合标准。根据选用本国货币还是外国货币作为标准来表示外汇汇率的方法不同,外汇汇率的标价方法分为以下两种:

1. 直接标价法

直接标价法又称应付标价法,是指以一定单位的外国货币作为标准来折算本国货币数量的标价方法。就相当于计算购买一定单位外币所应付多少本币,所以叫应付标价法。采用这种标价方法,外国货币数量固定不变,直接反映本国货币价值的增减变化。

目前世界上绝大多数国家都实行直接标价法。我国国家外汇管理局公布的外汇牌价也采用这种方法,例如:1 美元 = 7.01 元人民币。

采用直接标价法,如折合成本国货币的数量增加,说明外币币值上升或本币币值下跌,即外汇汇率上升或本币汇率下跌;反之,折合成本国货币的数量减少,说明外币币值下跌或本币币值上升,即外汇汇率下跌或本币汇率上升。外汇汇率的升降与本国货币数额增减变动的方向是一致的,即成正比。

2. 间接标价法

间接标价法,又称应收标价法,是指它以一定单位(如 1 个单位)的本国货币为标准,来计算应收若干单位的外国货币,间接地显示出外国货币价值的标价方法。采用这种标价方法,本国货币数量固定不变,间接反映外国货币价值的增减变化。

目前仅有美国、英国、澳大利亚和新西兰等少数国家采用间接标价法,例如:1 美元 = 0.777 8 英镑。

采用间接标价法,折合成外国货币的数量增加,表示外币币值下跌、本币币值上升,即外汇汇率下跌或本币汇率上升;反之,折合成外国货币的数量减少,表示外币币值上升或本币币值下跌,即外汇汇率上升或本币汇率下跌。外汇汇率的升降与本国货币增减变化的方向是相反的,即成反比。

直接标价法和间接标价法所表示的汇率涨跌的含义相同,即外币贬值,本币升值,汇率下降;外币升值,本币贬值,汇率上升,不同之处在于标价方法不同,所以在引用某种货币的汇率和说明其汇率高低涨跌时,必须明确采用哪种标价方法,以免混淆。

在实际应用中,为了便于标价和记账,人民币和外汇业务所涉及的外币一般均以简写符号表示。即人民币:¥;美元:US$;日元:J¥;欧元:€;英镑:£;港元:HK$。

(二) 外汇汇率的分类

外汇汇率根据汇率的不同作用,主要有以下几种分类:

1. 按银行买卖外汇的汇率分类

(1) 买入汇率,又称买入价,是指银行向客户买入外汇时所使用的汇率。

(2) 卖出汇率，又称卖出价，是指银行向客户卖出外汇时所使用的汇率。

(3) 中间汇率，又称中间价，是指银行买入汇率与卖出汇率之间的平均汇率。

2. 按汇率发生的时间分类

(1) 即期汇率，是指企业发生外币业务时的市场汇率，即中国人民银行当日公布的外币汇率。

(2) 历史汇率，是指企业以前的外币业务发生时所使用的汇率。

3. 按企业记账所依据的汇率分类

(1) 记账汇率，是指企业对发生的外币业务进行会计核算时所采用的汇率。

(2) 账面汇率，是指企业以前发生的外币业务登记入账时所采用的汇率，账面汇率也就是历史汇率。

四、外汇管理

(一) 外汇管理的意义

外汇管理是指政府制定外汇管理法令及相应的制度，对境内外外汇买卖、国际结算和外汇汇率所实施的管理。国家通过外汇管理来维持本国的国际收支平衡，稳定本国货币汇率，保护国内市场，促进本国对外经济的发展。

外汇管理是由政府指定或授权某一机构履行实施的。我国的外汇管理机关是国务院外汇管理部门及其分支机构。

(二) 外汇账户的开立

1. 开设外汇账户的程序

随着我国改革开放及对外汇账户管理改革的不断深化，目前，只要企业有需求，即可申请开立外汇账户。单位开立外汇账户必须向外汇管理机关提交开立外汇账户申请报告。设立外汇账户的具体程序如下：

(1) 撰写设立外汇账户的申请报告。

(2) 准备必需的有关材料。企事业单位应持有工商行政管理部门颁发的营业执照；社会团体持有民政部门颁发的社团登记证；其他单位持有国家授权机关批准成立的有效批件。外商投资企业持有外汇管理部门核发的外商投资企业外汇登记证；向境外借款、发行外币债券的单位持有外汇管理部门核发的外债登记证或者外汇（转）贷款登记证。

(3) 持有关材料向外汇管理部门领取外汇账户使用证，并按规定认真填写外汇账户的用途、账户的币种、收支范围、使用期限及相应的结汇方式等。

(4) 经外汇管理部门对外汇账户使用证审核无误并盖章后，发给使用单位，外汇账户即生效。

2. 外汇账户的管理

外汇账户设立后，要严格按外汇账户使用证注明的用途、币种、收支范围、使用期限及结汇方式收支外汇；要正确核算外汇，建立严格的内部外汇收支管理制度，定期与外汇开户银行进行核对，并自觉接受外汇管理部门的监督检查；企业不得出租、出借或者串用外汇账户，不得利用外汇账户非法代其他单位或个人收付、保存或者转让外汇；除外商投资企业的境外投资者和驻华机构以外,其他单位的外汇账户按规定关闭时,其外汇余额必须全部结汇。

(三) 外汇账户体系

外汇账户主要包括以下几类账户:

(1) 购、付汇类账户,是指核算外汇存款、应付外汇账款、应收外汇账款的账户等。

(2) 外汇借款类账户,是指核算短期外汇借款、长期外汇借款的账户等。

(3) 损益类账户,是指核算汇兑损益的账户等。

(四) 购汇的管理

外汇银行对企业购汇实行售汇制。售汇制是指外汇银行受理企业提供国家认可的进口用汇有效凭证,用人民币办理购买及对外支付外汇的制度。

1. 购汇的条件

商品流通企业需要购汇时,必须提供贸易合同、正本提单、发票、费用收据、进口许可证、进口登记表等与支付方式相适应的有效商业单据和凭证。如果采取信用证结算方式,还需提供开证申请书;如果采取进口托收结算方式,还需提供有关付款通知单;如果采取进口汇款结算方式,还需提供汇款申请书。

2. 购汇程序

(1) 将购汇所需要的人民币资金足额地存放在商品流通企业指定的外汇账户中。

(2) 填写一式数联的购买外汇申请书,并将其连同购汇所必须提供的有效商业单据和凭证一并送交外汇指定银行。

(3) 外汇指定银行对商品流通企业提供的资料审核无误后,即办理售汇,并将购买外汇申请书中的一联退还商品流通企业,以完成购汇。

3. 购汇应遵守和注意的事项

(1) 企业购汇必须按规定的要求提供合法的商业单据和凭证,不得伪造,更不得非法套取外汇。

(2) 企业购入尚未支付的外汇,期末应根据有关规定确认汇兑损益。

(3) 企业使用远期支付合同或偿债协议的,可按有关规定向外汇指定银行办理人民币与外币的远期买卖及其他保值业务,以防范汇率风险。

第二节 外币业务与汇兑损益

一、外币业务

外币业务是指企业以记账本位币以外的其他货币进行款项收付、往来结算和计价的经济业务。它主要包括企业购买或销售以外币计价的商品或劳务、企业借入或出借外币资金、承担或清偿以外币计价的债务等。记账本位币是指在会计记账上所采用的,作为会计计量基本尺度的货币币种。

(一) 外币业务的记账方法

商品流通企业开展进出口贸易业务,往往会使用各种可自由兑换的货币,届时必然会发生款项收付、债权债务结算和计价等外币业务。外币的账务处理方法有外币统账制和外币分账制两种。

外币统账制是指企业在发生外币业务时,必须及时折算为记账本位币记账,并以此编制财务报告的制度。

外币分账制是指企业对外币业务在日常核算时按照外币原币进行记账,分别对不同的外币币种核算其所实现的损益,编制各种货币币种的财务报告,在资产负债表日一次性将外币财务报告折算为记账本位币表示的财务报告,并与记账本位币业务编制的财务报告汇总编制整个企业一定会计期间的财务报告的制度。

(二) 外币业务的核算

企业发生的外币业务都应采用复币记账法,在按外币原币登记有关外币明细账户的同时,还应当采用外币交易日的即期汇率的近似汇率将外币金额折算为记账本位币(即人民币)金额记账。即期汇率的近似汇率是指按照系统合理的方法确定的,与交易发生日即期汇率近似的汇率,通常采用当期平均汇率或加权平均汇率等。

1. 外币收入的核算

商品流通企业出口商品取得的外币收入存入外汇账户后,可以根据企业具体的财务状况,做出结汇或不结汇的决定,并据以进行核算。

【例6-1】 东鳌鹿业进出口公司出口鹿茸发生的有关业务如下:

(1) 2月2日,销售给美国特里公司鹿茸一批,发票金额为50 000美元,当日中间汇率为7.02元。

借:应收外汇账款(US$50 000×7.02)　　　　　　　　　　　　351 000
　　贷:主营业务收入——自营出口销售收入　　　　　　　　　351 000

(2) 2月10日,银行收妥款项,送来现汇收账通知,当日美元汇率中间价为7.02元。

借:银行存款——外币存款(US$50 000×7.02)　　　　　　　351 000
　　贷:应收外汇账款(US$50 000×7.02)　　　　　　　　　　 351 000

(3) 2月20日,将20 000美元向银行办理结汇,当日买入汇率为7.01元。

借:银行存款——人民币存款(20 000×7.01)　　　　　　　　140 200
　　汇兑损益　　　　　　　　　　　　　　　　　　　　　　　　200
　　贷:银行存款——外币存款(US$20 000×7.02)　　　　　　140 400

商品流通企业向境外销售商品收取外汇,必须向外汇管理机关办理收汇核销手续。

商品流通企业在商品报关出口前,应向外汇管理机关申领外汇管理机关加盖"监督收汇"章的收汇核销单。在商品报关时,商品流通企业必须向海关出示收汇核销单,凭与收汇核销单编号相符的报关单办理报关手续,否则海关不予受理。商品报关后,海关在收汇核销单和报关单上加盖"放行"章。商品流通企业报关后,必须及时将有关报关单、汇单、发票和收汇核销单存根送交当地外汇管理机关以备核销。商品流通企业在向银行交单时,银行必须凭盖有"放行"章的收汇核销单受理有关出口单据,凡没有附收汇核销单的出口,银行不予受理。出口收汇核销单还是商品流通企业办理出口退税的重要依据。

2. 外币付出的核算

商品流通企业进口商品,需要以外币支付货款及劳务供应时,可以凭有效商业单据和凭证直接从其外汇账户中支付,也可以提供有效商业单据和凭证,向银行购入外汇后再予以支付。

【例6-2】 丽华进出口公司向英国斯坦公司进口商品一批,发票金额为60 000美元,以外汇存款账户款项支付。外汇账户的记账汇率和当日市场中间汇率均为7.01元。

借:在途物资　　　　　　　　　　　　　　　　　　　　　　　　　　420 600
　　贷:银行存款——外币存款(US＄60 000×7.01)　　　　　　　 420 600

商品流通企业向境外采购商品支付进货款,无论以外汇账户中现汇支付,还是购汇支付,都必须向外汇管理机关办理付汇核销手续。

货到汇款结算方式下的进口付汇,由外汇指定银行在凭正本进口货物报关单付汇核销专用联办理进口付汇的同时视为办妥付汇核销手续;其他结算方式下的进口付汇,由商品流通企业凭正本进口货物报关单、贸易进口付汇核销单和进口付汇备案表直接向外汇管理局办理付汇核销手续。

二、汇兑损益

(一)汇兑损益的含义

汇兑损益是指企业在持有外币性资产和发生外币货币性负债期间,由于外币汇率变动而引起的外币货币性资产或负债的价值发生变动而产生的损益。汇兑损益由外币折算差额和外币兑换差额两部分组成。

1. 外币折算差额

外币折算差额是指企业外币账户的记账本位币由于折算的时间不同,采用的折算汇率不同而产生的差额。外币折算差额包括外币货币性项目、外币非货币性项目和外币投入资本项目三方面的会计处理:

(1)外币货币性项目。货币性项目是指企业持有的货币资金和将以固定或可确定的金额收取的资产或者偿付的负债。外币货币性项目是指以外币计量的货币性项目。其分为货币性资产项目和货币性负债项目。货币性资产项目包括库存现金、银行存款、应收账款、其他应收款和长期应收款等;货币性负债项目包括短期借款、应付账款、长期借款、应付债券和长期应付款等。

对于外币货币性项目,因结算或采用期末的即期汇率折算而产生的汇兑差额,计入当期损益,同时调增或调减外币货币性项目的记账本位币金额。

(2)外币非货币性项目。非货币性项目是指货币性项目以外的项目,包括交易性金融资产、存货、长期股权投资、固定资产、无形资产等。外币非货币性项目是指以外币计量的非货币性项目。

①以历史成本计量的外币非货币性项目。这些项目如存货,由于已在交易发生日按当日即期汇率折算,期末不应改变其原记账本位币金额,不产生汇兑差额。

②以公允价值计量的外币非货币性项目。这些项目如交易性金融资产等,采用公允价值确定日的即期汇率折算,折算后的记账本位币金额与原记账本位币金额的差额,作为公允价值变动(含汇率变动)处理,计入当期损益。

(3)外币投入资本项目。企业收到投资者以外币投入的资本,应当采用交易发生日即期汇率折算,不得采用合同约定汇率和即期汇率的近似汇率折算,外币投入资本与相应的货币性项目的记账本位币金额之间不产生外币资本折算差额。

2. 外币兑换差额

外币兑换差额是指外币与记账本位币之间的兑换和不同外币之间的兑换，由于实际兑换汇率与记账汇率不同而产生的差额。

实际兑换汇率是指兑入外币金额时的银行卖出价和兑出外币金额时的银行买入汇率。记账汇率是指外币业务发生的当日的市场汇率的中间汇率。因此，实际兑换汇率与记账汇率之间必然存在差异，从而产生了外币兑换差额。

（二）汇兑损益的归属

1. 因日常经营业务发生的汇兑损益

商品流通企业因日常购进、销售商品和接受提供劳务而发生的汇兑损益，应归属于"汇兑损益"账户。

2. 筹建期间发生的汇兑损益

商品流通企业在筹建期间发生的汇兑损益，应归属于"管理费用"账户。

3. 为购建固定资产而发生的汇兑损益

商品流通企业为购建固定资产而发生的汇兑损益，在固定资产达到预定可使用状态前发生的，应归属于固定资产的购建成本；在固定资产达到预定可使用状态后发生的，应归属于"汇兑损益"账户。

4. 为购置无形资产而发生的汇兑损益

商品流通企业为购置无形资产而发生的汇兑损益，应归属于无形资产的购置成本。

5. 支付股利发生的汇兑损益

商品流通企业支付境外投资者股利或利润发生的汇兑损益，应归属于"汇兑损益"账户。

（三）汇兑损益的核算

在实务中，外币业务按汇兑损益计算和结转的时间不同，分为逐笔结转法和集中结转法两种处理方式。

1. 逐笔结转法

逐笔结转法是指企业每结汇一次，就计算并结转一次汇兑损益的方法。采用逐笔结转法，平时发生的外币业务通常按当日汇率的中间价或买入价、卖出价折算，如与原账面汇率不同时，就立即计算并结转该笔业务的汇兑损益，到期末再将所有的外币账户的期末原记账本位币金额，按当日公布的市场汇率中间价折算的金额作为该外币账户的记账本位币金额，该余额与外币账户原记账本位币之间的差额作为汇兑损益予以转销。

逐笔结转法能够分别反映各笔结汇业务发生的汇兑损益和期末因汇率变动而发生的汇兑损益，但核算的工作量较大。这种方法适用于外币业务不多，但每笔业务交易金额较大的企业。

2. 集中结转法

集中结转法是指企业平时结汇时，按当日的市场汇率核销相关的外币账户，将汇兑损益集中在期末结转的方法。

采用集中结转法，企业平时结汇时，根据具体情况，按当日市场汇率的中间价或买入价、卖出价核销相关的外币账户,不计算结转汇兑损益,到期末再将所有的外币账户的期末原记账本位币金额,按当日公布的市场汇率的中间价计算的金额作为该外币账户的记账本位币余额,该余额与外币账户原记账本位币之间的差额作为汇兑损益,予以集中一次转销。

集中结转法能够集中一次结转汇兑损益,简化了核算工作量,但平时不能反映各笔结业务的汇兑损益。该方法适用于外汇业务多且每笔业务交易金额不大的企业。

为了不引起混乱,企业只能选择上述方法的一种,作为汇兑损益的核算方法,一旦选用,年度内不得变更。

3. 账户设置

"汇兑损益"账户,是损益类账户,用以核算经营国际贸易的商品流通企业由于外币汇率变动而引起的外币货币性资产或负债的价值发生变动而产生的损益。企业发生汇兑损失及将汇兑收益结转"本年利润"账户时,记入借方;企业发生汇兑收益及将汇兑损失结转"本年利润"账户时,记入贷方。

【例6-3】 东华服装进口公司"应收外汇账款"账户1月1日余额为80 000美元,汇率7.02元,人民币为561 600元。后续发生有关的经济业务如下:

(1) 1月8日,销售给美国亨利公司服装一批,发票金额为50 000美元,当日美元汇率中间价为7.02元。

借:应收外汇账款（US＄50 000×7.02） 351 000
　　贷:主营业务收入——自营出口销售收入 351 000

(2) 1月10日,银行收妥上月结欠外汇账款80 000美元,转来收汇通知,当日美元汇率中间价为7.01元。

借:银行存款——外币存款（US＄80 000×7.01） 560 800
　　贷:应收外汇账款（80 000×7.01） 560 800

(3) 1月15日,销售给美国康德公司服装一批,发票金额为55 000美元,当日美元汇率中间价为7.02元。

借:应收外汇账款（US＄55 000×7.02） 386 100
　　贷:自营出口销售收入（55 000×7.02） 386 100

(4) 1月31日,美元汇率中间价为7.01元,计算汇兑损益如下:

应收外汇账款按期末市场汇率计算记账本位币余额＝105 000×7.01＝736 050（元）
应集中结转的汇兑损益＝737 900－736 050＝1 850（元）
根据计算结果结转汇兑损益:

借:汇兑损益 1 850
　　贷:应收外汇账款 1 850

第三节　国际贸易术语

一、国际贸易术语的概念

国际贸易术语又称国际贸易价格条件,是用一个简短的概念和三个英语字母缩写来说明国际贸易商品价格的构成和交易双方各自承担的费用、义务、责任及风险。它是进出口商品价格的一个重要组成部分。

由于国际贸易术语确定了商品交易双方的责任，对进出口商品的运输、保险等各种手续由谁办理，费用由谁负担都做出了具体的规定，因而明确了交易双方承担责任的大小，并表现出不同的价格水平；规定了风险的负担责任，为可能的意外损失的处理提供了依据；确定了商品所有权转移的界限，从而明确了双方的责任，避免了交易中的摩擦。在国际贸易中，国际贸易术语得到了广泛的运用。

二、国际贸易术语的种类

国际贸易术语有一个国际惯例，就是由国际商会制定的、经过多次修订而不断完善的《国际贸易术语解释通则》，它已成为当今国际公认的、具有权威性的国际贸易术语解释通则。国际贸易术语种类较多，在国际上常用的有以下13种：

（1）工厂交货（EXW）；
（2）货交承运人（FCA）；
（3）起运港船边交货（FAS）；
（4）起运港船上交货（FOB）；
（5）成本加运费（CFR）；
（6）成本加保险费、运费（CIF）；
（7）运费付至目的地（CPT）；
（8）运费、保险费付至目的地（CIP）；
（9）边境交货（DAF）；
（10）目的港船上交货（DES）；
（11）目的港码头交货关税已付（DEQ）；
（12）目的地交货关税未付（DDU）；
（13）目的地交货关税已付（DDP）。

在我国的对外贸易中，最常用的国际贸易术语有FOB、CFR和CIF三种，原因在于：一是这三种贸易术语历史悠久，最为各国所熟悉；二是这三种贸易术语都是以货物在装运港装上船或越过船舷为风险划分界限，从而满足了贸易双方都不愿承担在对方国家内所发生风险的心理；三是这三种术语规定了贸易双方都不必到对方国家办理货物交接，所以，对于双方都很方便；四是这三种贸易术语都是规定通过海上运输，降低了运输费用。

（1）起运港船上交货价格（Free On Board，FOB）。起运港船上交货价格简称离岸价格（FOB），它是指由卖方负责在合同规定的日期或期限内，在指定的起运港将商品装上买方指定的船只，并向买方发出装船通知，负担到起船为止的一切费用和风险，货物越过船舷后的费用和风险全部由买方承担的价格条件。这一术语使用时，通常应同时明确起运港的名称，如广州港的船上交货价格即为FOB GuangZhou。

（2）成本加运费价格（Cost and Freight，CFR）。成本加运费价格简称到岸价格（CFR），它是指由卖方负责租船订舱，在合同规定的期限内将商品装上运往指定目的港的船只，支付运费，负担装船前的一切费用和风险，而买方负担保险费的价格条件。这一术语使用时通常应同时明确到达的目的港，如到达大连的成本加运费价格即为 CFR DaLian。

（3）成本加保险费、运费价格（Cost Insurance and Freight，CIF）。成本加保险费、运费价格简称到岸价格（CIF），它是指由卖方负责租船订舱，在合同规定期限内将商品装上运往指定目的港的船上，支付保险费和运费，负担装船前的一切费用和风险的价格条件。这一术语使用时，也应同时明确到达的目的港，如到达青岛的成本加保险费、运费价格即为 CIF QingDao。

现将主要的三种国际贸易术语的关键事项进行比较，见表 6-1。

表 6-1　三种国际贸易术语的比较

贸易术语	交货点	风　险	责任				费用	
			办理运费	办理保险	负责出口清单	负责进口清单	支付运费	支付保险
FOB Free On Board	转运港船舷	在指定转运港过船舷时	买方	买方	卖方	买方	买方	买方
CFR Cost and Freight	转运港船舷	在指定转运港过船舷时	卖方	买方	卖方	买方	卖方	买方
CIF Cost Insurance and Freight	转运港船舷	在指定转运港过船舷时	卖方	卖方	卖方	卖方	卖方	卖方

第四节　国际贸易结算

一、国际贸易结算概述

国际贸易结算是指国家之间对于贸易活动所发生的国际货币收支和国际债权债务的了结和清算。国际贸易结算可分为记账结算和现汇结算两种类型。

记账结算是指贸易双方按照两国政府间签订的支付协定中的有关条款，双方结算都通过两国银行间开立的清算账户记账办理，平时结算不必动用现汇办理支付，到协定年度终了，只对账户的差额进行清算。

现汇结算是指以两国贸易部门签订的贸易合同为依据，办理进出口业务时，双方均以现汇逐笔结清。现汇结算主要采用信用证、汇付和托收三种结算方式，如图 6-1 所示。

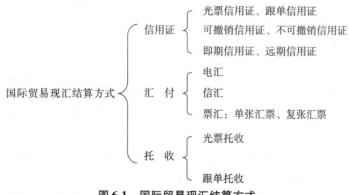

图 6-1　国际贸易现汇结算方式

二、信用证结算方式

信用证是指由开证行根据开证申请人（进口商）的要求和指示，向受益人（出口商）开立一定金额，并在一定期限内凭规定的单据承诺付款的凭证。

（一）信用证结算方式的当事人

（1）开证申请人：指向银行申请开立信用证的单位，即进口商。

（2）开证行：指接受开证申请人开立并签发信用证的银行。一般在开证申请人的所在地。

（3）通知行：指收到开证行的信用证，负责核实其真实性，并通知受益人的银行。一般在受益人的所在地。

（4）受益人：指信用证的权利拥有者，即出口商。

（5）议付行：指应受益人的请求，买入或贴现信用证项下票据及单据的银行。

（6）付款行：指由开证行指定的在单据相符时付款给受益人的银行。

（二）信用证的基本内容

信用证包括以下基本内容：

（1）开证行名称、地址和开证日期。

（2）信用证的性质及号码。

（3）开证申请人名称。

（4）受益人名称、通知行名称和地址。

（5）信用证的最高金额和采用的货币。

（6）开证的依据。

（7）信用证的有效期限和到期地点。有效期限是指银行承担信用证付款的期限，如果出口商交单的时间超过了规定的有效期限，银行可因信用证逾期而解除其付款责任；到期地点是指在哪个国家及地区到期。

（8）汇票和单据条款。受益人（出口商）应凭汇票取款，信用证应列明汇票的付款人，汇票是即期还是远期，汇票应附的单据，单据的份数以及单据所列商品的名称、品质、数量、单价、金额、包装等。

（9）商品装运条款。包括装运港、目的港、装运期限、运输方式、能否分批装运和转运等。

（10）保证责任条款。它是开证行确定履行付款责任的依据。

（三）信用证的分类

1. 按是否规定附有货运单据分类

（1）光票信用证，是指出口商可在商品装运并取得提单或发票、垫款清单以后就开出汇票请求银行议付的信用证。对于出口商来说，光票信用证实际上具有预先取得货款的作用。

（2）跟单信用证，是指附有货运单据的汇票或仅凭货运单据付款的信用证。采取跟单信用证结算时，银行以自己的信用担保进口商在支付货款时一定能够得到代表商品所有权的单据，也担保出口商在运出商品、交出货运单据后就一定能收到货款。采取跟单信用证结算为购销双方的利益提供了一定程度的安全保障,因此跟单信用证在国际贸易结算中被广泛采用。

2. 按开证行承担的责任分类

(1) 可撤销信用证,是指开证行对所开信用证不必征得受益人同意,在议付行议付之前,可随时撤销或修改的信用证。由于这种信用证对出口商风险较大,因此很少被采用。

(2) 不可撤销信用证,是指开证行对所开出的信用证,未征得受益人的同意,不得单方面撤销或修改所规定的各项条款的信用证。由于这种信用证对出口商有保障,因此在国际贸易中被广泛地采用。按照国际惯例,信用证如未注明"可撤销"字样,即视为不可撤销信用证。

3. 按对汇票支付的期限分类

(1) 即期信用证,是指开证行或付款行在收到符合信用证条款规定的汇票和单据后,立即履行付款义务的信用证,即期信用证有利于迅速安全地收汇,在国际贸易结算中使用得较多。

(2) 远期信用证,是指开证行或付款行收到符合信用证条款规定的汇票和单据后,不立即履行付款义务,待汇票到期时才能支付货款的信用证。对于出口商来说,采用远期信用证时,要先垫付款项和承担汇票有效期内汇率变动的风险,所以收汇的安全程度低于即期信用证。

(四) 信用证结算方式的基本程序

信用证结算方式的基本程序如图 6-2 所示。

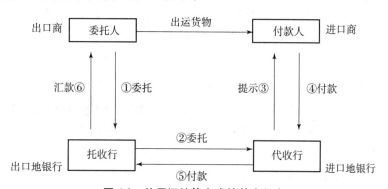

图 6-2 信用证结算方式的基本程序

(五) 信用证结算方式的特点

1. 开证行负第一付款责任

信用证是一种银行信用,开证行以自身的信用做出付款的承诺,对受益人承担第一付款责任,是首先付款人。

2. 信用证是一项独立文件

信用证的开立虽然是以贸易合同为依据的,但是它与贸易合同是两种不同性质的文件,银行只对信用证负责,不受贸易合同的约束,也不对贸易合同负任何责任。

3. 信用证结算业务以单据为依据

根据国际惯例,信用证的当事人只对信用证负责,受益人提交的单据只有符合信用证条款的规定,开证行才能付款,以维护开证申请人和受益人各方的权益。

(六) 信用证结算方式的核算

1. 进口商的核算

当进口商进口商品采用信用证结算时,向银行申请开证后,银行根据进口商的信用等级,确定其交存保证金的比率,进口商按确定的比率向银行存入保证金时,借记"其他货币资金"账户,贷记"银行存款"账户,支付的开证手续费列入"财务费用"账户。进口商付款赎取单证时,借记"在途物资"账户,贷记"其他货币资金"和"银行存款"账户。

【例6-4】 东华商贸公司向美国亨利服装贸易公司进口女装一批。

(1) 1月5日,向银行申请开立信用证70 000美元,按开证金额的25%支付保证金17 500美元,当日美元汇率中间价为7.02元。会计处理如下:

借:其他货币资金——信用证保证金存款(US＄17 500×7.02)　　122 850
　　贷:银行存款——外币存款(US＄17 500×7.02)　　　　　　　122 850

(2) 1月5日,用银行存款支付银行开证手续费800元,会计处理如下:

借:财务费用——手续费　　　　　　　　　　　　　　　　　　　800
　　贷:银行存款　　　　　　　　　　　　　　　　　　　　　　　800

(3) 1月10日,收到银行转来进口女装的发票、提单等单据,金额70 000美元,当日美元汇率中间价为7.02元,扣除已支付的25%保证金,当即付清全部款项。会计处理如下:

借:在途物资　　　　　　　　　　　　　　　　　　　　　　　491 400
　　贷:其他货币资金——信用证保证金存款(US＄17 500×7.02)　122 850
　　　　银行存款——外币存款(US＄52 500×7.02)　　　　　　　368 550

2. 出口商的核算

出口商在商品发运后,签发汇票,连同全部单据及信用证送交银行办理议付手续时,借记"应收外汇账款"账户,贷记"主营业务收入"账户;向银行支付的议付手续费列入"财务费用"账户。当收到银行转来的收汇通知时,借记"银行存款"账户,贷记"应收外汇账款"账户。

【例6-5】 东华商贸公司向美国某公司出口牛仔裤一批。

(1) 1月10日,向美国某公司发运牛仔裤一批,金额45 000美元,当日美元汇率中间价为7.02元,送交银行办理议付手续。会计处理如下:

借:应收外汇账款(US＄45 000×7.02)　　　　　　　　　　　　315 900
　　贷:主营业务收入——自营出口销售收入　　　　　　　　　　315 900

(2) 1月10日,支付银行议付手续费680元,会计处理如下:

借:财务费用——手续费　　　　　　　　　　　　　　　　　　　680
　　贷:银行存款　　　　　　　　　　　　　　　　　　　　　　　680

(3) 1月15日,收到银行转来的收汇通知,金额为45 000美元,当日美元汇率中间价为7.02元。会计处理如下:

借:银行存款——外币存款(US＄45 000×7.02)　　　　　　　　315 900
　　贷:应收外汇账款　　　　　　　　　　　　　　　　　　　　315 900

三、汇付结算方式

汇付是指汇款人（进口商）主动将款项交给汇出行，由汇出行委托收款人所在地的汇入行将款项转交收款人（出口商）的结算方式。

（一）汇付结算方式的当事人

(1) 汇款人，即付款方，也就是进口商。
(2) 汇出行，是指受汇款人（进口商）委托将款项付给收款人的银行。
(3) 汇入行，是指受汇出行的委托将款项付给收款人的银行。
(4) 收款人，即受益人，也就是出口商。

（二）汇付结算方式的种类

汇付结算方式按采用通知的方式不同可分为以下三类：
(1) 电汇，是指汇出行应汇款人的要求以电信方式委托汇入行向收款人付款的结算方式。该方式的特点是速度快，但费用高。
(2) 信汇，是指汇出行应汇款人的要求以信函方式委托汇入行向收款人付款的结算方式。该方式的特点是速度较慢，但费用较低。
(3) 票汇，是指汇款人向汇出行购买银行汇票寄给收款人，由收款人据以向汇票上指定的银行收取款项的结算方式。票汇是以银行即期汇票作为结算工具的。

汇票有单张汇票和复张汇票两种。单张汇票为防止遗失，应双挂号，它通常用于数额较小的汇票；复张汇票有正副两张，如遇汇票迟到或遗失时，可凭副张兑换。因此正、副两张汇票应分别邮寄，它通常用于数额较大的汇票。

（三）汇付结算方式的基本程序

1. 电汇、信汇结算方式的基本程序

(1) 进口商交付款项委托汇款。进口商（汇款人）根据合同或经济事项将汇款交付汇出行，并填写电汇或信汇申请书，委托汇款行行汇出款项。
(2) 汇出行接受委托。汇出行接受汇款委托，将电汇或信汇申请书回执退给汇款人。
(3) 汇出行通知汇入行付款。汇出行通过电信工具或邮寄信汇委托书，委托汇入行解付汇款。
(4) 汇入行通知收款人收取汇款。汇入行收到电信通知或信汇委托书，经审核无误后，将汇款通知单交付收款人。
(5) 出口商收取汇款。出口商（收款人）持盖章的汇款通知单向汇入行收取汇款。

电汇、信汇结算方式的基本程序如图6-3所示。

2. 票汇结算方式的基本程序

(1) 交付款项购买银行汇票。进口商（汇款人）根据合同或经济事项向汇出行交付款项，购买银行汇票。
(2) 交付银行汇票。经汇出行审核无误后，交付汇款人银行汇票。
(3) 邮寄银行汇票。汇款人将银行汇票邮寄给收款人（出口商）。
(4) 邮寄汇付通知书。汇出行将汇付通知书邮寄给汇入行通知其付款。

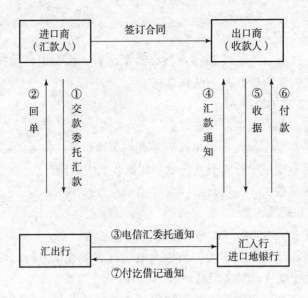

图6-3 电汇、信汇结算方式的基本程序

(5) 凭银行汇票取款。收款人凭银行汇票向汇入行收取汇款。
(6) 汇入行解付汇款。经汇入行审核无误后，解付汇款。
票汇结算方式的基本程序如图6-4所示。

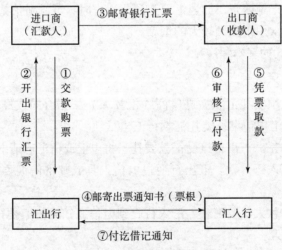

图6-4 票汇结算方式的基本程序

(四) 汇付结算方式的特点及适用性

汇付结算方式完全是建立在商业信用基础上的结算方式。交易双方根据合同或经济事项预付货款或货到付款，预付货款，进口商有收不到商品的风险；而货到付款，出口商则有收不到货款的风险。

由于汇付结算方式的风险较大，这种结算方式只有在进出口双方高度信任的基础上才适用。此外，结算货款尾差、支付佣金、归还垫款、索赔理赔、出售少量样品等也可以采用。

(五)汇付结算方式的核算

1. 进口商的核算

进口商采取预付货款方式进口商品,在预付货款时,借记"预付外汇账款"账户,贷记"银行存款"账户。在收到商品提单和发票等单证时,借记"在途物资"账户,贷记"预付外汇账款"账户。

【例6-6】 美华商贸公司向亨利服装贸易公司进口男装一批。

(1) 1月5日,根据合同规定预先汇付亨利服装贸易公司货款60 000美元,当日美元汇率中间价为7.01元。会计处理如下:

借:预付外汇账款(US $60 000×7.01)	420 600
贷:银行存款——外币存款(US $60 000×7.01)	420 600

(2) 1月20日,收到亨利服装贸易公司发来商品的发票60 000美元,当日美元汇率中间价为7.02元。会计处理如下:

借:在途物资(US $60 000×7.02)	421 200
贷:预付外汇账款(US $60 000×7.01)	420 600
汇兑损益	600

进口商采取货到付款方式进口商品,在收到出口商寄来商品提单和发票等单据时,借记"在途物资"账户,贷记"应付外汇账款"账户;在汇付商品货款时,借记"应付外汇账款"账户,贷记"银行存款"账户。

2. 出口商的核算

如果出口商要求进口商采取预付货款方式出口商品,在收到货款时,借记"银行存款"账户,贷记"预收外汇账款"账户。然后在销售发运商品时,再借记"预收外汇账款"账户,贷记"主营业务收入"账户。

【例6-7】 美华商贸公司向美国某公司出口服装一批。

(1) 1月5日,根据合同规定预收该公司订购的服装款85 000美元,存入银行,当日美元汇率中间价为7.02元。会计处理如下:

借:银行存款——外币存款(US $85 000×7.02)	596 700
贷:预收外汇账款(US $85 000×7.02)	596 700

(2) 1月10日,销售发运给美国公司服装一批,金额85 000美元,当日美元汇率中间价为7.02元。会计处理如下:

借:预收外汇账款(US $85 000×7.02)	596 700
贷:主营业务收入——自营出口销售收入	596 700

当进口商要求采取货到付款方式时,出口商必须先发运商品,寄出商品提单和发票;此时应借记"应收外汇账款"账户,贷记"主营业务收入"账户;当收到货款时,再借记"银行存款"账户,贷记"应收外汇账款"账户。

四、托收结算方式

托收是指由委托人(出口商)开立汇票或者连同货运单据,委托托收行通过其在付款人所在地的分行或代理行向债务人（进口商）收取款项的结算方式。

（一）托收结算方式的当事人

（1）委托人，是指开立汇票或连同单据委托银行向付款人办理托收的单位，也就是出口商。

（2）托收行，是指接受委托人的委托，再转托付款人所在地银行办理托收的银行。通常在委托人所在地。

（3）代收行，是指接受托收行的委托，参与处理托收代向付款人收款的银行。

（4）付款人，又称受票人，是指根据托收指示被提示单据并被要求付款或承兑汇票的单位，也就是进口商。

（二）托收结算方式的种类

按照托收汇票是否附有商业货运单据，可分为光票托收和跟单托收两种。

1. 光票托收

光票托收是指委托人仅开立汇票，而不随附任何商业货运单据，委托银行收取款项的托收方式。对于虽附有发票、垫款清单等单据，但不是整套货运单据的，也属于光票托收。

通常适用于收取货款尾数、代垫费用、佣金、样品费、索赔款等小额款项的业务。

2. 跟单托收

跟单托收是指委托人开立跟单汇票，连同整套货运单据一并交给银行并委托银行收取款项的托收方式。跟单托收根据交单的条件不同，又可分为付款交单和承兑交单两种。

（1）付款交单是指代收行必须在付款人付清票款后，才将货运单据交给付款人的一种交单条件。付款交单按其支付的时间不同，还可分为即期付款交单和远期付款交单。

即期付款交单是指代收行将提示汇票给付款人，付款人见票后立即付款赎单的交单条件。

远期付款交单是指代收行将提示汇票给付款人要求承兑，付款人承兑汇票后，在汇票到期日前付清票款，赎取货运单据的交单条件。

（2）承兑交单是指代收行待付款人承兑汇票后，将货运单据交给付款人，于汇票到期日前由付款人履行付款义务的一种交单条件。

（三）托收结算方式的基本程序

托收结算方式的基本程序如图6-5所示。

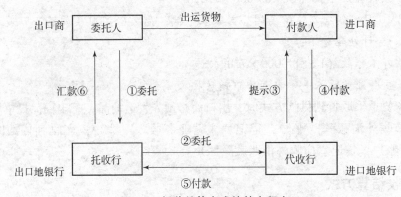

图6-5 托收结算方式的基本程序

（四）托收结算方式的特点

托收结算方式手续较为简单，银行费用较低，出口商必须先将商品装运上船后，才能向银行办理托收，对进口商比较有保障。托收是建立在商业信用基础之上的，如果进口商由于某种原因，不按合同履行付款义务，出口商将蒙受损失，所以对出口商而言存在一定的风险。

（五）托收结算方式的核算

1. 进口商的核算

（1）跟单托收付款交单。进口商收到银行转来的跟单托收付款交单结算凭证，在支付款项赎取全套货运单据时，借记"在途物资"账户，贷记"银行存款"账户。

【例6-8】 美华商贸公司从美国进口红酒一批，收到银行转来的跟单托收付款交单凭证及全套货运单据，货款50 000美元，予以支付，当日美元汇率中间价为7.01元。会计处理如下：

借：在途物资　　　　　　　　　　　　　　　　　　　　　　　　350 500
　　贷：银行存款——外币存款（US＄50 000×7.01）　　　　　　　350 500

（2）跟单托收承兑交单。当进口商收到银行转来的跟单托收承兑交单结算凭证，予以承兑，取得了全套货运单据时，借记"在途物资"账户，贷记"应付票据——外汇票据"账户。在付清货款时，再借记"应付票据——外汇票据"账户，贷记"银行存款"账户。

【例6-9】 1月10日，美华商贸公司从英国进口一批服装，收到银行转来的跟单托收承兑交单凭证及全套货运单据，货款60 000英镑，予以支付，当日英镑汇率中间价为9.01元；1月20日付清货款，当日英镑汇率中间价为9.02元。会计处理如下：

（1）1月10日予以支付时：
借：在途物资　　　　　　　　　　　　　　　　　　　　　　　　540 600
　　贷：应付票据——外汇票据（£60 000×9.01）　　　　　　　　540 600

（2）1月20日付清货款时：
借：应付票据——外汇票据　　　　　　　　　　　　　　　　　　540 600
　　汇兑损益　　　　　　　　　　　　　　　　　　　　　　　　　　600
　　贷：银行存款——外币存款（£60 000×9.02）　　　　　　　　541 200

2. 出口商的核算

出口商按合同要求装运商品上船，在向银行办妥托收手续后，借记"应收外汇账款"账户，贷记"主营业务收入"账户；待收到货款时，再借记"银行存款"账户，贷记"应收外汇账款"账户。

【例6-10】 美华商贸公司向美国某公司出口女装一批。

（1）1月10日，根据合同规定将服装装运上船，并向银行办妥跟单托收手续，货款60 000美元，当日美元汇率中间价为7元。会计处理如下：

借：应收外汇账款（US＄60 000×7）　　　　　　　　　　　　　　420 000
　　贷：主营业务收入——自营出口销售收入　　　　　　　　　　　420 000

（2）1月15日，收到银行转来美国公司支付60 000美元的收账通知，当日美元汇率中间价为 7.02 元。会计处理如下：

借：银行存款——外币存款（US＄60 000×7.02）　　　　　　　421 200
　　贷：应收外汇账款　　　　　　　　　　　　　　　　　　　　420 000
　　　　汇兑损益　　　　　　　　　　　　　　　　　　　　　　　1 200

本章小节

　　外汇是国际汇兑的简称，是指以外国货币表示的可用以国际结算的支付手段和资产。它有动态和静态两个范畴。

　　动态概念，是指把一国货币兑换成另外一个国家的货币，借以清偿国际债权、债务关系的一种专门性的经营活动，是国际汇兑的简称。

　　静态概念，是指以外国货币表示的可用于国际结算的支付手段。这种支付手段包括以外币表示的信用工具和有价证券。

　　外汇通常包括四项内容：①外国货币，包括纸币和铸币；②外币支付凭证，包括票据、银行存款凭证和邮政储蓄凭证；③外币有价证券，包括政府债券、公司债券、股票、息票等；④其他外汇资产。

　　外汇必须同时具备三个条件：①可支付性（以外币表示的国外资产）；②可获得性（在国外能得到偿付的货币债权）；③可兑换性（可以兑换成其他支付手段的外币资产）。

　　外汇按受限程度，可分为自由外汇、有限自由外汇和记账外汇三种；按外汇的来源，可分为贸易外汇、非贸易外汇和金融外汇。

　　外汇汇率简称汇率，又称汇价、牌价、兑换率，是指一国货币折算为另一国货币的比率，也就是用某一国货币表示的另一国货币的价格，或外汇市场买卖外汇的价格。简单说就是两种货币之间的比价。

　　外汇汇率的确定，应先选用一国货币作为折合标准。根据选用本国货币还是外国货币作为标准来表示外汇汇率的方法不同，外汇汇率的标价方法分为直接标价法和间接标价法两种。

　　直接标价法，又称应付标价法，是指以一定单位的外国货币作为标准来折算本国货币数量的标价方法。就相当于计算购买一定单位外币所应付多少本币，所以叫应付标价法。采用这种标价方法，外国货币数量固定不变，直接反映本国货币价值的增减变化。

　　采用直接标价法，如折合成本国货币的数量增加，说明外币币值上升或本币币值下跌，即外汇汇率上升或本币汇率下跌；反之，折合成本国货币的数量减少，说明外币币值下跌或本币币值上升，即外汇汇率下跌或本币汇率上升。外汇汇率的升降与本国货币数额增减变动的方向是一致的，即成正比。我国国家外汇管理局公布的外汇牌价采用直接标价法。

　　间接标价法，又称应收标价法，是指它是以一定单位（如 1 个单位）的本国货币为标准，来计算应收若干单位的外国货币，间接地显示出外国货币价值的标价方法。采用这种标价方法，本国货币数量固定不变，间接反映外国货币价值的增减变化。

　　采用间接标价法，折合成外国货币的数量增加，表示外币币值下跌、本币币值上升，即外汇汇率下跌或本币汇率上升；反之，折合成外国货币的数量减少，表示外币币值上升或本币币值下跌，即外汇汇率上升或本币汇率下跌。外汇汇率的升降与本国货币增减变化的方向是相反的，即成反比。

外币业务是指企业以记账本位币以外的其他货币进行款项收付、往来结算和计价的经济业务。外币的账务处理方法有外币统账制和外币分账制两种。

汇兑损益是指企业在持有外币性资产和发生外币货币性负债期间，由于外币汇率变动而引起的外币货币性资产或负债的价值发生变动而产生的损益。汇兑损益由外币折算差额和外币兑换差额两部分组成。在实务中，外币业务按汇兑损益计算和结转的时间不同，分为逐笔结转法和集中结转法两种处理方式。

在我国的对外贸易中，最常用的国际贸易术语有 FOB、CFR 和 CIF 三种。

国际贸易结算是指国家之间对于贸易活动所发生的国际货币收支和国际债权债务的了结和清算。国际贸易结算可分为记账结算和现汇结算两种类型。现汇结算主要采用信用证、汇付和托收三种结算方式。

主要概念

1. 外汇
2. 外汇汇率
3. 直接标价法
4. 间接标价法
5. 外币业务
6. 外币统账制
7. 外币分账制
8. 汇兑损益
9. 外币折算差额
10. 外币兑换差额
11. 逐笔结转法
12. 集中结转法
13. 国际贸易术语
14. 国际贸易结算

训练测试

一、单项选择题

1. 外汇按是否能够自由兑换分为自由外汇和（　　）
   A. 贸易外汇　　　　B. 旅游外汇　　　　C. 非贸易外汇　　　　D. 记账外汇
2. 采用直接标价法，如折合成本国货币的数量增加，说明（　　）。
   A. 本币币值上升　B. 外币币值下降　C. 外汇汇率上升　D. 本币汇率上升
3. 采用间接标价法，如折合成外国货币的数量减少，说明（　　）。

A. 外币币值下降　　B. 本币币值下降　　C. 外汇汇率下降　　D. 本币汇率上升
4. 外汇汇率按银行买卖外汇分，包括买入汇率、卖出汇率和（　　）。
   A. 中间汇率　　　B. 即期汇率　　　C. 记账汇率　　　D. 账面汇率
5. 我国外汇管理机关是（　　）。
   A. 外交部　　　　　　　　　　　　B. 国务院外汇管理部门及分支机构
   C. 中国人民银行　　　　　　　　　D. 发改委
6. 企业筹建期间的汇兑损益应归属于（　　）账户。
   A. 汇兑损益　　　B. 管理费用　　　C. 财务费用　　　D. 销售费用
7. 国际贸易术语中的CFR英文缩写表示（　　）。
   A. 船上交货价格　　　　　　　　　B. 离岸价格
   C. 成本加运费价格　　　　　　　　D. 成本加保险费、运费价格
8. 信用证按是否附有货运单据分为光票信用证和（　　）。
   A. 即期信用证　　B. 远期信用证　　C. 跟单信用证　　D. 可撤销信用证

二、多项选择题

1. 外汇包括（　　）和其他外汇资产。
   A. 外国货币　　　　　　　　　　　B. 外币支付凭证
   C. 外币有价证券　　　　　　　　　D. 外币性负债
2. 下列国家中采用间接标价法的有（　　）。
   A. 中国　　　　　B. 英国　　　　　C. 美国　　　　　D. 新西兰
3. 下列应归属于"汇兑损益"账户的有（　　）。
   A. 日常经营活动业务发生的汇兑损益　　B. 购置无形资产发生的汇兑损益
   C. 筹建期间发生的汇兑损益　　　　　　D. 支付股利发生的汇兑损益
4. 集中结转法适用于（　　）的企业。
   A. 外币业务不多　B. 交易金额较大　C. 外币业务多　　D. 交易金额不大
5. 现汇结算主要采用（　　）结算方式。
   A. 信用卡　　　　B. 信用证　　　　C. 汇付　　　　　D. 托收
6. 信用证结算方式的特点有（　　）。
   A. 收汇有保证　　　　　　　　　　B. 开证银行负第一性付款责任
   C. 信用证是一项独立文件　　　　　D. 信用证结算业务以单据为依据
7. 在国际贸易中被广泛采用的有（　　）。
   A. 光票信用证　　B. 跟单信用证　　C. 可撤销信用证　D. 不可撤销信用证
8. 汇付结算方式除了用于货款结算外，还可用于（　　）及出售少量样品。
   A. 结算货款尾款　B. 支付佣金　　　C. 归还垫款　　　D. 索赔理赔

三、判断题

1. 账面汇率也就是历史汇率。　　　　　　　　　　　　　　　　　　　　（　　）
2. 买入汇率或卖出汇率是指客户向银行买入外汇或客户向银行卖出外汇时所使用的汇率。　　　　　　　　　　　　　　　　　　　　　　　　　　　　　　　（　　）
3. 外汇银行对企业实行售汇制。　　　　　　　　　　　　　　　　　　　（　　）

4. 企业发生的外币业务都应当采用记账本位币记账。（　）
5. 以历史成本计量的外币非货币性项目会产生汇兑差额。（　）
6. 外币业务按汇兑损益计算和结转时间不同，分为分期结转法和集中结转法。（　）
7. 我国采用的 FOB、CFR 和 CIF 三种价格，都是由卖方负责租船订舱。（　）
8. 票汇是以银行即期汇票作为结算工具的。（　）

四、简答题

1. 简述外汇包括的内容及其确认条件。
2. 简述直接标价法下，本国货币数量与外汇汇率的变动规律。
3. 简述间接标价法下，外国货币数量与外汇汇率的变动规律。
4. 简述汇兑损益的归属。
5. 简述逐笔结转法的操作过程、特点及其适用性。
6. 简述集中结转法的操作过程、特点及其适用性。

五、综合实务题

习题 1

目的：练习外币业务的核算。

资料：飞越进出口公司出口人参发生有关业务如下：

(1) 1 月 5 日，销售给美国卡特公司人参一批，发票金额 60 000 美元，当日美元汇率中间价为 7.02 元。

(2) 1 月 15 日，银行收妥款项，送来现汇收账通知，当日美元汇率中间价为 7.02 元。

(3) 1 月 20 日，将 50 000 美元向银行办理结汇，当日美元汇率中间价为 7.01 元。

要求：编制会计分录。

习题 2

目的：练习汇兑损益的核算。

资料：1 月 1 日，华夏进出口公司"应收外汇账款"账户余额为 50 000 美元，当日中间汇率为 7.02 元，人民币为 351 000 元，接着发生如下业务：

(1) 1 月 5 日，销售给美国特里公司人参一批，发票金额为 45 000 美元，当日中间汇率为 7.02 元。

(2) 1 月 10 日，银行收妥前欠款项 50 000 美元，送来收汇通知，当日中间汇率为 7.01 元。

(3) 1 月 20 日，销售给美国亨利公司人参一批，发票金额 55 000 美元，当日中间汇率为 7.01 元。

(4) 1 月 31 日，当日中间汇率为 7.02 元。

要求：根据业务资料，分别按照逐笔结转法和集中结转法编制会计分录，计算并结转汇兑损益。

习题 3

目的：练习信用证结算方式的核算。

资料：东方进出口公司 10 月向美国巨人公司购进运动鞋一批。

(1) 5 日，向银行申请开立信用证 100 000 美元，按开证金额的 30% 支付保证金 30 000

美元，当日中间汇率为 7.02 元。

（2）5 日，以银行存款支付银行开证手续费 960 元。

（3）14 日，收到银行转来的收汇通知，是巨人公司货款，金额 100 000 美元，当日美元汇率中间价为 7.02 元。

（4）20 日，销售给美国超人公司服装一批，已发运商品，货款 60 000 美元，当日美元汇率中间价为 7.02 元，送交银行办理议付手续。

（5）20 日，以银行存款支付议付手续费 565 元。

（6）25 日，收到银行转来的收汇通知，金额为 60 000 美元，当日美元汇率中间价为 7.02 元。

要求：编制会计分录。

习题 4

目的：练习汇付和托收结算方式的核算。

资料：中国龙进出口公司 6 月份发生下列有关经济业务：

（1）3 日，根据合同预先汇付英国伦敦公司货款 50 000 英镑，当日英镑汇率中间价为 9.02 元。

（2）10 日，收到英国伦敦公司发来商品的发票等单据，金额 50 000 英镑，当日英镑汇率中间价为 9.02 元。

（3）11 日，根据合同规定预收意大利米兰公司 60 000 欧元，当日欧元汇率中间价为 7.73 元。

（4）13 日，销售发运商品给意大利米兰公司，货款 60 000 欧元，当日欧元汇率中间价为 7.73 元。

（5）24 日，根据合同规定销售给美国希尔顿公司服装一批，货款 80 000 美元，当日美元汇率中间价为 7.01 元，服装已装运，并向银行办妥跟单托收手续。

（6）29 日，收到银行转来美国希尔顿公司支付 80 000 美元的收账通知，当日美元汇率中间价为 7.02 元。

要求：编制会计分录。

第七章

国际贸易进口业务核算

学习目标

1. 理解进口贸易的概念。
2. 理解进口贸易的种类。
3. 了解进口贸易的业务程序。
4. 掌握自营进口商品采购成本的构成。
5. 掌握自营进口业务和代理进口业务的核算。

第一节 进口贸易业务概述

一、进口贸易业务的意义

进口贸易业务是指企业以外汇在国际市场上采购商品，满足国内生产和人民生活需要的业务。

进口贸易业务与出口贸易业务相辅相成，是构成商品流通外贸企业的一项重要业务。自2000年《中华人民共和国对外贸易法》出台后，国家对企业申请进出口权的政策已完全放开，并无注册资金及年进出口额的限制，只要企业营业执照等基本证件齐全、一致，即可申请，民营企业与个体工商户也可以申请进出口权。因此，企业可以委托外贸企业进行进出口贸易，也可以自行进行。

通过进口贸易业务可以引进先进技术，进口先进的生产设备和国内紧缺的原材料和燃料，提升我国的科技水平、生产能力和国际竞争力。通过出口贸易可以增加我国外汇收入，有利于平衡国际收支，减少国际贸易摩擦。促进我国进口贸易业务的增长，可以扩大我国与世界各国的经济交往，达到共同发展的目的。

二、进口贸易业务的种类

进口贸易业务按其经营性质不同,主要可分为自营进口业务和代理进口业务两种。

(一) 自营进口业务

自营进口业务是指企业自己经营进口贸易并自己负担进口盈亏的业务。

(二) 代理进口业务

代理进口业务是指外贸企业代理国内委托单位与外商签订进口贸易合同,并负责对外履行合同的业务。代理进口业务时,外贸企业只收取一定比例的手续费。

三、进口贸易业务的程序

进口贸易有进口贸易前的准备工作、签订进口贸易合同、履行进口贸易合同以及对内销售与结算四个业务程序。进口贸易业务的程序如图7-1所示。

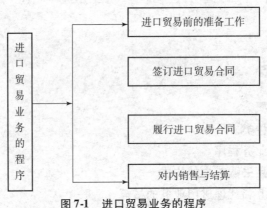

图7-1 进口贸易业务的程序

(一) 进口贸易前的准备工作

外贸企业应根据国内市场的需求情况和国际市场上商品的价格、供应商的资信情况等来确定进口贸易业务。对于国家规定必须申请许可证的进口商品,外贸企业必须按规定申请领取许可证,然后与国内客户签订供货合同,明确进口商品的名称、规格、质量、价格、交货日期、结算方式等内容,做到以销定进。

(二) 签订进口贸易合同

外贸企业在与国内客户协商签订供货合同的同时,与国外出口商通过询盘、发盘、还盘与反还盘和接受四个环节进行磋商,在磋商成功的基础上与国外出口商签订进口贸易合同。

(三) 履行进口贸易合同

企业履行进口贸易合同可分为以下五个环节:

1. 开立信用证

企业根据进口贸易合同上规定的日期,向其所在地的外汇银行申请开立信用证,信用证的内容必须与进口贸易合同的条款相一致。

2. 督促对方及时发货和办理必要的手续

企业开立信用证后,在合同规定的交货期前,应督促国外出口商及时备货,按时装船。

以 FOB 价格成交的合同，应由企业负责办理租船订舱工作，并委托外轮运输公司办理，及时将船名、船期等通知出口商。以 FOB 价格或 CFR 价格成交的合同，企业还应在收到出口商的装船通知后，立即将船名、开船日期、提单号数、商品名称、数量、装运港、目的港等通知保险公司，据以办理货运保险。

3. 审核单据和付款赎单

企业收到银行转来的国外出口商的全套结算单据后，应对照信用证，核对单据的种类、份数和内容。只有在单证相符，单单相符的情况下，才能凭全套结算单据向开证行办理进口付款赎单手续，如发现单证不符，应及时通知开证行全部或部分拒付。

4. 海关报关和货物接运

进口商品到达港口后，应及时办理海关报关和货物接运工作，计算交纳税款和港口费用。

5. 商品检验和索赔

企业应及时请商检部门对进口商品进行检验，对发现商品数量、品种、质量、包装等与合同或信用证不符的，出具商品检验证明书，据以在合同规定的索赔期限内，根据损失的原因和程度向出口商、运输公司或保险公司进行索赔。

（四）对内销售与结算

企业收到运输公司船舶到港通知及相关单据后，应根据合同向国内客户开出发票，办理结算。

四、进口贸易业务单据的审核

在国际贸易中，主要采取信用证结算方式。外贸企业进口业务涉及的单据主要有发票和提单。发票与提单由出口商开具，而进口商则凭单付款。因此，进口商在收到银行转来的全套单据时，要根据进口贸易合同和信用证的有关条款检查单据的种类、份数和内容是否完整。具体审核应注意以下问题：

（一）发票

发票是指出口商开出的商品价值的清单。它是交易双方收付款的依据，也是交易双方记账的原始凭证，还是出口商在出口地和进口商在进口地报关交税的计算依据，因此，必须严格进行审核。首先，审核发票的内容必须与进口贸易合同及信用证的条款内容相一致；其次，发票中有关项目的内容必须与其他有关的单据核对相符；最后，发票上的总金额不得超过信用证规定的最大限额。

（二）提单

提单是指承运单位签发的承运商品收据，即商品装入船舱后签发的提单。它是出口商商品发货的证明，也是进口商提货的依据。如果是收讫备运提单，应进一步审核是否有承运单位加注的"已装船"字样，否则不能轻易接收；然后进一步核对提单上所列商品的毛重、净重与发票及重量单上所列的内容是否相符，有关唛头、装运港、目的港、运费支付情况与进口贸易合同及信用证的规定是否相符等。

外贸企业收到全套单据后，必须严格审核。只有在单证相符、单单相符的基础上，才能办理付汇手续,以确保企业的正当权益。

第二节　自营进口业务的核算

一、自营进口商品成本的构成

自营进口商品的采购成本由国外进价和进口税金两部分组成。

(一) 国外进价

进口商品的进价一律以 CIF 价格为基础,若与出口商以 FOB 价格或 CFR 价格成交,则商品离开对方口岸后,应由企业负担的国外运费和保险费均应作为商品的国外进价入账。企业收到的能够直接认定的进口商品佣金,应冲减商品的国外进价。对于难以按商品直接认定的佣金,如累计佣金,则冲减"销售费用"账户。

(二) 进口税金

进口税金是指进口商品在进口环节应交纳的计入进口商品成本的各种税金。它包括海关征收的关税和消费税。关税包括从价计征和从量计征两种。商品进口环节交纳的增值税是价外税,不是进口商品采购成本的构成部分,应将其列入"应交税费"账户。

进口商品在国内销售环节交纳的各种税,不构成进口商品的采购成本。进口商品抵达中国口岸以后的费用,如港务费、过港费、卸船费等,一律计入销售费用,不计入商品的采购成本。

各项税费的计算公式为:

(1) 从价税关税税额 = 关税完税价格 × 关税税率
　　　　　　　　　 = 应税进口货物数量 × 单位完税价格 × 关税税率

　　从量税关税税额 = 应税进口货物数量 × 单位货物关税税额

(2) 应交消费税 = 组成计税价格 × 消费税税率

　　组成计税价格 = (关税完税价格 + 关税) ÷ (1 - 消费税税率)

(3) 应交增值税 = 组成计税价格 × 增值税税率

　　组成计税价格 = 关税完税价格 + 关税 + 消费税

二、自营进口商品购进的核算

企业采购国外商品主要采用信用证结算方式。当进口企业收到银行转来的国外全套结算单据时,将其与信用证及合同条款核对相符后,才能付款赎单。届时,借记"在途物资"账户,贷记"银行存款"账户;当支付国外运费和保险费时,应借记"在途物资"账户,贷记"银行存款"账户。

进口商品运抵我国口岸,向海关申报进口关税、消费税和增值税时,根据进口关税和消费税的合计数,借记"在途物资"账户,贷记"应交税费"账户;收到出口商付来的佣金时,借记"银行存款"账户,贷记"在途物资"账户;对于难以按商品直接认定的佣金,如累计佣金,则借记"银行存款"账户,贷记"销售费用"账户。

当进口商品采购完毕,验收入库,结转其采购成本时,借记"库存商品"账户,贷记

"在途物资"账户；支付进口商品的关税、消费税和增值税时，应借记"应交税费"账户，贷记"银行存款"账户。

【例7-1】 美华商贸公司根据进口贸易合同从意大利公司进口红酒3 000箱，采用信用证结算。

（1）1月5日，接到银行转来国外全套结算单据，开列红酒3 000箱，每箱50欧元FOB价格，货款150 000欧元，审核无误后，购汇予以支付，当日欧元汇率卖出价为7.73元。

会计处理如下：

借：在途物资——意大利公司（€150 000×7.73）   1 159 500
    贷：银行存款——外币存款   1 159 500

（2）1月10日，购汇支付进口红酒国外运费900欧元，保险费100欧元，当日欧元卖出价为7.73元。会计处理如下：

借：在途物资——意大利公司（€1 000×7.73）   7 730
    贷：银行存款——外币存款   7 730

（3）1月12日，意大利红酒运达我国口岸，假设关税税率为20%，消费税税率为10%，增值税税率为13%，向海关申报红酒应交进口关税233 446元，应交消费税155 631元，应交增值税202 320元。会计处理如下：

借：在途物资——意大利公司   389 077
    贷：应交税费——应交进口关税   233 446
            ——应交消费税   155 631

（4）1月16日，意大利公司付来佣金1 500欧元，当日欧元汇率买入价为7.74元，收到银行转来结汇单。会计处理如下：

借：银行存款——外币存款   11 610
    贷：在途物资——意大利公司   11 610

（5）1月20日，进口红酒验收入库，结转其采购成本。会计处理如下：

借：库存商品——库存进口商品   1 544 697
    贷：在途物资——意大利公司   1 544 697

（6）1月29日，用银行存款支付进口红酒的进口关税、消费税和增值税。会计处理如下：

借：应交税费——应交进口关税   233 446
           ——应交消费税   155 631
           ——应交增值税（进项税额）   202 320
    贷：银行存款   591 397

三、自营进口商品销售收入的核算

（一）自营进口商品销售收入的确认

商品流通企业自营进口商品在国内销售时，应以开出进口结算凭证向国内客户办理货款结算的时间作为商品销售收入确认的时间。进口商品的结算方式有单到结算、货到结算和出库结算三种结算方式。在实务中,具体选择哪种结算方式,应以进口企业与客户协商后确定的合同为准。

1. 单到结算

单到结算是指不论进口商品是否已到达中国港口,进口企业只要收到国外出口商通过银行转来的全套结算单据,经审核符合合同规定,即可向国内用户办理货款结算,以此为条件,作为销售收入的实现。

2. 货到结算

货到结算是指进口企业收到外运公司通知,进口商品已到达中国港口后才向国内客户办理货款结算,以此为条件,作为销售收入的实现。

3. 出库结算

出库结算是指进口企业的进口商品到货后已验收入库,销售时办理出库手续并依据出库凭证、提货凭证和运输凭证等向国内用户办理货款结算,以此为条件,作为销售收入的实现。

(二) 自营进口商品销售的业务核算

【例7-2】 东华商贸公司从美国劳拉公司进口高档手表一批,采用信用证结算,采取单到结算方式销售给美华商厦。

(1) 1月6日,接到银行转来的国外全套结算单据,采用CIF价格,货款30 000美元,佣金1 000美元,审核无误,扣除佣金支付货款,当日美元汇率为7.02元。会计处理如下:

借:在途物资 (US$29 000×7.02) 203 580
　　贷:银行存款——外币存款 203 580

(2) 1月10日,接到销售部门转来的增值税专用发票,注明销售给美华商厦的手表货款250 000元,增值税32 500元,收到华美商厦签发的转账支票。会计处理如下:

借:银行存款 282 500
　　贷:自营进口销售收入 250 000
　　　　应交税费——应交增值税(销项税额) 32 500

(3) 1月15日,商品运抵中国口岸,向海关申报进口关税40 716元,应交增值税31 758元。会计处理如下:

借:在途物资 40 716
　　贷:应交税费——应交关税 40 716

(4) 1月20日,向美国采购高档手表业务结束,结转其销售成本。会计处理如下:

借:自营进口销售成本 244 296
　　贷:在途物资 244 296

(5) 1月28日,支付进口商品的进口关税和增值税。会计处理如下:

借:应交税费——应交关税 40 716
　　应交税费——应交增值税(进项税额) 31 758
　　贷:银行存款 72 474

（三）自营进口商品销售采取货到结算的核算

外贸企业自营进口商品采取货到结算的方式时，在进口商品到达我国港口后，进口商品采购成本的归集已经完成。因此，企业与国内客户办理货款结算时，在反映自营进口商品销售收入的同时，也可以结转其销售成本。具体核算方法与自营进口商品采取单到结算的核算方法相同，不再重述。

（四）自营进口商品销售采取出库结算的核算

外贸企业自营进口商品销售采取出库结算方式时，进口商品在验收入库时，借记"库存商品"账户，贷记"在途物资"账户。

进口商品入库后再出库销售给国内客户时，根据应收的款项借记"应收账款"账户，根据销售金额贷记"自营进口销售收入"账户，根据应收的增值税贷记"应交税费"账户；同时根据其入库时的成本结转销售成本，借记"自营进口销售成本"账户，贷记"库存商品"账户。

四、自营进口商品采取单到结算方式销售其他业务的核算

（一）销货退回的核算

企业采取单到结算方式销售时，在接到银行转来的国外全套结算单据后，商品购进的核算与商品销售的核算同步进行，但如果商品运达我国港口后发现进口商品质量与合同规定严重不符，进口企业就要根据商检部门出具的商品检验证明书，按照合同规定与国外出口商联系，将商品退回给出口商，收回货款及进口费用或退货费用，然后向国内客户办理退货手续。

【例7-3】 在例7-2中，东华商贸公司购进的高档手表运到时，商检局出具的商品检验证明书证明该批手表为不合格产品，经与出口商联系，同意做退货处理。

(1) 2月3日，购汇垫付退还美国公司高档手表国外运费850美元，保险费150美元，当日美元卖出价为7.02元。会计处理如下：

借：应收外汇账款——美国公司　　　　　　　　　　　　　　　　7 020
　　贷：银行存款——外币存款　　　　　　　　　　　　　　　　　　7 020

(2) 2月3日，将该批高档手表做进货退出处理，并向税务部门申请退还已支付的税款。会计处理如下：

借：应收外汇账款——美国公司　　　　　　　　　　　　　　　　203 580
　　应交税费——应交进口关税　　　　　　　　　　　　　　　　　40 716
　　贷：自营进口销售成本　　　　　　　　　　　　　　　　　　　　244 296

(3) 2月10日，同时做销货返回处理，开出红字专用发票，应退美华商厦货款250 000元，增值税32 500元。会计处理如下：

借：银行存款　　　　　　　　　　　　　　　　　　　　　　　　282 500
　　贷：自营进口销售收入　　　　　　　　　　　　　　　　　　　　250 000
　　　　应交税费——应交增值税（销项税额）　　　　　　　　　　　32 500

(4) 2月20日，收到美国公司退回的货款及代垫费用30 000美元，当日美元汇率买入价为7.01元，收到银行转来的结汇单。会计处理如下：

借：银行存款——外币存款　　　　　　　　　　　　　　210 300
　　汇兑损益　　　　　　　　　　　　　　　　　　　　　　300
　　　贷：应收外汇账款——美国公司　　　　　　　　　　　210 600

(5) 2月28日，收到税务机关退还高档手表的进口关税40 716元和增值税31 758元，会计处理如下：

借：银行存款　　　　　　　　　　　　　　　　　　　　72 474
　　　贷：应交税费——应交进口关税　　　　　　　　　　　40 716
　　　　　　　　　——应交增值税（进项税额）　　　　　　31 758

自营进口商品销售采取入库结算方式销售时，由于进口商品是入库以后再销售给国内客户的，所以，当国内客户因商品质量等原因退货时，与国内销售退货的处理相同。

（二）索赔理赔的核算

自营进口商品销售采取单到结算方式，当进口商品到达时，所有权已属于国内客户，由其检验商品。如果发生商品短缺、质量与合同规定不符的情况，应区别情况进行处理。如果属于运输单位责任或属于保险公司负责赔偿的范围，由国内客户向运输单位或保险公司索赔；如果属于国外出口商的责任，应由外贸企业根据商检部门出具的商品检验证明书在合同规定的对外索赔期限内向出口商提出索赔，并向国内客户理赔。

【例7-4】 利民副食进出口公司2月从美国利特公司购进大豆300吨，每吨270美元CIF价格，共计货款81 000美元，佣金1 500美元，当日卖出汇率为7.02元，交纳进口关税111 618元，增值税87 062元。这批大豆采取单到结算方式，已售给北方豆油厂，每吨2 000元，共计货款600 000元，增值税78 000元，款项已收妥入账。3月3日，大豆到达港口，北方豆油厂检验大豆时发现其中30吨已变质。

(1) 3月5日，收到北方豆油厂转来的商检部门出具的商品检验证明，30吨大豆变质系美国利特公司的责任，于是向外商提出索赔，经协商后，外商同意赔偿7 950美元，予以冲减商品的销售成本。做会计分录如下：

借：应收外汇账款——利特公司（US＄7 950×7.02）　　　55 809
　　　贷：自营进口销售成本　　　　　　　　　　　　　　　55 809

(2) 3月5日，同时作销货退回处理，开出红字专用发票，应退货款60 000元，增值税7 800元。做会计分录如下：

借：自营进口销售收入　　　　　　　　　　　　　　　　60 000
　　应交税费——应交增值税（销项税额）　　　　　　　　7 800
　　　贷：应付账款——北方豆油厂　　　　　　　　　　　　67 800

(3) 3月10日，向税务机关申请退还30吨变质大豆的进口关税11 161.8元。做会计分录如下：

借：应交税费——应交进口关税　　　　　　　　　　　　11 161.8
　　　贷：自营进口销售成本　　　　　　　　　　　　　　　11 161.8

(4) 3月25日，收到美国利特公司付来的赔偿款7 950美元，当日美元汇率买入价为

7元，予以结汇。做会计分录如下：

　　借：银行存款　　　　　　　　　　　　　　　　　　　　　　55 650
　　　　汇兑损益　　　　　　　　　　　　　　　　　　　　　　　　159
　　　　贷：应收外汇账款——利特公司　　　　　　　　　　　　　　　55 809

（5）3月31日，收到税务机关退还30吨变质大豆的进口关税11 161.8元，增值税8 706.2元，存入银行。做会计分录如下：

　　借：银行存款　　　　　　　　　　　　　　　　　　　　　　19 868
　　　　贷：应交税费——应交进口关税　　　　　　　　　　　　　11 161.8
　　　　　　　　　　——应交增值税（进项税额转出）　　　　　　 8 706.2

第三节　代理进口业务的核算

一、代理进口业务的概述

代理进口业务是指具有进出口经营权的商品流通企业受国内客户委托办理进口业务的经营活动。

（一）代理进口业务的核算原则

（1）受托企业经营代理业务，应遵循不垫付进口商品资金的原则，必须由委托方预付代理进口商品的资金，代理方在收妥预付资金后，方可与国外出口商签订进口合同。

（2）受托企业在办理代理进口业务时，以本企业名义对外签订进口合同。

（3）代理进口业务发生的国外运费、保险费等一切直接费用，均由委托方负担。

（4）代理进口商品支付的关税、增值税、消费税等税款，由委托方承担或由受托方垫付后再向委托方收回。

（5）受托进口商品对委托方的结算采取单到结算方式，以实际进口成本按CIF价格核算。

（6）代理手续费按CIF价格与合同规定的比例收取。

（7）代理进口商品销售实现的盈亏由委托方负责。

（二）代理进口业务的确认内容

由于外贸企业在代理进口时不垫付资金，不负担盈亏，应由委托单位自行负责。委托单位在收到代理单位办理货款结算时，作为进口商品购进业务处理。代理进口业务的确认内容包括以下几项：

（1）国外货款。即按进口合同成交的进口商品货款。

（2）国外运保费。即以FOB价格（装运港船上交货价格）成交的进口商品，按合同支付的国外运保费用。

（3）进口税金。即进口商品应支付的进口关税、增值税、消费税等。

（4）银行财务费用。即在银行办理进口商品国际结算时收取的费用。

（5）外运劳务费。即外运公司办理商品国外运输的代办手续费。

(6) 代理商手续费。即外贸企业办理进口业务收取的手续费。一般比例为 CIF 价格（成本加保险费和运费）的 3%~5%。

代理进口业务中，一律由代理方负责对外付汇和办理有关进口核销手续，进口货款由委托方及时向代理方支付。

（三）代理进口业务收入的确认

外贸企业代理进口业务，应以开出进口结算单，向国内委托单位办理货款结算的时间确认销售收入的实现。

由于外贸企业经营代理进口业务前，已与委托单位签订了代理进口合同或协议，就代理进口商品的名称、价款条件、运输方式、费用负担、风险责任、手续费率等有关内容做出了详细的规定，以明确双方的权利和责任。因此，当银行转来全套结算单据，经审核无误，支付进口商品货款的同时，也就可以向国内委托单位办理货款结算，即代理进口商品的销售已经实现。

二、代理进口业务的核算

商品流通企业代理进口业务通常要求委托单位预付货款，在收到委托单位的预付货款时，借记"银行存款"账户，贷记"预收账款"或"预收外汇账款"账户；在银行转来国外全套结算单据时，将其与信用证或合同条款核对无误后，通过银行向国外出口商承付款项时，借记"预收账款"账户，贷记"银行存款"账户；同时，外贸企业业务部门根据代理进口商品金额 CIF 价格的一定比例开具收取代理手续费的发票，财务部门根据业务部门转来的发票（记账联）确认代理进口业务销售收入的实现，据以借记"预收账款"账户，贷记"其他业务收入"账户。

【例 7-5】 通达商贸公司接受美华商厦的委托，从美国进口运动鞋一批。

(1) 美华商厦将进口运动鞋所需要资金通过银行提前支付给通达商贸公司，共计 2 500 000 元。会计处理如下：

借：银行存款 2 500 000
　　贷：预收账款——美华商厦 2 500 000

(2) 通达商贸公司从美国阿耐公司购进代理进口的运动鞋，以 FOB 价格成交，采用信用证结算。通达商贸公司购汇支付国外运费 1 500 美元，保险费 200 美元，当日美元汇率卖出价为 7.02 元。会计处理如下：

借：预收账款——美华商厦 11 934
　　贷：银行存款——外币存款 11 934

(3) 通达商贸公司收到银行转来的美国阿耐公司全套结算单据，开列运动鞋 300 双，每双 550 美元 FOB 价格，共计货款 165 000 美元，佣金 2 000 美元。审核无误，扣除佣金后支付货款，当日美元汇率卖出价为 7.02 元。会计处理如下：

借：预收账款——美华商厦 1 144 260
　　贷：银行存款——外币存款 1 144 260

(4) 通达商贸公司在付款的同时，按规定对进口运动鞋按货款 CIF 价格的 3% 向美华商厦收取代理手续费 5 001 美元，当日美元汇率中间价为 7.02 元。会计处理如下：

借：预收账款——美华商厦 35 107.02
　　贷：其他业务收入 35 107.02

（5）美国阿耐公司的运动鞋运达我国口岸，向海关申报应交进口关税（10%）115 619.4元、消费税（10%）141 312.6元、增值税236 062.68元。

借：预收账款——美华商厦 492 994.68
　　贷：应交税费——应交进口关税 115 619.4
　　　　　　——应交消费税 141 312.6
　　　　　　——应交增值税（进项税额） 236 062.68

（6）支付代理进口运动鞋的进口关税、消费税和增值税。

借：应交税费——应交进口关税 115 619.4
　　　　　——应交消费税 141 312.6
　　　　　——应交增值税（进项税额） 236 062.68
　　贷：银行存款 492 994.68

（7）退回多收的美华商厦预付款815 704.3元。

借：预收账款——美华商厦 815 704.3
　　贷：银行存款 815 704.3

由于在本例中，代理进口企业与国外出口商签订的协议是FOB价格，而计算手续费一般按照CIF价格，所以，计算手续费时应按照FOB价格的进口商品货款加上国外运费和保险费计算。

本章小节

进口贸易业务是指企业以外汇在国际市场上采购商品，满足国内生产和人民生活需要的业务。进口贸易业务按其经营性质不同，主要可分为自营进口业务和代理进口业务两种。

自营进口业务是指企业自己经营进口贸易并自己负担进口盈亏的业务。

代理进口业务是指外贸企业代理国内委托单位与外商签订进口贸易合同，并负责对外履行合同的业务。代理进口业务时，外贸企业只收取一定比例的手续费。

进口贸易有进口贸易前的准备工作、签订进口贸易合同、履行进口贸易合同以及对内销售与结算四个业务程序。在国际贸易中，主要采取信用证结算方式。外贸企业进口业务涉及的单据主要有发票和提单。

自营进口商品的采购成本由国外进价和进口税金两部分组成。

自营进口商品进口税金的计算公式如下：

（1）从价税关税税额＝关税完税价格×关税税率
　　　　　　　　　＝应税进口货物数量×单位完税价格×关税税率
　　从量税关税税额＝应税进口货物数量×单位货物关税税额

（2）应交消费税＝组成计税价格×消费税税率

其中：

组成计税价格＝（关税完税价格＋关税）÷（1－消费税税率）

(3) 应交增值税＝组成计税价格×增值税税率

其中：

$$组成计税价格 = 关税完税价格 + 关税 + 消费税$$

进口商品的结算有单到结算、货到结算和出库结算三种结算方式。

代理进口业务是指具有进出口经营权的商品流通企业受国内客户委托办理进口业务的经营活动。

外贸企业经营代理业务，应遵循不垫付进口商品资金，不负担进口商品的国内外直接费用，也不承担进口业务盈亏；只根据进口商品金额CIF价格，按规定的代理手续费率向委托单位收取代理手续费的原则。

外贸企业代理进口业务，应以开出进口结算单，向国内委托单位办理货款结算的时间确认销售收入的实现。

主要概念

1. 进口贸易业务
2. 自营进口业务
3. 代理进口业务
4. 发票
5. 提单
6. 进口税金
7. 单到结算
8. 货到结算
9. 出库结算

训练测试

一、单项选择题

1. 自营进口商品的国外进价一律以（　　）为基础。
   A. 船上交货价格　　　　　　　　B. 成交价格
   C. 成本加运费价格　　　　　　　D. 成本加运费、保险费价格

2. 自营进口商品销售采取（　　）时，进口商品采购的核算与销售的核算几乎同时进行。
   A. 单到结算　　　　　　　　　　B. 货到结算
   C. 出库结算　　　　　　　　　　D. 单货同到结算

3. 自营进口商品的采购，发生难以确认的累计佣金，应冲减（　　）。
   A. 管理费用　　　　　　　　　　B. 销售费用
   C. 国外进价　　　　　　　　　　D. 进货费用

4. 代理进口业务发生的国外运费、保险费等一切直接费用，均由（　　）负担。
　　A. 委托方　　　　　　　　　　B. 受托方
　　C. 出口商　　　　　　　　　　D. 中介

二、多项选择题

1. 进口贸易业务按其经营性质不同，主要分为（　　）两种。
　　A. 委托进口业务　　　　　　　B. 受托进口业务
　　C. 自营进口业务　　　　　　　D. 代理进口业务
2. 自营进口商品常用的结算方式有（　　）。
　　A. 单到结算　　　　　　　　　B. 货到结算
　　C. 单货同到结算　　　　　　　D. 出库结算
3. 以 CFR 价格成交的，商品的采购成本还应包括（　　）。
　　A. 国外运费　　　　　　　　　B. 国外保险费
　　C. 进口关税　　　　　　　　　D. 消费税
4. 采用信用证结算对发票的内容进行审核时，要求（　　）。
　　A. 发票的内容必须与进口贸易合同的内容相一致
　　B. 发票的内容必须与信用证的条款内容相一致
　　C. 发票有关项目的内容必须与其他有关的单据核对相符
　　D. 发票上的总金额不得超过信用证规定的最大限额

三、判断题

1. 进口贸易审核的单据主要有发票和提单。　　　　　　　　　　　　　　　　（　　）
2. 企业收到银行转来的国外出口商的全套结算单据后，应对照信用证，只有在单证相符的情况下，才能凭全套结算单据向开证行办理进口付款赎单手续。　　　　　（　　）
3. 提单是指承运单位签发的承运商品收据，即商品出库后签发的提单。（　　）
4. 企业收到的能够直接认定的进口商品佣金，应冲减销售费用。　　　　（　　）
5. 外贸企业代理手续费按 CFR 价格与合同规定的比例收取。　　　　　　（　　）

四、简答题

1. 进口贸易业务的程序包括哪些？
2. 简述自营进口商品成本的构成。
3. 代理进口业务的核算原则包括哪些？

五、综合实务题

习题 1

目的：练习自营进口商品购进和销售的核算。

资料：美华进出口公司采用信用证结算方式向美国大山公司进口巧克力一批，商品销售采取出库结算方式，2月份发生如下经济业务：

（1）5日，接到银行转来的美国大山公司全套结算单据，列明巧克力500箱，每箱100美元 FOB 价格，共计货款 50 000美元，经审核无误，购汇予以支付，当日卖出价汇率为7.02元。

（2）6日，购汇支付进口商品国外运费 1 000美元，保险费200美元，当日美元卖出价为7.02元。

(3) 12日，巧克力运到我国口岸，向海关申报进口关税、消费税和增值税，税率分别为10%、10%和13%。

(4) 15日，美国大山公司汇来佣金1 500美元，当日美元买入价为7.0元，予以结汇。

(5) 20日，从大山公司运来的500箱巧克力已验收入库，结转其采购成本。

(6) 21日，以银行存款支付进口巧克力的进口关税、消费税和增值税。

(7) 25日，销售给万利公司进口巧克力200箱，每箱800元，货款160 000元，增值税20 800元。收到转账支票，货款已存入银行。

(8) 结转200箱进口巧克力的销售成本。

要求：根据业务资料编制会计分录。

习题2

目的：练习代理进口商品业务的核算。

资料：东华进出口公司受美华商厦委托代理进口服装。5月份发生如下经济业务：

(1) 5日，收到美华商厦预付代理进口服装款500 000元，存入银行。

(2) 8日，购汇支付意大利公司服装国外运费1 000美元，保险费200美元，当日美元卖出价为7.02元。

(3) 15日，收到银行转来的意大利公司全套结算单据，开列服装500件，每件FOB价格为120美元，共计货款60 000美元，佣金2 000美元，经审核无误，扣除佣金后购汇支付货款，当日美元卖出价为7.02元。

(4) 15日，按代理进口服装货款CIF价格的4%向美华商厦结算代理手续费，当日汇率中间价为7.02元。

(5) 20日，从意大利公司运来的服装运达我国口岸，向海关申报进口关税、消费税和增值税，税率分别为20%、10%和13%。

(6) 28日，以银行存款支付代理进口服装的进口关税、消费税和增值税。

(7) 30日，签发转账支票，将代理业务多余款项退还美华商厦。

要求：根据业务资料编制会计分录。

第八章

国际贸易出口业务核算

学习目标

1. 理解出口贸易业务的种类。
2. 理解出口商品购进核算的方法。
3. 了解自营出口销售的业务程序。
4. 掌握自营出口销售收入的计价。
5. 掌握自营出口销售的核算。
6. 理解代理出口销售业务应遵循的原则。
7. 掌握代理出口销售外汇货款结算的方法。
8. 掌握代理出口销售业务的核算。
9. 了解加工补偿出口销售业务的种类。
10. 掌握加工补偿出口销售业务的核算。

第一节 出口贸易业务概述

一、出口贸易业务的意义

出口贸易业务是指商品流通企业组织工农业产品在国际市场上销售，取得外汇的业务。出口贸易业务是由商品流通企业中的外贸企业经营的，它是外贸企业的一项重要业务。商品出口收汇是我国外汇收入的主要来源，它为进口我国经济发展所需要的先进生产设备和用于满足提高人民生活水平的商品创造了条件。

一个国家的出口贸易和进口贸易是相辅相成的，没有出口贸易，也就没有进口贸易。出口贸易大于进口贸易，外汇收支表现为顺差，构成了外汇储备的来源，它标志着一个国家的支付能力和经济实力。

外贸企业应积极拓展出口贸易业务，加强出口贸易业务的核算和管理，这对于密切国际分工协作，增加就业机会，安全及时收汇，降低出口成本，提高人民生活水平，加快国民经济的建设和发展都具有重要的意义。

二、出口贸易业务的种类

出口贸易业务按其经营的性质不同，可分为自营出口业务、代理出口业务和加工补偿出口业务等。

（一）自营出口业务

自营出口业务是指外贸企业自己经营出口贸易，并自负出口贸易盈亏的业务。企业在取得出口销售收入、享受出口退税的同时，要承担出口商品的进价成本以及与出口贸易业务有关的一切国内外费用、佣金支出，并且还要对索赔、理赔、罚款等事项加以处理。

（二）代理出口业务

代理出口业务是指外贸企业代理国内委托方办理对外洽谈、签约、托运、交单和结汇等全过程的出口贸易业务，或者仅代理对外销售、交单和结汇的出口贸易业务。代理企业仅收取一定比例的手续费。

（三）加工补偿出口业务

加工补偿出口业务也称"三来一补"业务，即来料加工、来件装配、来样生产和补偿贸易业务。"三来"业务是指外商提供一定的原材料、零部件、元器件，必要时提供某些设备，由我方按对方的要求进行加工或装配成产品交给对方销售，我方收取外汇加工费的业务。补偿贸易业务是指由外商提供生产技术、设备和必要的材料，由我方生产，然后用生产的产品分期归还外商的业务。

第二节　出口商品购进

一、出口商品购进的方式

出口商品的购进按照收购方式不同，可分为直接购进和委托代购两种。

（一）直接购进

直接购进是指外贸企业直接向工矿企业、农场及有关单位直接签订购销合同或协议收购出口产品。它适用于收购大宗工矿产品、农副产品和土特产品。

（二）委托代购

委托代购是指外贸企业以支付手续费的形式委托内贸企业收购出口商品。它适用于收购货源零星分散的农副土特产品。

二、出口商品购进的业务程序

出口商品购进的业务程序主要有签订购销合同、验收出口商品和支付商品货款。

（一）签订购销合同

外贸企业应根据国际市场的需求，按照经济合同法的有关规定，及时与供货单位签订购销合同，明确规定商品的名称、规格、型号、商标、等级和质量标准；商品的数量、计量单位、单价和金额；商品的交货日期、方式、地点、运输和结算方式，以及费用负担、违约责任和索赔条件等，以明确购销双方的权利和义务。

（二）验收出口商品

外贸企业对购进的出口商品应按照购销合同、协议的规定进行验收。对于一般的技术性不强的出口商品，应进行品种、规格、型号、商标、等级、花色、质量、包装等方面的检查验收。对外贸企业无条件验收的技术复杂、规格特殊的出口商品，如精密仪器、成套设备和化工产品等，应按购销合同或协议的规定，由供货企业提供商品检验证明书，并点验商品的数量，检查商品的包装。对于应由商品检验单位检验的出口商品，应取得该单位的合格证明书，并点验商品的数量，检查商品的包装。

（三）支付商品货款

外贸企业除了经批准发放的农副产品预购订金，以及订购大型机器设备、船舶、特殊专用材料、设备，可以预付订金或货款外，同城商品采购主要采用支票结算，外贸企业在收到商品后，就应支付货款；异地商品采购主要采用托收承付结算方式，贯彻商品发运托收、单货同行、钱货两清的原则，外贸企业应根据合同的规定，验单或验货合格后付款，以维护购销双方的权益。

三、出口商品购进的核算

由于外贸企业从国内市场采购出口商品，其业务性质和经营特点与国内贸易的批发企业基本相同。因此，外贸企业也采用数量进价金额核算。

外贸企业出口商品的购进、进货退出、购进商品的退补价、购进商品发生的短缺和溢余、购进商品发生拒付货款和拒收商品、购货折扣和折让的核算，与本书第四章第一节批发商品购进中阐述的核算方法基本相同，不再重述。它们之间的区别有两点：一是批发企业的商品采购费用在"进货费用"账户中归集，而外贸企业的商品采购费用计入商品采购成本；二是根据商品管理的需要，批发企业在"库存商品"账户下，按商品类别设置二级明细账户；外贸企业在"库存商品"账户下，设置"库存出口商品"和"库存进口商品"两个二级明细账户。

第三节 自营出口销售业务的核算

一、自营出口销售的概述

自营出口销售是指企业自行经营出口销售，并自负盈亏的业务。它是外贸企业销售收入的主要来源。

（一）自营出口销售的业务程序

自营出口销售业务的程序有出口贸易前的准备工作、出口贸易的磋商、签订出口贸易合同和履行出口贸易合同四个步骤。如图8-1所示。

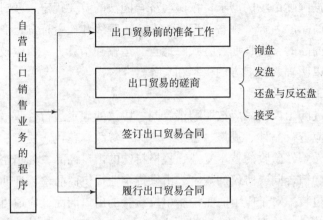

图8-1 自营出口销售业务的程序

1. 出口贸易前的准备工作

企业为了使出口贸易顺利地进行，应进行调查研究，充分了解国外市场的情况。主要包括了解进口商所在国的自然条件、进出口贸易的规模、外贸政策、贸易管制状况、关税措施、贸易惯例、运输条件等；了解进口商的资信情况、经营范围和经营能力；了解并研究国外市场的供求关系和市场价格的变化情况等。

2. 出口贸易的磋商

企业在确定出口贸易对象后应进行磋商。一笔交易的磋商过程通常分为询盘、发盘、还盘与反还盘、接受四个环节。

（1）询盘。询盘是指交易的一方要购买或出售某种商品，而向另一方发出探询买卖该种商品有关交易条件的一种表示。其内容包括商品的品种、规格、性能、价格条件、交货日期和付款条件等。

（2）发盘。发盘是指发盘人向受盘人提出一定的交易条件，并愿意按照这些条件成交订约的表示。

（3）还盘与反还盘。还盘是指受盘人对发盘内容提出不同意见，或要求修改某些条件的表示。反还盘是指发盘人对还盘人再提出新意见。一笔交易往往要经过多次的还盘和反还盘的过程才能成立。

（4）接受。接受是指受盘人在发盘的有效期内无条件地同意发盘中所提出的交易条件，愿意订立贸易合同的一种表示。

3. 签订出口贸易合同

企业与进口商磋商成功后，签订贸易合同。贸易合同是指贸易双方通过磋商根据某一项具体业务确定各方的权利和义务，并取得一致意见的书面协议。贸易合同通常由出口商填制，经双方核对无误并签字后，各执正本一份。

4. 履行出口贸易合同

企业履行出口贸易合同可分为以下五个环节：

(1) 组织出口货源。企业应根据贸易合同或信用证的规定准备好出口商品。出口商品的品种、质量、数量、包装及交货期等都必须与合同相符，以免遭到买方的拒收或索赔。需要由检验机构检验的商品，则应申请检验，以取得由检验机构填发的商品检验证书。

(2) 催证、审证及通知派船或租船。外贸企业如未按时收到信用证，应及时催证，并对收到的信用证进行审查，如发现存在问题，应及时通知对方修改。审查或修改无误后，根据合同规定通知对方派船接运或租船托运。

(3) 办理托运手续。企业接到进口商派船通知后，应持全套出口单据办理托运手续，并向海关申报出口。海关放行后，出口商品才能装船出运。

(4) 交单收汇。企业办妥出口商品装运手续，取得正本提单或运单后，应立即持全套出口单据交银行审单收汇，并应向进口商发出装船通知。

(5) 索赔与理赔。如果进口商未按合同规定履约，从而造成经济损失的，企业应向进口商提出索赔；反之，如果进口商验收商品，发现违反合同规定而提出索赔的，应根据其提供的合法证明，按照合同的条款进行处理。若属于企业责任，企业应予以解决；若不属于企业责任，或不符合合同规定的索赔，应拒绝理赔。

（二）自营出口销售收入的计价

自营出口贸易有船上交货价格（FOB）、成本加运费价格（CFR）和成本加运费、保险费价格（CIF）等多种价格条件。为了规范核算口径，外贸企业不论以什么价格条件成交，均以船上交货价格（FOB）扣除佣金后计价，如以 CFR 价格或以 CIF 价格成交，还应扣除运费或运费和保险费进行计价。

（三）自营出口销售收入实现的确认

对于销售收入实现的确认，应当以权责发生制为基础，按照《企业会计准则》中规定的销售收入实现条件作为确认的基础。

一般情况下，只要商品所有权凭证转移或实物交付后，即可认为商品所有权上的主要风险与报酬也随之转移，销售收入已经实现。在自营出口销售业务中，只要出口方将货物按合同规定交接第一承运人移交买方，并取得装运单据，就算完成了交货义务，商品所有权发生转移，即可确认销售实现。具体而言，出口方只要将货物装运并取得正本装运提单，向银行办理完交单，即视为销售实现；财务部门只要接到陆运的承运货物收据或铁路联运运单、海运的出口装船提单、空运运单及向银行交单的回单等出口销售凭证，即可确认销售收入实现。

二、自营出口销售核算涉及的主要单证

与国内销售核算所涉及的单证相比较，出口销售核算所涉及的单证较多，在与国外进口商结算货款时，如果提交的单证与信用证不符，国外进口商有权拒绝付款，因此出口企业的结汇单据必须填制完整、正确、及时、简明和整洁。现将出口核算时涉及的主要单证简介如下：

（一）发票

1. 销售发票

销售发票是全套单证的核心，常被称为中心单证。在国际结算中销售发票具有以下作

用：一是卖方向买方发送货物的凭证，是重要的履约证明文件；二是买卖双方收付货款和记账的凭证；三是买卖双方办理报关、纳税的凭证；四是卖方填制其他单证的依据。填制销售发票时必须注意发票上的收货人、货物名称、规格、数量、单价、包装等内容，必须与信用证的开证人和信用的各项要求完全相符，以防国外银行拒付货款或拖延付款。特别是发票的总值不能超过信用证规定的最高金额，因为开证行可以拒绝接受超过信用证所许金额的发票。除销售发票外，出口销售还涉及海关发票和领事发票。

2. 海关发票

海关发票是由进口国海关当局规定的进口报关必须提供的特定格式的发票。它具有如下作用：一是进口报关时作为估价完税的依据；二是核定原产地，为征收差别待遇关税提供依据；三是确定是否属于倾销，作为征收反倾销税的依据。由于各国的海关发票都有自己专用的格式，因此填写时要注意国别的差异性，同时有关项必须与销售发票保持一致，特别是CIF条件成交的价格应与FOB价格、运费、保险费三者之和相一致。

3. 领事发票

领事发票是由进口国驻出口国领事认证或出具的发票。有些国家规定，凡输入货物，出口人必须向该国海关提供经该国领事签证的发票，在这种情况下，领事发票就是进口许可证。

（二）提单

提单是承运人或其代理人签发的证明托运的货物已经收到，或装上指定运输工具，约定将该项货物运往目的地，交给提单持有人的物权凭证。提单一般签发正副本两份，以防递交过程中丢失，但只要其中一份已提货，另一份即失效。提单是一张很重要的单据，国外来证往往要求提供清洁提单。所谓清洁，是指提单上没有"破""×件损坏""雨淋"等不良批注。如果提供不清洁提单，银行不予受理。

（三）保险单

保险单是保险人签发给被保险人，承诺在发生承保责任范围内的损失时承担赔偿责任的权利凭证。保险单的被保险人是信用证上的受益人。保险单的签发日期应早于提单日期或者在同一天，但不能迟于提单日期。保险的险别、金额要与来证的规定相符，保险单上的有关内容应与提单一致。保险单上的金额一般为发票金额的110%，最低保险金额为货物总值。

（四）产地证书

产地证书是证明货物原产地或制造地的证明文件，它具有如下作用：一是进口国根据产地证书确定对进口货物应征收的税率；二是进口国以产地证书证明货物的来源，控制或分配进口额，或作为给予优惠关税待遇的凭证；三是证明是进口商指定生产地生产的商品。不用海关发票或领事发票的国家，要求提供产地证明，有的国家限制从某国进口货物，也要求其填写产地证书。

（五）包装单和重量单

包装单是指一切记载或描述商品包装情况的单据，其种类较多，常见的有装箱单、包装说明、详细装箱单等。重量单是出口商向进口商提供的证明装货重量与合同相符的证书。

（六）商品检验证书

商品检验证书是以书面形式说明货物符合合同、进口国或出口国政府规定标准的证明文件,一般由商品检验局出具。各种检验证书的申请人、货名、件数、标记和检验结果应符合信用证规定,并与发票和其他单据一致。

(七) 汇票

汇票是按信用证规定填写的票据,汇票的受款人应填写托收行或议付行。汇票一式两份,其中一份付讫,另一份即自动失效。汇票的详细内容在前面已经做了介绍,不再赘述。

三、自营出口销售核算的主要账户设置

(一)"待运和发出商品"账户

该账户是资产类账户,用以核算企业已经出库待运,尚未确认销售的商品数额。企业发出商品运往码头、车站、机场,准备装船、装车、装机时,记入该账户借方;确认发运商品的销售收入,结转自营出口销售成本及商品出仓后退关甩货时,记入该账户的贷方;其余额表示尚未确认销售的待运和发出商品的结存额。

(二)"应收外汇账款"账户

该账户是资产类账户,用以核算企业因出口销售商品等应向外商收取的外汇账款。商品销售时,记入该账户借方;收回款项时,记入该账户贷方,其余额表示未收回的外汇账款数额。

(三)"自营出口销售收入"账户

该账户是损益类账户,用以核算企业自营出口的商品销售收入。企业取得自营出口销售收入时,记入该账户贷方;发生自营出口销售的国外运费、保险费用、佣金、销货退回、出口理赔以及期末转入本年利润账户时,记入该账户借方。

(四)"自营出口销售成本"账户

该账户是损益类账户,用以核算企业自营出口的销售成本。企业结转自营出口销售成本以及支付的增值税中不予返税的部分转入时,记入该账户借方;转入应退消费税、冲减销货退回成本以及期末转入本年利润账户时,记入该账户贷方。

四、自营出口销售的业务核算

(一) 商品托运及出口销售收入的核算

企业出口销售通常采用信用证结算方式,业务部门根据贸易合同和信用证的规定,开具一式数联的出库单,由储运部门据以向运输单位办理托支,然后将出库单转给财务部门,财务部门根据出库单借记"发出商品"账户,贷记"库存商品"账户。

业务部门待出口商品装船,取得全套货运单据,持出口发票正本向银行交单办理收汇手续,取得银行回单,财务部门取得业务部门转来的发票副本及银行回单时,据以借记"应收外汇账款"账户,贷记"自营出口销售收入"账户。然后将储运部门转来的出库单所列商品的品名、规格、数量与发票副本核对相符后,据以结转商品销售成本,届时借记"自营出口销售成本"账户,贷记"发出商品"账户。待收到货款时,再借记"银行存款"账户,贷记"应收外汇账款"账户。

【例8-1】 御龙酒业进出口公司采用信用证结算方式,根据出口贸易合同,销售给美国珊娜公司参酒1 000箱。

(1) 1月5日，收到储运部门转来的出库单的记账联，列明出库参酒1 000箱，每箱650元，予以转账。

借：发出商品——参酒　　　　　　　　　　　　　　　　　650 000
　　贷：库存商品——库存出口商品　　　　　　　　　　　　　650 000

(2) 1月8日，收到销售部门转来的销售参酒的发票副本和银行回单，发票列明参酒1 000箱，CIF价格每箱150美元，货款150 000美元，当日美元中间汇率为7.02元。

借：应收外汇账款——珊娜公司酒业（US＄150 000×7.02）　　1 053 000
　　贷：自营出口销售收入——参酒　　　　　　　　　　　　1 053 000

(3) 1月8日，同时根据出库单的转账联，结转出口参酒销售成本。

借：自营出口销售成本　　　　　　　　　　　　　　　　　650 000
　　贷：发出商品——参酒　　　　　　　　　　　　　　　　650 000

(4) 1月15日，收到银行收汇通知，150 000美元已收汇，银行扣除200美元手续费后将其余部分存入外汇存款账户，当日汇率中间价为7.01元。

借：银行存款——外币存款（US＄149 800×7.01）　　　　　1 050 098
　　财务费用——手续费（US＄200×7.01）　　　　　　　　　1 402
　　汇兑损益　　　　　　　　　　　　　　　　　　　　　　1 500
　　贷：应收外汇账款　　　　　　　　　　　　　　　　　1 053 000

（二）支付国内费用的核算

企业在商品出口贸易过程中，商品从所在地发运至边境、口岸的各项运杂费、装船费等费用，均列入"销售费用"账户。

【例8-2】 5月10日，御龙酒业进出口公司签发转账支票支付长春运输公司将参酒运送至港口的运杂费5 000元，并电汇给港口参酒装船费1 500元。

借：销售费用——运杂费　　　　　　　　　　　　　　　　5 000
　　　　　　——装船费　　　　　　　　　　　　　　　　1 500
　　贷：银行存款　　　　　　　　　　　　　　　　　　　6 500

（三）支付国外费用的核算

国外费用主要有运费、保险费和国外佣金三项。

1. 支付国外运费和保险费的核算

企业出口贸易有多种不同的价格，不同的价格条件所负担的费用是不同的。若以FOB价格成交，企业不承担国外运费和保险费；若以CFR价格成交，企业只承担国外运费；若以CIF价格成交，企业将承担国外运费和保险费。

国外运费是指国际贸易价格条件所规定的，应由出口商支付并负担的，从装运港到目的港的运输费用。企业收到运输单位送来的运费凭证，应核对出口发票号码、计费重量、运输等级、运费金额等内容，审核无误后，据以支付运费。

保险费是指企业为转移商品在运输途中的风险，并在遭受损失时能得到必要的补偿，向保险公司投保并负担支付的费用。保险费的计算公式为：

$$保险费 = 出口商品的CIF价格 \times 保险费率$$

由于自营出口商品销售收入是按FOB价格扣除佣金后计价的，因此企业负担的国外运费和保险费应冲减"自营出口销售收入"账户。

【例8-3】 御龙酒业进出口公司销售给美国牛仔酒业公司白酒1 000箱,发生国外运费和保险费。

(1) 2月5日,收到运输公司发票,金额为2 000美元,是1 000箱白酒的运费,当即从外币账户汇付对方,当日汇率中间价为7.03元。

借:自营出口销售收入——运费　　　　　　　　　　　　　　　14 060
　　贷:银行存款——外币存款(US＄2 000×7.03)　　　　　　　　14 060

(2) 2月6日,按白酒销售发票金额45 000美元的110%向保险公司投保,保险费率为2‰,签发转账支票从外币账户支付,当日汇率中间价为7.02元。

借:自营出口销售收入——保险费　　　　　　　　　　　　　　694.98
　　贷:银行存款——外币存款(US＄99×7.02)　　　　　　　　　694.98

2. 支付国外佣金的核算

佣金是指价格条件或合同规定应支付给中间商的推销报酬。佣金有明佣、暗佣和累计佣金三种支付方式。

(1) 明佣。明佣又称发票内佣金,它是指在贸易价格条件中规定的佣金。采用明佣支付方式,出口商在销售发票上不但列明销售金额,而且列明佣金率、佣金,以及扣除佣金后的销售净额。外贸企业在向银行办理交单收汇时,应根据发票中列明的销售净额收取贷款,不再另行支付佣金。届时根据银行回单和销售发票中的销售净额借记"应收外汇账款"账户,根据佣金金额借记"自营出口销售收入"账户,根据销售金额贷记"自营出口销售收入"账户。

(2) 暗佣。暗佣又称发票外佣金,它是指在贸易价格条件中未作规定,但在贸易合同中规定的佣金。采取暗佣支付方式,出口商在销售发票上只列明销售金额。外贸企业在向银行办理交单收汇时,应根据发票中列明的销售金额收取货款,届时根据银行回单和销售发票借记"应收外汇账款"账户,贷记"自营出口销售收入"账户。同时根据贸易合同中列明的佣金金额,借记"自营出口销售收入"账户;贷记"应付外汇账款"账户。待收到货款汇付佣金时,借记"应付外汇账款"账户,贷记"银行存款"账户。

(3) 累计佣金。累计佣金是指出口商与国外包销商、代理商订立协议,规定在一定时期内按累计销售金额及相应的佣金率定期计付的佣金。佣金率通常是累计计算,在到期汇付时入账。如果累计佣金能直接认定到具体出口商品,其核算方法与其他佣金一样,应直接冲减"自营出口销售收入"账户。

【例8-4】 御龙酒业进出口公司销售给美国牛仔酒业公司白酒1 000箱,共计货款45 000美元,采取暗佣支付方式,佣金率为3%。

(1) 5月2日,根据出口白酒3%的佣金率,将应付客户暗佣入账,当日汇率中间价为7.03元。

借:自营出口销售收入——佣金　　　　　　　　　　　　　　　9 490.5
　　贷:应付外汇账款——牛仔酒业公司(US＄1 350×7.03)　　　　9 490.5

(2) 5月10日,货款已收到,现将白酒佣金汇付美国牛仔酒业公司,当日汇率中间价为7.03元。

借：应付外汇账款——牛仔酒业公司（US$1 350×7.03）　　　　　　　　9 490.5
　　　贷：银行存款——外币存款　　　　　　　　　　　　　　　　　　　　9 490.5

（四）出口商品退税的核算

我国对出口商品实行退税的政策，以增加商品在国际市场上的竞争力。外贸企业凭销售发票副本、出口报关单等有关凭证，向企业所在地税务机关申报办理出口退税手续。退税款项主要是购进出口商品时所支付的增值税进项税额。此外，我国还对烟、酒及酒精、化妆品、成品油、汽车轮胎、摩托车、小汽车等15项在生产环节征收消费税的商品，退还消费税。

增值税在申报退税后，根据应退的增值税额借记"应收出口退税"账户，根据出口商品购进时支付的增值税额贷记"应交税费"账户，两者的差额，也就是国家不予退税的金额，应列入"自营出口销售成本"账户的借方。消费税在申报退税时，借记"应收出口退税"账户，贷记"自营出口销售成本"账户。在收到增值税和消费税退税款时，再借记"银行存款"账户，贷记"应收出口退税"账户。

【例8-5】 御龙酒业进出口公司出口白酒一批，白酒购进时数量为1 000箱，进价金额为200 000元。

（1）4月10日，白酒购进时增值税率为13%，已付增值税26 000元，税务机关申报出口的退税率为9%。

借：应收出口退税　　　　　　　　　　　　　　　　　　　　　　　　　　18 000
　　自营出口销售成本　　　　　　　　　　　　　　　　　　　　　　　　　 8 000
　　　贷：应交税费——应交增值税（出口退税）　　　　　　　　　　　　　26 000

（2）4月10日，白酒应退消费税率为10%，向税务机关申报退税20 000元。

借：应收出口退税　　　　　　　　　　　　　　　　　　　　　　　　　　20 000
　　　贷：自营出口销售成本　　　　　　　　　　　　　　　　　　　　　　20 000

（五）预估国外费用的核算

外贸企业出口贸易业务销售收入确认的时间与支付国外运费、保险费和佣金的时间往往不一致。为了正确反映期间的经营成果，对于已恰逢自营出口销售收入入账，而尚未支付的国外费用应预估入账，冲减收入。届时借记"自营出口销售收入"账户，贷记"应付外汇账款"账户。待下期初实际支付时，再借记"应付外汇账款"账户，贷记"银行存款"账户。如果实际支付金额与预估金额有差异，其差额列入"自营出口销售收入"账户。

【例8-6】 御龙酒业进出口公司日前销售给美国华盛顿公司茶叶一批，已入账。

（1）12月31日，预估茶叶国外运费2 500美元，保险费200美元，当日汇率中间价为7.02元。

借：自营出口销售收入——运费　　　　　　　　　　　　　　　　　　　　17 550
　　　　　　　　　　　——保险费　　　　　　　　　　　　　　　　　　　 1 404
　　　贷：应付外汇账款——预估国外费用（US$2 700×7.02）　　　　　　　18 954

（2）次年1月5日，签发转账支票支付运输公司国外运费2 350美元，支付保险公司保险费180美元，当日汇率中间价为7.02元。

借：应付外汇账款——预估国外费用（US$2 700×7.02）　　　　　　　　　　18 954

贷：自营出口销售收入——运费		1 053
——保险费		140.40
银行存款（US$2 530×7.02）		17 760.60

五、自营出口销售其他业务的核算

（一）销售退回的核算

出口商品销售后，因故遭到国外退货时，业务部门应及时分别与储运部门和财务部门联系，确定退回商品货款和费用的处理意见。

财务部门根据出口商品的提单及原发票复印件等凭证冲转出口销售收入，届时应区别情况进行核算。

如果是支付明佣方式的销售退回，应根据销售金额借记"自营出口销售收入——货款"账户，根据佣金金额贷记"自营出口销售收入——佣金"账户，同时根据销售净额贷记"应收外汇账款"账户。

如果是支付暗佣方式的销售退回，则应根据销售金额借记"自营出口销售收入——货款"账户，贷记"应收外汇账款"账户；并根据佣金金额借记"应付外汇账款"账户，贷记"自营出口销售收入——佣金"账户。

出口企业在冲销出口销售收入的同时，还应冲转出口销售成本，届时按其成本金额借记"发出商品——国外退货"账户，贷记"自营出口销售成本"账户。待销售退回商品验收入库时，根据收货单再借记"库存商品——出口库存商品"账户，贷记"发出商品——国外退货"账户。

销售退回商品出口时支付的国外运费、保险费以及国内支付的运杂费和装卸费等也应予以冲转。届时应根据支付的国外费用总额，借记"待处理财产损溢"账户，根据支付的国外费用，贷记"自营出口销售收入"账户，根据支付的国内费用贷记"销售费用"账户。

支付销售退回商品运回企业时发生的国内外运费时，借记"待处理财产损溢"账户，贷记"银行存款"账户。待查明原因后，如果属于供货单位的责任，并决定由其负责赔偿时，应从"待处理财产损溢"账户转入"其他应收款"账户；如属于出口企业自身责任，应转入"营业外支出"账户。

【例8-7】 中国龙商贸公司出口美国库里公司女士挎包一批，销售金额48 000美元CIF价格，明佣1 500美元，该批挎包的进价成本为287 500元，已支付国内运杂费950元，装卸费400元，国外运费1 250美元，保险费130美元，记账美元汇率为7.02元。因挎包的质量与合同不符，商品已被退回。

（1）1月8日，收到出口退回商品提单和原发票复印件，当日美元汇率中间价为7.02元，冲转商品销售收入。会计处理如下：

借：自营出口销售收入——货款（US$48 000×7.02）		336 960
贷：自营出口销售收入——佣金（US$1 500×7.02）		10 530
应收外汇账款——库里公司		326 430

（2）同时冲转出口销售成本，会计处理如下：

借：发出商品——国外退货　　　　　　　　　　　　　　　　　287 500
　　贷：自营出口销售成本　　　　　　　　　　　　　　　　　　287 500

（3）冲转商品出口时发生的国内外费用，会计处理如下：

借：待处理财产损溢——待处理流动资产损溢　　　　　　　　11 037.60
　　贷：自营出口销售收入——运费（US $1 250×7.02）　　　　 8 775
　　　　　　　　　　　　——保险费（US $130×7.02）　　　　 912.60
　　　　销售费用——运杂费　　　　　　　　　　　　　　　　　950
　　　　　　　　——装卸费　　　　　　　　　　　　　　　　　400

（4）1月14日，汇付退回挎包国外运费1 300美元，保险费130美元，当日美元汇率中间价为7.02元。会计处理如下：

借：待处理财产损溢——待处理流动资产损溢　　　　　　　　10 038.60
　　贷：银行存款——外币存款　　　　　　　　　　　　　　　10 038.60

（5）1月14日，签发转账支票支付退回商品的国内运费及装卸费1 350元。会计处理如下：

借：待处理财产损溢——待处理流动资产损溢　　　　　　　　 1 350
　　贷：银行存款　　　　　　　　　　　　　　　　　　　　　 1 350

（6）1月14日，收到储运部门转来的收货单，退回商品已验收入库。会计处理如下：

借：库存商品——库存出口商品　　　　　　　　　　　　　　 287 500
　　贷：发出商品　　　　　　　　　　　　　　　　　　　　　 287 500

（7）1月16日，查明退货系供货单位德众箱包厂的责任，与其联系后，国内外费用决定由其负责赔偿。会计处理如下：

借：其他应收款——德众箱包厂　　　　　　　　　　　　　　 22 426.20
　　贷：待处理财产损溢——待处理流动资产损溢　　　　　　　 22 426.20

（二）退关甩货的核算

退关甩货是指出口商品发货后，因故未能装运上船（车）就被退回仓库。

储运部门接到业务部门转来的出口商品止装通知后，应立即采取措施，将已发出的商品予以提回，并办理入库手续。财务部门根据转来的退关止装入库凭证，据以借记"库存商品"账户，贷记"发出商品"账户。

（三）索赔和理赔的核算

1. 索赔的核算

索赔是指外贸企业因对方违反合同规定遭受损失时，根据规定向对方提出的赔偿要求。外贸企业出口销售业务索赔经进口商确认，同意赔偿时，借记"应收外汇账款"账户，贷记"营业外收入"账户。

2. 理赔的核算

理赔是指外贸企业因违反合同规定使对方遭受损失，受理对方根据规定提出来的赔偿要求。在出口业务中，如果进口商发现出口商品的数量、品种、规格、质量与合同不符，包装不善，商品逾期装运以及不属于保险责任范围的商品短缺、残损严重等情况，并提供有关证明,向外贸企业提出索赔时,外贸企业经核实,确认情况属实后,应进行理赔。

外贸企业在确认理赔时,借记"待处理财产损溢"账户,贷记"应付外汇账款"账户。然后查明原因,区别情况进行处理。

如查明出口商品的品种、规格、质量与合同不符,而且是供货单位的责任,应要求其赔偿,经协商同意赔偿时,借记"其他应收款"账户,贷记"待处理财产损溢"账户。

如查明出口商品包装不善,商品逾期装运是本企业管理不善造成的,经批准后,借记"营业外支出"账户,贷记"待处理财产损溢"账户。

【例8-8】 利群商贸公司出口给美国天马公司的男装因包装破损污染而导致退货,双方已经钱货两清,天马公司提出赔偿要求。

(1) 根据对方提供的有关证件,经查证确认后,利群商贸公司同意对外理赔10 000美元。当日美元汇率中间价为7.02元。会计处理如下:

借:待处理财产损溢——待处理流动资产损溢　　　　　　　　　70 200
　　贷:应付外汇账款——美国天马公司(US$10 000×7.02)　　　70 200

(2) 出口商品退回的账务处理见例8-7。

(3) 经查明出口男装的包装破损是企业自身原因造成的,经批准作为企业损失处理,会计处理如下:

借:营业外支出　　　　　　　　　　　　　　　　　　　　　　70 200
　　贷:待处理财产损溢——待处理流动资产损溢　　　　　　　　70 200

第四节　代理出口销售业务的核算

一、代理出口销售业务概述

代理出口销售是指外贸企业代替国内委托单位办理对外销售、托运、交单和结汇等全过程的出口销售业务,或者仅代替办理对外销售、交单和结汇的出口销售业务。如果只代替办理部分出口销售业务,而未代替办理交单、结汇业务,只能称为代办出口销售业务。

(一) 代理出口销售业务的原则

(1) 代理企业不提供货物资金,不承担任何国内外直接费用。

(2) 代理企业不承担出口销售的盈亏。

(3) 代理企业只按代理出口销售发票或合同规定收取一定比例的代理手续费。

(4) 国内的直接费用应由委托方负责,代理企业的间接费用应向委托方收取一定比例的手续费进行补偿。费用的结算既可垫付后向委托方托收,也可由委托方先预付,之后再行清算。

(5) 国外费用由委托方预拨或由代理方垫付后在结算代理收入时扣收。

(6) 代理企业出口外汇收入和收取手续费及代垫费用,最后一次向委托方结算。

(7) 代理出口销售的出口退税,首先由受托方到主管退税机关开具代理出口货物证明,交委托方,然后由委托方向所在地税务部门办理。

(8) 受托代理出口销售收取的手续费,按税法规定缴纳城市维护建设税等。

(二) 代理出口销售外汇货款的结算方式

代理出口销售企业向委托企业清算销售货款的方式有异地收（结）汇法和全额收（结）汇法两种方式。

异地收（结）汇法是指受托出口企业在办理代理出口销售交单结汇时，在有关单证中写明银行收到外汇货款后，分别向受托企业和委托单位分割收（结）汇的方式。采用该方式时，银行收到的外汇如含有佣金，在扣除应付佣金后，将外贸企业代垫的国内外直接费用和代理手续费向受托企业办理收（结）汇，同时将外汇余额直接划拨委托单位。

全额收（结）汇法是指银行在收到代理出口销售外汇时，按全额转入受托企业存款账户的一种结算方式。采取该方式时，受托企业收汇后，扣除垫付的国内外直接费用和应收取的代理手续费，将外汇余额通过银行转付委托单位。

二、代理出口销售业务的主要账户设置

"受托代销商品"账户是资产类账户，用以核算企业接受其他单位委托代理出口的商品。企业收到其他单位代理出口商品时，记入该账户借方；代理出口商品销售后，结转其成本时，记入该账户贷方，余额表示受托代理出口商品的结存额。

"受托代销商品款"账户是负债类账户，用以核算企业接受代理出口商品的货款。企业收到代理出口商品，记入该账户贷方，代理出口商品销售时，记入该账户借方，余额表示尚未销售的代理出口商品的数额。

三、代理出口销售业务的核算

(一) 代理出口商品收发的核算

外贸企业根据合同规定收到委托单位发来的代理出口商品时，应根据储运部门转来的代理业务入库单上所列的金额，借记"受托代销商品"账户，贷记"受托代销商品款"账户。代理商品出库后，应根据储运部门转来的代理业务出库单上所列的金额，借记"发出商品——受托代销商品"账户，贷记"受托代销商品"账户。

【例8-9】 美华商贸公司受理安达服装厂代理出口服装业务。

(1) 1月5日，收到安达服装厂的代理出口牛仔服1 000套的业务单，同时，该批牛仔服已运到公司，每套200元，已接收。会计处理如下：

借：受托代销商品——牛仔服　　　　　　　　　　　　　　　　200 000
　　贷：受托代销商品款——安达服装厂　　　　　　　　　　　　　　　200 000

(2) 1月10日，代理商品出库，准备装运出口，会计处理如下：

借：发出商品——牛仔服　　　　　　　　　　　　　　　　　　200 000
　　贷：受托代销商品——安达服装厂　　　　　　　　　　　　　　　　200 000

(二) 代理出口商品销售收入的核算

代理出口商品交单办理收汇手续，取得银行回单时就意味着销售已经实现，然而这是委托单位的销售收入，因此通过"应付账款"账户核算。届时，根据代理出口商品的销售金额，借记"应收外汇账款"账户，贷记"应付账款"账户；同时，结转代理出口商品的销售成本，根据代理出口商品的出库金额，借记"受托代销商品款"账户，贷记"发出商品"

账户。

【例8-10】 接例8-9，美华商贸公司的业务如下：

(1) 1月12日，将代理出口的牛仔服销售给美国娜迪公司，业务部门转来代理销售牛仔服的发票副本和银行回单，该批牛仔服每套CIF价格60美元，货款共计60 000美元，佣金1 500美元，当日美元汇率中间价为7.02元。会计处理如下：

借：应收外汇账款——美国娜迪公司（US$58 500×7.02）　　410 670
　　贷：应付账款——安达服装厂　　　　　　　　　　　　　410 670

(2) 1月13日，同时结转代理出口牛仔服成本，会计处理如下：

借：受托代销商品款——安达服装厂　　　　　　　　　　　200 000
　　贷：发出商品——牛仔服　　　　　　　　　　　　　　　200 000

（三）支付国内外直接费用的核算

外贸企业在垫付国内外直接费用时，应借记"应付账款"账户，贷记"银行存款"账户。

【例8-11】 接例8-10，美华商贸公司的业务如下：

(1) 1月14日，签发转账支票支付出口牛仔服到港运费1 000元，会计处理如下：

借：应付账款——安达服装厂　　　　　　　　　　　　　　1 000
　　贷：银行存款　　　　　　　　　　　　　　　　　　　　1 000

(2) 1月15日，签发转账支票，支付国外运费、保险费用共计1 000美元，当日美元汇率中间价为7.02元。会计处理如下：

借：应付账款——安达服装厂（US$1 000×7.02）　　　　　 7 020
　　贷：银行存款　　　　　　　　　　　　　　　　　　　　7 020

（四）代理出口收汇及税金的核算

外贸企业代理出口销售收汇时，如采取异地收（结）汇法，收到银行转来的垫付代理出口商品的国内外直接费用和代理手续费时，根据收到的金额，借记"银行存款"账户，贷记"应收外汇账款"账户。并根据业务部门转来的按代理出口销售收入金额的一定比例收取代理手续费发票的金额借记"应付账款"账户，贷记"其他业务收入"账户；同时，还应根据银行划拨委托单位的金额，借记"应付账款"账户，贷记"应收外汇账款"账户。

代理出口销售业务的退税由委托单位自行办理。

外贸企业代理出口销售业务所取得的代理手续费收入，根据税法规定，按规定的税率缴纳城市维护建设税等，在月末提取时，借记"税金及附加"账户，贷记"应交税费"账户。

【例8-12】 接例8-9、8-10，美华商贸公司采取异地收（结）汇法，代理出口销售的手续费率为2%。美华商贸公司的业务如下：

(1) 1月10日，收到银行转来的分割收（结）汇的通知，其中代垫国外运费及保险费用1 000美元，代理手续费1 200美元，款项全部存入外币存款账户。当日美元汇率中间价为7.02元。会计处理如下：

借：银行存款——外币存款（US$2 200×7.02）　　　　　 15 444
　　贷：应收外汇账款——美国娜迪公司　　　　　　　　　　15 444

(2) 结算手续费：

借：应付账款——安达服装厂（US＄1 200×7.02） 8 424
　　贷：其他业务收入 8 424

(3) 根据银行转来的结汇通知，划拨安达服装厂收汇余额56 300美元：

借：应付账款——安达服装厂 395 226
　　贷：应收外汇账款——美国娜迪公司 395 226

第五节　加工补偿出口销售业务的核算

一、加工补偿出口销售概述

（一）加工补偿出口销售业务的种类

加工补偿出口销售业务按照补偿的形式不同，可分为来料加工、来件装配、来样生产出口销售业务和补偿贸易出口销售业务两种。

1. 来料加工、来件装配和来样生产出口销售业务

来料加工、来件装配和来样生产出口销售业务是指由外商提供原材料、零部件、元器件，必要时提供某些设备，由外贸企业按照外商的要求加工或装配成产品后再销售给外商，外贸企业收取加工费的销售。

2. 补偿贸易出口销售业务

补偿贸易出口销售业务是指由外商提供生产技术、设备和必要的材料，由外贸企业负责生产，然后用生产的产品分期归还外商的销售。

（二）加工补偿出口销售业务的经营方式

加工补偿出口销售业务按照经营方式的不同，可分为自营加工补偿出口销售业务和代理加工补偿出口销售业务两种。

1. 自营加工补偿出口销售业务

自营加工补偿出口销售业务是指由外贸企业独自与外商签订合同，承担加工补偿业务，然后组织工厂进行生产，向外商交货时收取加工费，或以生产的产品偿还引进技术、设备及材料价款的销售业务。

2. 代理加工补偿出口销售业务

代理加工补偿出口销售业务是指由工厂委托外贸企业对外签订合同，由工厂直接负责生产，负担加工补偿业务中所发生的国内外费用，外贸企业代理出口结汇，收取外汇手续费的销售业务。

二、来料加工、来件装配和来样生产出口销售业务的核算

（一）自营来料加工、来件装配和来样生产出口销售业务的核算

自营来料加工、来件装配和来样生产出口销售业务，在收到外商提供的原材料时，有计价核算和不计价核算两种方式。

1. 自营来料加工、来件装配和来样生产原材料计价的核算

外贸企业采取原材料计价的核算形式，在收到外商提供的原材料时，借记"原材料"账户，贷记"应付外汇账款"账户。外贸企业将原材料拨付工厂生产加工时，借记"委托加工物资"账户，贷记"原材料"账户。工厂加工完毕，交来产品，按与工厂约定的加工费标准支付加工费时，借记"委托加工物资"账户，贷记"银行存款"账户。加工产品验收入库，财务部门收到储运部门转来的收货单时，根据加工产品耗费的材料和加工费金额借记"库存商品——来料加工出口商品"账户，贷记"委托加工物资"账户。

【例 8-13】 东方服装进出口公司根据合同约定，接受美国华盛顿服装公司来料 2 000 米，加工生产 1 000 件男大衣。

(1) 12 月 1 日，收到美国华盛顿服装公司发来衣料 2 000 米，每米 12 美元，共计 24 000 美元，衣料已验收入库，当日美元汇率中间价为 7.02 元。做会计分录如下：

借：原材料   168 480
    贷：应付外汇账款（US $24 000 × 7.02）   168 480

(2) 12 月 2 日将 2 000 米衣料全部拨付佳乐服装厂加工生产男大衣 1 000 件。做会计分录如下：

借：委托加工物资——男大衣   168 480
    贷：原材料   168 480

(3) 12 月 30 日，佳乐服装厂 1 000 件男大衣加工完毕，每件加工费 100 元，当即签发转账支票付讫。做会计分录如下：

借：委托加工物资   100 000
    贷：银行存款   100 000

(4) 12 月 31 日，储运部门转来加工商品入库单，1 000 件男大衣已验收入库。做会计分录如下：

借：库存商品——来料加工出口商品   268 480
    贷：委托加工物资——男大衣   268 480

外贸企业将加工商品出运时，借记"发出商品"账户，贷记"库存商品"账户。商品出运支付的国内费用列入"销售费用"账户，支付的国外费用则冲减"自营其他销售收入"账户。然后，将全套货运单据交付银行，向外商收取加工费，根据银行回单金额（即加工费）借记"应收外汇账款"账户，根据耗用外商发来原材料款借记"应付外汇账款"账户，根据两者之和贷记"自营其他销售收入"账户。与此同时结转其销售成本，借记"自营其他销售成本"账户，贷记"发出商品"账户。银行收妥款项后，根据银行收取的收汇手续费凭证，借记"财务费用"账户，根据银行收账通知，借记"银行存款"账户，根据收汇总额，贷记"应收外汇账款"账户。如因汇率变动发生差额，应列入"汇兑损溢"账户。

【例 8-14】 东方服装进出口公司为美国华盛顿服装公司加工男大衣 1 000 件，每件加工费 20 美元，共计加工费 20 000 美元。收到外商发来衣料 24 000 美元，记账汇率为 7.02 元。1 000 件男大衣全部生产成本为 268 480 元。

(1) 次年1月2日，储运部门转来加工商品出库单，列明1 000件男大衣已出库装船。做会计分录如下：

  借：发出商品　　　　　　　　　　　　　　　　　　　　　　　268 480
    贷：库存商品——来料加工出口商品　　　　　　　　　　　　　268 480

(2) 次年1月2日，签发转账支票支付1 000件男大衣国内运费和装船费880元。做会计分录如下：

  借：销售费用　　　　　　　　　　　　　　　　　　　　　　　　880
    贷：银行存款　　　　　　　　　　　　　　　　　　　　　　　　880

(3) 次年1月5日，签发转账支票支付男大衣国外运费912美元，保险费88美元，当日美元汇率中间价为7.02元。做会计分录如下：

  借：自营其他销售收入　　　　　　　　　　　　　　　　　　　7 020
    贷：银行存款——外币存款（US＄1 000×7.02）　　　　　　　　7 020

(4) 次年1月6日，向银行交单收取加工费20 000美元，转销外商发来材料款24 000美元。做会计分录如下：

  借：应收外汇账款（US＄20 000×7.02）　　　　　　　　　　140 400
    应付外汇账款（US＄24 000×7.02）　　　　　　　　　　168 480
    贷：自营其他销售收入——加工补偿出口销售　　　　　　　308 880

(5) 次年1月6日，同时结转其销售成本。做会计分录如下：

  借：自营其他销售成本——加工补偿出口销售　　　　　　　　268 480
    贷：发出商品　　　　　　　　　　　　　　　　　　　　　　268 480

(6) 次年1月18日，收到银行转来的收账通知，20 000美元已收妥，银行扣除20美元收汇手续费，其余部分已存入外币存款账户，当日美元汇率中间价为7.02元。做会计分录如下：

  借：银行存款——外币存款（US＄19 980×7.02）　　　　　　140 259.60
    财务费用——手续费　　　　　　　　　　　　　　　　　　140.40
    贷：应收外汇账款（US＄20 000×7.02）　　　　　　　　　140 400

2. 自营来料加工、来件装配和来样生产原材料不计价的核算

外贸企业对自营业务采取原材料不计价的核算形式，在收到外商提供的原材料时，借记"代管商品物资——加工材料"账户，该账户只记数量，不记金额。将原材料拨付工厂加工时，贷记"代管商品物资——加工材料"账户。工厂加工完毕交来产品，按与工厂约定的加工费标准，支付工厂加工费时，借记"自营其他销售成本"账户，贷记"银行存款"账户。加工产品验收入库时，借记"代管商品物资——加工商品"账户。

加工商品出运装船时，贷记"代管商品物资——加工商品"账户。加工商品出运支付的国内费用，列入"销售费用"账户；支付的国外费用则冲减"自营其他销售收入"账户。然后，将全套货运单据交付银行，向外商收取加工费，根据银行回单借记"应收外汇账款"账户，贷记"自营其他销售收入"账户。银行收妥款项的核算与原材料计价的核算方法相同，不再重述。

(二) 代理来料加工、来件装配和来样生产出口销售业务的核算

1. 代理来料加工、来件装配和来样生产原材料计价的核算

外贸企业收到外商提供的原材料,将原材料拨付给工厂生产加工的核算方法与自营来料加工、来件装配和来样生产经营方式的核算方法相同,不再重述。

工厂加工完毕,交来产品,按合同约定的加工费标准结算加工费时,借记"委托加工物资"账户,贷记"应付外汇账款"账户。加工产品验收入库,财务部门收到储运部门转来的收货单时,根据"委托加工物资"账户归集的金额,借记"库存商品——来料加工出口商品"账户,贷记"委托加工物资"账户。

【例8-15】 东华服装进出口公司根据合同约定代理阳城服装厂接受美国公司来料7 500米,加工生产3 000套女时装的业务。

(1) 9月2日,收到美国公司发来衣料3 800米,每米9美元,货款34 200美元,衣料已验收入库。当日美元汇率中间价为7.02元。做会计分录如下:

借:原材料　　　　　　　　　　　　　　　　　　　　　　240 084
　　贷:应付外汇账款——美国公司(US $ 34 200×7.02)　　240 084

(2) 9月4日,将3 800米衣料拨付给阳城服装厂加工女时装1 500套。做会计分录如下:

借:委托加工物资——女时装　　　　　　　　　　　　　240 084
　　贷:原材料　　　　　　　　　　　　　　　　　　　　240 084

(3) 9月26日,阳城服装厂1 500套女时装加工完毕,每套加工费15美元,结算加工费,当日美元汇率中间价为7.02元。做会计分录如下:

借:委托加工物资——女时装　　　　　　　　　　　　　157 950
　　贷:应付外汇账款(US $ 22 500×7.02)　　　　　　　157 950

(4) 9月30日,收到储运部门转来的加工商品收货单,阳城服装厂送来的1 500套女时装已验收入库。做会计分录如下:

借:库存商品——来料加工出口商品　　　　　　　　　　398 034
　　贷:委托加工物资——女时装　　　　　　　　　　　　398 034

外贸企业将加工商品出运时,借记"发出商品"账户,贷记"库存商品"账户。商品出运支付的国内外直接费用借记"应付外汇账款"账户,贷记"银行存款"账户。然后,将全套货运单据交付银行,向外商收取加工费,由于是代理来料加工业务,仅收取代理手续费,交单收汇就不能作为商品销售收入处理,只能转销发出商品,因此,根据银行收款回单,借记"应收外汇账款"账户,根据外商发来原材料的价款借记"应付外汇账款"账户,根据加工商品的成本贷记"发出商品"账户。待收到银行收账通知时,根据支付银行收汇手续费的金额,借记"财务费用"账户,根据实际入账金额,借记"银行存款"账户,根据收汇金额,贷记"应收外汇账款"账户。最后根据应向外商收取的加工费扣除为工厂垫付的国内外直接费用后的金额,借记"应付外汇账款"账户,根据应收取的代理手续费贷记"其他业务收入"账户,两者之间差额贷记"银行存款"账户。

【例8-16】 东华服装进出口公司代理为美国公司加工女时装1 500套,每套加工费15

美元,共计加工费22 500美元,收到外商发来衣料34 200美元,全部出口合同金额为56 700美元。记账汇率为7.02元,1 500套女时装的全部金额为398 034元。

(1) 10月4日,储运部门转来加工商品出库单,列明1 500套女时装已出库装船。做会计分录如下:

  借:发出商品   398 034
    贷:库存商品——来料加工出口商品   398 034

(2) 10月5日,签发转账支票支付3 000套女时装国内运费和装船费1 143元,并支付国外运费1 035美元,保险费125美元,当日美元汇率中间价为7.02元。做会计分录如下:

  借:应付外汇账款——阳城服装厂   9 286.2
    贷:银行存款——人民币存款   1 143
        ——外币存款(US$1 160×7.02)   8 143.2

(3) 10月6日,向银行交付全套货运单据,向外商收取加工费22 500美元,当日美元汇率中间价为7.02元,并转销外商发来的材料款。根据银行回单,做会计分录如下:

  借:应收外汇账款——美国公司(US$22 500×7.02)   157 950
    应付外汇账款——美国公司(US$34 200×7.02)   240 084
    贷:发出商品   398 034

(4) 10月26日,收到银行转来的收账通知,22 500美元已收妥,银行扣除28美元收汇手续费后,其余款项已存入外汇存款账户,当日美元汇率中间价为7.02元。做会计分录如下:

  借:财务费用——手续费   196.56
    银行存款——外币存款(US$22 472×7.02)   157 753.44
    贷:应收外汇账款——美国公司(US$22 500×7.02)   157 950

(5) 10月28日,根据规定按出口合同金额的3%收取代理手续费1 701美元,再扣除发运商品垫付的国内外费用后,将余款划拨阳城服装厂,当日美元汇率中间价为7.02元。做会计分录如下:

  借:应付外汇账款——阳城服装厂   148 663.8
    贷:其他业务收入   11 941.02
      银行存款——外币存款   136 722.78

2. 代理来料加工、来件装配和来样生产原材料不计价的核算

外贸企业对代理采取原材料不计价的核算形式,在收到外商提供的原材料和将原材料拨付工厂加工时,通过"代管商品物资——加工材料"账户核算;收到工厂加工完毕的产品验收入库时,借记"代管商品物资——加工商品"账户。

加工商品出运装船时,贷记"代管商品物资"账户。加工商品出运垫付国内外费用时,借记"应付外汇账款——加工企业"账户;贷记"银行存款"账户。然后将全套货运单据交付银行,向外商收取加工费,根据银行收款回单,借记"应收外汇账款——外商"账户,贷记"应付外汇账款——加工企业"账户。待收到银行收账通知时,根据支付银行的收汇手续费的金额,借记"财务费用"账户;根据银行实际入账金额,借记"银行存款"账户,根据收汇金额，贷记"应收外汇账款"账户。最后，根据收取的外商加工费减去为工厂垫付的国内外直接费用的差额，借记"应付外汇账款"账户，根据应收取的代理手续费，贷记"其他业务收入"账户，将两者之间的差额贷记"银行存款"账户。

三、补偿贸易出口销售业务的核算

对补偿贸易出口销售业务，外商提供的生产设备和原材料通常都计价入账，届时分别借记"固定资产"和"原材料"账户，贷记"应付外汇账款"账户。然后按照合同规定分期以完工的产品抵偿提供生产设备和原材料的款项。由于是以货还债，不存在收汇，因此，加工商品发运后，根据销售发票借记"应付外汇账款"账户，贷记"自营其他销售收入"账户。同时，根据储运部门转来的出库单，借记"自营其他销售成本"账户，贷记"发出商品"账户。其他方面的核算方法与来料加工基本相同，不再重述。

本章小节

出口贸易业务是指商品流通企业组织工农业产品在国际市场上销售，取得外汇的业务。出口贸易业务按其经营的性质不同，可分为自营出口业务、代理出口业务和加工补偿出口业务等。

出口商品的购进按照收购方式不同，可分为直接购进和委托代购两种。出口商品购进的业务程序主要有签订购销合同、验收出口商品和支付商品货款。

自营出口销售是指企业自行经营出口销售，并自负盈亏的业务。它是外贸企业销售收入的主要来源。自营出口销售业务的程序有出口贸易前的准备工作、出口贸易的磋商、签订出口贸易合同和履行出口贸易合同四个步骤。

自营出口贸易有船上交货价格（FOB）、成本加运费价格（CFR）和成本加运费、保险费价格（CIF）等多种价格条件。为了规范核算口径，外贸企业不论以什么价格条件成交，均以船上交货价格（FOB）扣除佣金后计价，如以CFR价格或CIF价格成交，还应扣除运费或运费和保险费进行计价。

在自营出口销售业务中，只要出口方将货物按合同规定交接第一承运人移交买方，并取得装运单据，就算完成了交货义务，商品所有权发生转移，即可确认销售实现。

自营出口销售核算涉及的主要单证有发票、提单、保险单、产地证书、包装单和重量单、商品检验证书和汇票。

国外费用主要有运费、保险费和国外佣金三项。佣金有明佣、暗佣和累计佣金三种支付方式。

代理出口销售是指外贸企业代替国内委托单位办理对外销售、托运、交单和结汇等全过程的出口销售业务，或者仅代替办理对外销售、交单和结汇的出口销售业务。代理出口销售企业向委托企业清算销售货款的方式有异地收（结）汇法和全额收（结）汇法两种方式。

加工补偿出口销售业务按照补偿的形式不同，可分为来料加工、来件装配、来样生产出口销售业务和补偿贸易出口销售业务两种。

主要概念

1. 出口贸易业务
2. 自营出口业务
3. 代理出口业务
4. 加工补偿出口业务
5. 国外运费
6. 佣金
7. 明佣
8. 暗佣
9. 累计佣金
10. 退关甩货

训练测试

一、单项选择题

1. 外贸企业自营出口销售不论以什么价格成交，均以（　　）扣除佣金后计价。
   A. 成本加运费价格　　　　　　B. 成本加运费、保险费价格
   C. 船上交货价格　　　　　　　D. 成交价格

2. 外贸企业发生的（　　）应列入销售费用。
   A. 国内费用　　　　　　　　　B. 国外费用
   C. 国外保险费　　　　　　　　D. 明佣

3. 外贸企业代理出口销售业务发生的费用（　　）。
   A. 由委托单位负担
   B. 由外贸企业负担
   C. 国内费用由外贸企业负担，国外费用由委托单位负担
   D. 间接费用由外贸企业负担，直接费用由委托单位负担

4. 外贸企业代理出口销售的出口退税手续由（　　）办理，出口退税款归（　　）所有。
   A. 外贸企业，外贸企业　　　　B. 委托单位，委托单位
   C. 外贸企业，委托单位　　　　D. 委托单位，外贸企业

5. 出口商品时进项税额与退税额的差额应结转到（　　）账户。
   A. 主营业务成本　　　　　　　B. 主营业务收入
   C. 库存商品　　　　　　　　　D. 营业外支出

二、多项选择题

1. 自营出口销售的业务程序有（　　）。
   A. 出口贸易前的准备工作　　　B. 出口贸易的磋商

  C. 签订出口贸易合同   D. 履行出口贸易合同

2. 外贸企业以 CIF 价格成交的出口业务发生的（ ），应冲减"自营出口销售收入"账户。

  A. 国外运费   B. 国外保险费

  C. 明佣   D. 暗佣

3. （ ）通过"其他业务收入"账户核算。

  A. 代理出口销售业务

  B. 自营来料加工、来件装配和来样生产出口销售业务

  C. 代理来料加工、来件装配和来样生产出口销售业务

  D. 补偿贸易出口销售业务

4. 佣金包括（ ）。

  A. 累计佣金   B. 一次佣金

  C. 明佣   D. 暗佣

5. 企业在自营出口销售时，确定出口贸易对象后进行磋商工作，通常分为（ ）。

  A. 询盘   B. 发盘

  C. 还盘与反还盘   D. 接受

三、判断题

1. 一个国家的出口贸易和进口贸易是相辅相成的，没有出口贸易，也就没有进口贸易。（ ）

2. "三来"业务是指外商提供一定的原材料、零部件、元件，必要时提供某些设备，由外贸企业按对方的要求进行加工生产，然后用生产的产品分期归还外商的业务。（ ）

3. 国外运费是指国际贸易价格条件所规定的，应由出口商支付并负担的，从装运港到目的港的运输费用。（ ）

4. 外贸企业自营出口发生的明佣和暗佣均冲减"自营出口销售收入"账户，而发生的累计佣金则列入"销售费用"账户。（ ）

5. 外贸企业销货退回商品发生的国内外费用，如属于外贸企业责任，经批准应转入"销售费用"账户。（ ）

6. 外贸企业取得索赔收入时，记入"营业外收入"账户；发生理赔支出时，则记入"营业外支出"账户。（ ）

7. 代理出口销售外汇货款结算方法有异地收（结）汇法和全额收（结）汇法两种。（ ）

8. 出口退税是对出口商品已征收的国内税部分退还给出口商的一种措施。（ ）

四、简述题

1. 什么是出口贸易业务？它有哪些意义？

2. 出口贸易业务有哪些种类？分述各种业务的定义。

3. 简述出口商品购进的业务程序。

4. 简述自营出口销售收入的计价。

5. 简述自营出口销售业务的程序。

6. 简述自营出口销售核算涉及的主要单证。
7. 简述代理出口销售应遵循的原则。
8. 国外佣金包括哪几种？分述其定义。

五、综合实务题

习题 1

目的：练习自营出口销售的核算。

资料：美华烟酒进出口公司根据进出口贸易合同，3 月份销售给英国酒业公司汾酒 250 箱，采用信用证结算方式，发生下列有关的经济业务：

(1) 1 日，收到储运部门转来的出库单（记账联），列明出库汾酒 250 箱，每箱 2 200 元，予以转账。

(2) 2 日，签发转账支票支付太原运输公司将汾酒运送到上海港的运杂费 3 600 元，并电汇上海港汾酒的装船费 1 230 元。

(3) 5 日，收到外轮运输公司发票 1 张，金额为 1 400 美元，是 250 箱汾酒的运费，当即从外币账户汇付对方。当日美元中间汇率为 7.02 元。

(4) 6 日，按汾酒销售发票金额 90 000 美元的 110% 向保险公司投保，保险费率为 2‰，签发转账支票从外币账户支付，当日美元中间汇率为 7.02 元。

(5) 8 日，收到业务部门转来销售汾酒的发票副本和银行回单。发票列明汾酒 250 箱，每箱 360 美元 CIF 价格，共计货款 90 000 美元。当日美元中间汇率为 7.02 元。同时根据出库单（转账联）结转出库汾酒销售成本。

(6) 15 日，根据出口汾酒 4% 的佣金率，将应付客户暗佣入账。

(7) 20 日，收到银行转来的收汇通知，银行扣除 100 美元的手续费后，将其余部分存入外币存款账户，当日美元中间汇率为 7.02 元。

(8) 25 日，将应付的暗佣汇付英国酒业公司，当日美元中间汇率为 7.02 元。

(9) 31 日，汾酒购进时增值税率为 13%，已付增值税 71 500 元。向税务部门申报的增值税出口退税率为 9%。

(10) 31 日，汾酒应退消费税为 62 500 元，向税务机关申报退税。

要求：编制会计分录。

习题 2

目的：练习代理出口销售业务的核算。

资料：吉林化工国际贸易公司受理华能化工厂代理出口涂料，代理手续费率为 4%，采取异地收（结）汇法。6 月份发生下列有关的经济业务：

(1) 3 日，收到储运部门转来的代理业务入库单，列明涂料 5 000 桶，每桶 62 元。

(2) 6 日，收到储运部门转来的代理业务出库单，列明涂料 5 000 桶，每桶 62 元。

(3) 8 日，收到业务部门转来的代理销售涂料给韩国某公司的发票副本和银行回单。发票列明涂料 5 000 桶，每桶 12 美元 CIF 价格，共计货款 60 000 美元，明佣 1 800 美元，当日美元中间汇率为 7.02 元，并结转代理出口涂料成本。

(4) 9 日，签发转账支票 2 张，分别支付青浦运输公司将涂料运送到上海港的运杂费 917 元及上海港装船费 480 元。

(5) 11日，签发转账支票2张，分别支付外轮运输公司的国外运费1 008美元，保险费132美元，当日美元中间汇率为7.02元。

(6) 24日，收到银行转来分割收汇的收账通知，金额为3 760美元，款项全部存入外币存款账户，当日美元中间汇率为7.02元。

(7) 25日，将代理业务的4%手续费收入2 400美元入账，当日美元中间汇率为7.02元。

(8) 28日，收到银行转来的分割结汇通知，划拨华能化工厂收汇余额，当日美元中间汇率为7.02元。

要求：编制会计分录。

习题3

目的：练习自营来料加工的核算。

资料：春城服装进出口公司根据合同约定，接受美国洛杉矶服装公司来料加工。3月份发生下列有关的经济业务：

(1) 1日，收到美国洛杉矶服装公司发来的衣料5 000米，每米7美元，共计35 000美元，衣料已验收入库，当日美元中间汇率为7.02元。

(2) 5日，将5 000米衣料全部拨付大众服装厂加工生产2 000套女时装。

(3) 13日，大众服装厂2 000套女时装加工完毕，每套加工费75元，当即签发转账支票付讫。

(4) 13日，储运部门转来加工商品入库单，大众服装厂加工的2 000套女时装已验收入库。

(5) 18日，储运部门转来加工商品出库单，列明2 000套女时装已出库装船。

(6) 18日，签发转账支票支付女时装国内运费和装船费1 500元，并支付国外运费1 397美元，保险费143美元，当日美元中间汇率为7.02元。

(7) 20日，女西服每套加工费为15美元，向银行交单收取加工费30 000美元，转销外商发来材料款，并结转其销售成本。当日美元中间汇率为7.02元。

(8) 31日，收到银行转来的收账通知，30 000美元已收妥，银行扣除38美元收汇手续费，其余部分已存入外币存款账户，当日美元中间汇率为7.01元。

要求：编制会计分录（按原材料计价核算）。

第九章

联营与连锁经营业务核算

1. 理解联营方式商品经营的特点。
2. 理解联营商品流通核算的特点。
3. 理解联营商品流通的核算流程。
4. 掌握联营商品流通的业务核算。
5. 理解连锁经营企业的特点。
6. 掌握连锁经营的形式。
7. 理解连锁经营的核算方法。
8. 了解连锁经营的业务程序。
9. 掌握连锁经营商品流通的业务核算。

第一节 联营商品业务核算

在现行市场经济环境下,由于商品供应极大丰富,使得商品流通企业之间的竞争十分激烈。许多企业从加快自身资金周转速度、减少资金占用、提高资金使用效率的角度出发,不断创新经营方式,从而出现了以"引厂进店"为代表的联合经营模式,由此产生的联营商品的管理与核算问题,成为现代商品流通企业会计的新课题。

一、联营方式下的商品经营特点

联合经营方式与自营商品经营方式相比较,具有以下特点:
(1)商品流通企业一般不需要提供资金购买待出售商品,而是只提供商品销售的场所,但与单纯场地出租不同的是,商品流通企业直接参与商品供应商的收益分成。

(2) 商品流通企业没有库存商品管理环节，所有商品的进货、存储均由商品供应商自行负责管理。商品是由生产企业或者批发商直接带到经营场所的，商品流通企业既省去了商品购进环节，也不需要负责库存商品的管理，同时又节约了库存商品的管理成本，但需要负责库存的管理。

(3) 联营方式下的人员配置不同于自营方式。在联营方式下，商品销售人员一般是由商品提供者配备，商品流通企业的人员只需要从事销售的辅助工作，不直接参与商品的销售工作。商品流通企业也不负责发放商品销售人员的工资。

(4) 货款结算由商品流通企业控制。虽然商品流通企业不直接参与商品的销售工作，但是所有商品销售后的款项结算工作均由商品流通企业负责，即消费者不是与商品提供者之间办理货款结算，而是向提供商品销售场所的商品流通企业支付款项。

(5) 商品流通企业与联营方采取先销售后结算的方式结算货款。参与联营的供货商一般按月与商品流通企业结算货款，商品流通企业既省去了采购环节，也节约了采购资金。

从上述联营方式的特点可以看出，在该方式中，商品流通企业不仅不需要将大量的资金积压在商品上，避免了资金周转不畅，而且可以保证企业经营成果的实现，同时与自营方式相比较，也不需要雇佣大量的销售人员，所以这种经营方式在我国已经为许多大型商品零售企业所采用。

二、联营方式下的商品流转

与自营商品流通的商品购进、商品销售、商品储存三个环节不同的是，在"引厂进店"经营模式下，联营商品的流通主要包括商品进货和商品销售两个环节。

（一）商品进货环节

在这种经营方式中，商品是由生产企业或批发商直接送至商品流通企业指定的仓库或经营场所。商品流通企业不存在商品采购过程，所以，既节约了商品购进的支出，又减少了存货资金的占用，同时也不担负对联营商品的保管责任，只对联营企业未出售的库存商品承担安保责任。

（二）商品销售环节

联营商品的销售由商品供应商配备的人员完成，而销售货款则由商品流通企业收取。商品流通企业每日与各商品销售人员核对当天商品销售资料，并由销售人员在核对无误的凭单上签章，以保证当日销售信息的真实性，同时，商品流通企业定期与联营企业核对已销售商品的品名、数量、金额等资料，便于按照双方事先签订的合同办理款项结算工作，确保商品的安全。

三、联营方式下的业务流程

（一）选择联营对象

选择联营对象的实质是选择联营商品及供应商的过程，选择信誉良好的供应商和品质良好的商品是保证联营方式成功的基本前提。在一般情况下，在"引厂进店"的经营模式下，商品流通企业会与多个供应商联营，并选择多种商品同时进店，以给予消费者更多的选择。

（二）签订联营合同

对于采取"引厂进店"经营模式的商品流通企业而言，为了保证双方的利益，要与商品提供者签订联营合同。联营合同是由商品零售商与商品供应商签订的，据以确定合作双方权利和义务关系，明确联营商品的种类、规格、销售方式、货款结算方式等事项的书面合约。

一般而言，联营合同应该包括以下内容：

（1）签约双方的名称。
（2）签约的目的。
（3）联营商品的范围，包括品种、规格、等级等具体内容。
（4）签约双方的权利和义务，具体包括最低商品销售额（保底销售额）、收益分成比例（留利率）、场地规模及条件、商场广告及促销义务、人员管理等。
（5）合同的有效期限，明确双方合作的具体时间界限。
（6）违约责任。
（7）解决争议的方式。
（8）签约时间。
（9）其他应约定的事项。

联营合同是具有法律约束力的书面文件，是商品流通企业从事联营商品流通的基础，也是商品流通企业与商品供应商办理货款结算等事项的主要依据，同时还是商品流通企业进行联营商品流通业务会计核算的主要依据。

（三）联营商品销售货款管理

在商品销售过程中，商品流通企业应当负责全部联营商品的销售收款工作，并确保正确无误。

（四）计算应返还给联营方的商品销售款项

在一般情况下，商品流通企业于每月月末汇总当期全部联营商品的销售额，并根据约定的比例计算应返还供应商的款项。

（五）对账

商品流通企业计算的应返还的款项应当与联营方进行核对，确保结算款项顺利支付。

（六）结算联营商品的返款

在商品流通企业与联营方就返款额核对无误后，就可以进行联营款项的结算工作。

四、联营商品流通的核算

（一）联营商品流通核算的特点

联营商品经营方式在我国主要被商品零售企业所使用。通过前面对联营方式下商品流通特点的分析可以发现，由于联营商品流转与自营商品流转存在差别，因此两种商品流通的核算也不同。概括而言，联营商品流通核算的特点如下：

1. 没有购进环节的核算

由于联营方式下的商品均由供应商提供，商品流通企业不用组织商品的购进，所以，对于联营商品，商品流通企业无须进行购进业务的核算。

2. 没有储存环节的核算

在联营方式下，所有商品的进货、存储均由商品供应商自行负责管理。商品是由生产企业或者批发商直接带到经营场所的，商品流通企业无须进行库存商品的核算。

3. 负责全部联营商品的销售货款的结算

在联营方式下，商品流通企业应当负责全部联营商品的销售收款工作，并确保正确无误。商品流通企业于每月月末汇总当期全部商品的销售额，并根据约定的比例计算应返还给供应商的款项。经双方核对无误后进行款项结算。

4. 以流水的高低作为确定联营厂商的标准

流水是商品流通企业对商品销售额的俗称，为了保证企业的经营效益，在与联营方签订的联营合同中，商品流通企业往往要规定某种商品或者某一商品营销专柜的最低销售额——保底销售额。当某商品的销售在一定期间内未达到约定的销售额要求时，商品流通企业可以按照合同的规定放弃该商品的销售而进行商品或合作厂商的替换。

（二）联营商品流通的核算流程

联营商品经营方式在我国主要应用于零售商品流通，因此，对该类商品的核算采用售价金额核算法。

1. 商品运到处理

由于在"引厂进店"的经营模式下，商品流通企业原则上不负责管理联营商品库存，所以，当联营商品发送至商品流通企业时，企业不需要进行商品购进及验收入库业务的账务处理。

2. 商品销售处理

当商品售出时，先由销售人员填写一式三联的销货凭证，该凭证应连续编号，消费者持其中两联和货款到商品流通企业所设置的收银处办理款项结算，收银员收款后在销货凭证上加盖"收讫"字样的戳记并打印一式两联的销售单，分别交给销售人员和消费者；销售人员收到收款后的销货凭证和销售单办理发货。在一般情况下，销货凭证的第一联由商品柜组存查，第二联由收银员留存，第三联则由购货人留存。

3. 销售货款处理

每日终了，各柜组收银员应当打印出本组全部收款记录，编制内部缴款单，并与实际收取的款项以及留存的销货凭证进行核对，收取的款项包括现金、银行卡及购物券；然后收银员将所收款项、销货凭证以及内部缴款单一并交至财务室出纳员手中进行汇总、核对，如果存在短款现象，应由收银员自行补足；最后，出纳员将当日全部现金收入送存至企业开户银行。

4. 销售核算的核对

出纳员应该根据审核无误的内部缴款单和销货凭证，按照楼层或者柜组编制销货日报表，在该表中应列明各联营商品当日的销售数量、销售金额等内容，并将其交至商品销售人员手中，与销售人员自行登记的实物账（台账）进行核对，在正确无误的情况下由销售人员签章确认。

5. 账务处理

会计人员根据核对无误的销货日报表、内部缴款单等原始凭证进行账务处理，确认商品销售收入的实现。按照实际收取的货币金额，借记"银行存款"科目，按照银行卡的刷卡金额，借记"应收账款"科目，同时按照当日已核对确认的流水，贷记"主营业务收入"科目。

在一般情况下，对于银行卡的刷卡金额，银行需要一周左右的时间才能将款项转至商品流通企业指定的账户中，如果是跨地区刷卡消费，转账时间可能要长些。商品流通企业在收到银行转来的转账通知单后，需要逐笔与POS机的刷卡单核对，然后按照核对无误的金额，借记"银行存款"和"财务费用"科目，贷记"应收账款"科目。

6. 月终核对

月末，商品流通企业应该分厂家、分楼层（柜组）累计全月实际销售额，编制一式两联的销售收入汇总表，分别由财务部门和经营部门各持一份。经营部门与各联营商品供应商进行全月销售情况的核对，审核无误后，财务部门按照指定的增值税税率从全月实现的商品销售收入中扣除企业应缴纳的增值税销项税额，同时计算本月其他税费。

7. 联营分成的核算

商品流通企业应该在每月终了时按照当月各商品的实际销售额以及联营合同中规定的保底销售额、留利率（流水扣点率）等编制联营商品返款明细表，进行双方销售额的分配。

商品流通企业将本月全部销售额按照联营商品返款明细表的计算结果划分为本企业留利和向联营厂商返款两部分，并将联营商品返款明细表的结果与各联营方进行再次核对，以保证所计算的金额正确。经联营方确认后，企业据此采用售价金额核算法补办已销商品购进业务，按照已售商品的销售额，借记"库存商品"科目，按照返款明细表中计算的应返还联营方的金额，贷记"在途物资"，并按照本企业留利金额，贷记"商品进销差价"科目；按照应返还联营方的金额确认为购进额，借记"在途物资"账户，贷记"应付账款"账户。同时，结转已出售商品的销售成本。

8. 增值税进项税的处理

商品流通企业在月末与联营方办理结算对账后，联营厂商将款项结算单及已销商品的增值税专用发票送至商品流通企业业务部门，经业务部门审核后，交给财务部门进行审核并办理付款，同时，根据以此金额计算的应交增值税，补计进项税额。补计增值税进项税额时，借记"应交税费——应交增值税（进项税额）"账户，贷记"商品进销差价"账户。

（三）联营商品核算涉及的单证

在联营商品核算过程中，会涉及许多核算单证，商品流通企业应根据该经营方式下商品流通核算的特点，根据管理的需要，设置适合企业管理和核算需要的相关原始凭证，并使上述单证之间具有相互钩稽关系，同时要保证企业内部的财务部门、经营部门、采购部门之间以及企业与联营厂商之间通过上述各种凭证进行定期核对，以保证会计核算资料的真实完整。

1. 销货凭证

销货凭证是证明联营商品销售的原始凭证，是消费者据以交款和提取商品的依据，也是销售人员办理发货、核算商品库存及与商场核对销售的依据，其格式见表9-1。

表 9-1　××商场销货凭证

柜组名称：　　　　　　　　　　　年　　月　　日　　　　　　　　　　　编号：

商品编号	品名	单位	数量	单价	金额	第一联柜组联
合计						

营业员：　　　　　　　　　　　　　　　　　　　　　　　　　　　收银员：

2. 销售单

销售单是消费者交款后，收银员在收银机上打印的收款凭证，消费者凭此单据和已盖"收讫"字样的销货凭证到营业柜台办理取货，其格式见表9-2。

表 9-2　销售单

销售日期：		时间：		流水号：				
收银机：		收银员：		顾客卡号：				
营业员：	编码：	商品名：	单价：	数量：	折扣：	金额：		
总计：								
人民币：								
银行卡：								
购物券：								
找零：								

3. 内部缴款单

每天营业结束后，由各营业柜组（门市部）或收款员按其所收的销货款，填制内部缴款单及零售商品进销存日报表，连同所收的货款一并送交财务部门，财务部门将各营业柜组或门市部的销货款集中汇总后填制解款单，并集中将当日的销售货款全部解存银行。内部缴款单、联营商品销货日报表及银行进账单回单是财务部门对每日销售业务进行账务处理的依据。该单据在零售核算中已做过介绍，不再赘述。

4. 销货日报表

联营商品销售的销货日报表格式与自营销售的零售商品进销存日报表有所不同，其最大的区别是没有联营厂商确认并签章的栏目。其格式见表9-3。

表9-3 联营商品销货日报表　　　　　年　月　日

柜组	商品编号	商品名称	销售数量	日流水	厂商签章

5. 联营商品返款明细表

联营商品返款明细表是在汇总当月联营商品销售情况基础上，按照联营合同约定条件编制的，该表必须得到联营厂商的确认后才能作为双方分成和记账的依据。其格式见表9-4。

表9-4 联营商品返款明细表

编号	产品（厂商）	本月销售额	保底销售额	扣点率	超额销售	扣点率	留利额	付款额	备注
合计									

财务复核：　　　　　　　　　　　厂商复核：　　　　　　　　　　　制表人：

（四）联营商品流通的业务核算

1. 日常销售的核算

【例9-1】 美华商厦将家电类商品采取"引厂进店"方式进行经营，2019年1月20日，该商厦当日家电类商品实现销售额120 000元，其中收取现金50 000元，银行卡收款共计70 000元，其中工商银行卡30 000元、建设银行卡30 000元、商业银行卡10 000元。财务人员根据核对确认后的销货日报表、内部缴款单、银行进账单回单等原始凭证进行会计处理如下：

  借：银行存款   50 000
    应收账款——工商银行   30 000
       ——建设银行   30 000
       ——商业银行   10 000
    贷：主营业务收入   120 000

2. 与银行结算银行卡收款的核算

【例9-2】 承上例，2019年2月10日，分别收到三家银行转来的1月20日银行卡所收款项，三家银行按照2%比例扣除手续费后，将货款转入商厦的账户。会计处理如下：

  借：银行存款   68 600
    财务费用   1 400
    贷：应收账款——工商银行   30 000
         ——建设银行   30 000
         ——商业银行   10 000

3. 销售收入调整

【例9-3】 美华商厦汇总全月联营家电类商品销售额共计3 500 000元，调整后的销售收入及当月应交增值税额如下：

    不含税销售收入 = 3 500 000 ÷（1 + 13%）= 3 097 345.13（元）
    增值税销项税额 = 3 500 000 − 3 097 345.13 = 402 654.87（元）

会计处理如下：

  借：主营业务收入   402 654.87
    贷：应交税费——应交增值税（销项税额）   402 654.87

4. 联营分成及已销商品成本结转的核算

【例9-4】 美华商厦将本月实现的3 500 000元联营家电类商品销售额编制联营商品返款明细表交与各联营厂商核对并得到确认后，确定应返还各联营厂的金额为2 620 000元，本商厦留利额为880 000元，商厦根据审核无误的联营商品返款明细表进行会计处理如下：

  借：库存商品   3 500 000
    贷：在途物资   2 620 000
      商品进销差价   880 000
  借：在途物资   2 620 000
    贷：应付账款   2 620 000
  借：主营业务成本   3 500 000
    贷：库存商品   3 500 000
  借：商品进销差价   880 000
    贷：主营业务成本   880 000

5. 结算分成及增值税进项税的处理

【例9-5】 美华商厦于2019年2月10日通过开户银行转账支付联营厂商的应返还款2 620 000元，并取得联营厂商开来的上述款项的增值税专用发票。其会计处理如下：

借：应付账款　　　　　　　　　　　　　　　　　　　　　　　2 620 000
　　贷：银行存款　　　　　　　　　　　　　　　　　　　　　　2 620 000
借：应交税费——应交增值税（进项税额）　　　　　　　　　　　340 600
　　贷：商品进销差价　　　　　　　　　　　　　　　　　　　　340 600

商品流通企业采取联营商品经营方式，在业务管理上除了没有库存商品的管理等环节外，不存在调价、商品清查等项工作，相应的会计核算也简化了很多，这正是联营商品管理和核算的主要优势。财务部门应及时向管理层反映各种联营商品的流水情况，以便使管理层能够及时了解各种联营商品的销售情况，并及时做出适时调整联营厂商及商品的决策，同时，商品流通企业虽然没有库存商品管理的义务，但应加强对存放在企业的未出售联营商品的安保管理。

第二节　连锁经营业务的核算

连锁经营是企业采用的一种经营方式和管理制度，它是指在核心企业或总公司（母公司）的统一领导、组织下，对分散的、经营同类商品或服务的门店集中进货、统一管理的规范化经营。在连锁经营模式下，核心企业被称为连锁总部、总店或本部，各分散的门店被称为连锁（分）店。在商品流通领域，连锁经营方式被大型超市、百货店、专卖店、家居建材商店、便利店、购物中心等广泛采用。

一、连锁经营企业的特点

连锁经营企业的特点可以概括为：组织形式的联合化和标准化及经营方式的一体化和专业化。具体表现为四个方面：企业识别系统及商标统一；商品和服务统一；经营管理统一；经营理念统一。这四个统一是有层次的，从低级向高级发展，连锁经营企业是随着四个层次的逐步统一而不断走向成熟的。

（一）企业识别系统及商标统一

这是连锁经营最基本层次的统一，是企业外在形象的统一。所谓企业识别系统，是指连锁企业呈现给公众的直接形象，主要包括连锁企业的招牌、标志、商标、标准字、标准色、外观装潢、员工服饰等。这种统一设计的企业识别系统，不仅有利于消费者识别、购买连锁企业各分店的商品，更重要的是有利于让消费者认同该企业，对企业产生深刻的印象。但连锁企业仅仅做到这一点还远远不够，如果没有内在的统一做保障，外在形象的统一只是连锁经营的一层"包装"而已。

（二）商品和服务统一

这是连锁企业经营内容的统一，是满足统一目标顾客需求的营销方式的统一，为了达到整体经营效果，使消费者对连锁企业产生信任和依赖，连锁企业各分店所经营的商品都是经过总部精心策划和挑选的，是按照消费者需求做出的最佳商品组合，并不断更新换代；所提供的服务也是经过总部统一规划，使消费者无论何时到任何一家分店，都可以享受到连锁企业提供的整齐划一的商品和服务，从而增强顾客的忠诚度。

（三）经营管理统一

这是连锁企业内部管理模式的统一，是制度层面的统一。连锁企业必须在经营战略、经营策略上实行集中管理，即由总部统一规划，制定规范化的经营管理标准，并下达给各分店认真执行。各分店必须遵从总部所颁布的规章制度，采取标准化、系统化、制度化的管理模式。对于连锁企业而言，经营管理的统一性主要是通过连锁企业的营运手册来实现的，目前，许多连锁企业都开发了自己的营运手册，并据此构成了其统一经营管理的连锁体系。

（四）经营理念统一

这是连锁企业全体员工观念与行为的统一，是文化层面的统一。连锁企业的经营理念是其经营宗旨、经营哲学、价值观念、企业定位和中长期战略的综合，是其全部经营管理活动的依据。连锁企业无论拥有多少分店，都必须持有共同的经营理念，只有经营理念真正统一，连锁企业才能使各分店真正成为一体，实现共同发展和持续经营的目标。

上述四个统一是由低到高相互衔接在一起的。如果只有店名和店貌的统一而无服务和商品的统一，连锁经营就只会成为一个招牌；如果没有经营管理的统一，各个分店虽然招牌相同，却独立经营，具有较大的自主权和灵活性，则连锁企业根本无法实现商品和服务的统一；连锁企业只有真正实现了经营理念的统一，才能自下而上形成各分店、各管理层及全体员工自觉遵守的统一的经营管理制度，才能将企业的经营战略完全贯彻下来，并始终如一地形成企业长期的经营特色和经营理念。

二、连锁经营的形式

连锁经营主要有直营连锁、特许连锁、自由连锁三种形式。

（一）直营连锁

直营连锁也称正规连锁，是指各连锁店同属一个投资主体，经营同类商品或提供同样服务，实行进货、价格、配送、管理、形象等方面的统一，总部对分店拥有全部的所有权和经营权，统一核算，统负盈亏。

在直营连锁形式下，总部采取纵深式的管理方式，直接下令掌管所有的零售点，零售点完全接受总部的指挥。直营连锁的主要任务是"渠道经营"，即通过经营渠道的拓展从消费者手中获取利润。

直营连锁经营的特点是财产所有权和经营管理权高度集中于连锁总部。

（二）特许连锁

特许连锁也称合同连锁、契约连锁、加盟连锁，是指总部同加盟店签订合同，授权加盟店在规定区域内使用自己的商标、服务标记、商号、经营技术和销售总店开发的产品，在同样形象下进行销售及劳务服务。总部对店铺拥有经营权，加盟店按销售额或毛利的一定比例向总部支付报酬。加盟店对分店拥有所有权和收益权，具备法人资格，实行独立核算。

特许连锁的特点主要表现在五个方面：①其连锁经营的核心是特许权的转让；②特许连

锁的所有权是分散的，经营权是集中的；③总部向加盟店提供必需的信息、知识、技术和训练等，同时还要授予店名、商标、服务标志等的使用权，开店后还要继续进行经营指导，被授予者享有使用授予者的商标、商号、产品或经营技术等，从事经营活动的权利；④按照特许合同规定，连锁加盟店向特许权授权者（总部）采购设备和原料；⑤加盟店对总部授予的权利和提供的服务，需以某种形式向总部支付报酬。

（三）自由连锁

自由连锁也称自愿连锁，是指各分店在保留单个资本所有权的基础上实行联合，总部和分店之间是协商、服务关系，总部统一订货和送货，统一制定销售战略，统一使用物流及信息设施。各分店独立核算，自负盈亏，人事自主，且有很大的经营自主权。

在这种经营方式下，企业是原已存在的，而非由连锁总公司辅导创立的，所以在名称上有别于加盟店。在自愿连锁体系中，商品所有权归属各成员店，而运作技术及商店品牌则归总部持有。

自由连锁的特点为自由连锁店的所有权、经营权、财务权是相对独立的。

三种连锁形式的区别和联系见表9-5。

表9-5 三种连锁经营形式的比较

项目	直营连锁	特许连锁	自由连锁
总部与加盟店的资本所属	同一资本	不同资本	不同资本
连锁店是否有独立的企业法人资格	没有	有	有
总部资金构成	企业总部自身所有	由加盟店全部或部分出资	全部由加盟店出资
连锁店（或加盟店）与总部关系	属企业内部管理上下级	总部对加盟店具有较大影响力	加盟店对总部具有较大影响力
总部对加盟店的人事权和直接经营权	有	无	无
加盟店自主性	小	小	大
加盟店须向总部上交指导费用	否	是	是
分店间联系	同隶属于企业总部	无横向联系	有横向关系
总部与加盟店的合同	无	有	有
总部与加盟店的合同约束力	视公司规章而定	强硬	松散

三、连锁经营的商品流转核算方法

直营连锁经营模式下,由总部、各门店组成的经营联合体是会计核算主体,其会计核算采用何种核算方法,应根据整个联合体的经营特点确定。自由连锁和特许连锁的各个门店均实行独立核算,其实质是独立的经营主体,因此也是独立的会计核算主体,即一个门店就是一个商品流通企业,其会计核算采用何种核算方法,需要根据门店自身的经营特点决定。

以直营连锁经营为例,连锁商品在商品采购和商品配送环节为大批量,具有批发企业的经营特征,而门店销售则属于零售,连锁商店的商品流通业务实现了批发、零售一体化。因此,应当考虑其业务特点,恰当选择会计核算方法。对采购和配送环节的商品一般选择数量进价金额核算法。对门店的商品,应当选择适宜零售企业的核算方法,同时考虑门店所经营商品的特点,以确定最佳的核算方法。一般门店可选择的核算方法有:

①售价金额核算法。对于经营商品种类繁多的门店,应当采用售价金额核算法。②数量进价金额核算法和数量售价金额核算法。经营商品的专业性较强,商品种类、规格较少,或者经营的是贵重商品,一般采用数量进价金额核算法和数量售价金额核算法。③进价金额核算法。经营鲜活商品的门店,应当选用"进价金额核算法"。

四、连锁经营企业的业务流程

(一)连锁经营企业各环节的职能

1. 总部的职能

总部是连锁经营企业管理的核心,必须具备采购配送、财务管理、质量管理、经营指导、市场调研、商品开发、促销策划、教育培训等职能。

2. 门店的职能

门店是连锁店的基础,主要职责是按照总部的指示和服务规范要求,承担日常销售业务。

3. 配送中心的职能

配送中心是连锁店的物流机构,主要为本连锁经营企业服务,也可面向社会其他企业,承担着各门店所需商品的进货、库存、分货、加工、集配、运输、送货等任务。一般通过总部设置的采购部门统一采购,由配送中心向各门店统一配送商品,各门店负责销售。

(二)连锁经营企业的业务流程

1. 采购商品

由采购部门统一为所有门店的销售进行采购,每次采购批量较大。采购部门首先根据批准的订单订货采购,取得发票后交与财务部门结算;配送中心根据提货单提货,或者根据收货通知单验收,商品验收后填制验收单一式数联,将其中一联送交财务部门记账。

2. 配送商品

由配送中心根据各门店的需要配送商品,填制送货单一式数联,门店收货签字后,其中一联上交财务部门。

3. 销售商品

由各门店销售商品，销售对象为消费者个人，属于零售。各门店一般需要设核算员，在每日营业终了，由其根据销售情况和实收销售款填制商品销售收入缴款单、销售日报表，并将商品销售收入缴款单、销售日报表等连同销售款一并送交财务部门。财务部门当面点收无误后，由出纳人员在商品销售收入缴款单上签收，并加盖"收讫"章，最后将各门店交来的销售款汇总，全部解存银行。

在实际工作中，一般在每日营业终了，由门店核算员（或另设收银岗位）将门店收入的现金直接解存银行，获取现金缴款单回单，然后将现金缴款单回单连同商品销售收入缴款单、销售日报表送交财务部门。

五、连锁经营企业的账簿设置

连锁经营企业根据所选择的会计核算方法，设置相应账簿。如果总部财务部门对商品采购、配送和门店的商品分别采用不同的核算方法，在建账时应分别考虑。涉及采购、配送中心的商品应当按照其选择的核算方法建"库存商品"账。对门店的商品应当按照门店的核算方法建"库存商品"账。建账过程如下：

首先，为了便于加强对商品的管理，分清责任，先将商品按配送中心和各门店设置二级明细账，即"库存商品——配送中心""库存商品——门店一""库存商品——门店二"等。

其次，"库存商品——配送中心"账户及所属明细账，根据数量进价金额核算法的建账要求建账，即按照商品品种、品名、规格型号等设置三级、四级明细账。"库存商品——配送中心"明细账格式应采用数量金额式，其金额反映商品的进价成本。

再次，"库存商品——门店"账户及所属明细账，根据所选择的核算方法的建账要求建账。明细账账户名称、账页格式与登记内容需与所选择的核算方法相匹配。例如，门店选择售价金额核算法，则"库存商品——门店"所属明细账应按营业柜组（或负责人）设置，账页格式采用三栏金额式，只登记金额不登记数量，其金额反映商品的售价成本。

最后，配送中心和各门店还应设置"商品保管账"。

六、往来制下账户的设置

在连锁经营活动中，各门店和其他基层单位之间及与总部之间，时刻都发生着各种不同类型的经济业务往来。由于总部和各个基层单位都是不同的会计主体，因此不仅要在这种经济往来关系中明确总部和各个基层单位的具体核算内容，明确不同单位的不同核算范围，而且还要准确反映企业资产、负债、收入、费用等要素在企业内部转移和流动的全过程，反映各个基层单位和总部所应享有的经济利益和承担的经济责任，因此要在连锁企业内部设置往来账户。通过组织内部往来的核算，不仅使连锁企业形成一个统一完整的经济实体，而且能准确反映这一经济实体中各个不同部门和单位的经济情况。在会计核算上要通过设置往来账户来实现核算和管理，具体包括"总部往来"和"基层往来"两个账户。

（一）"总部往来"账户

为了反映各门店、基层单位与总部之间的业务往来，基层单位应设置"总部往来"账户，该账户的贷方核算总部拨给基层单位的资金，具体包括：收到总部拨来的商品，收到总部拨来的现金（银行存款），收到总部拨来的固定资产和其他资产，通过总部从其他门店或者其他基层单位调入的商品资金、固定资产或者其他资产，总部代门店支付的各种费用等。该账户的借方核算基层单位退还或者转给总部的资金，具体包括：向总部退回商品或者向其他门店调拨商品，送交总部的营业款，总部从本单位调出的固定资产和其他资产，通过总部调拨给其他门店或者其他基层单位的商品资金、固定资产或者其他资产等。

"总部往来"账户是具有双重属性的账户，既可以将其看成是结算账户，也可以看成是所有者权益账户。当其作为结算账户时，该账户的借方余额相当于门店对总部的债权；如果余额在贷方，则相当于是对总部的债务。当其作为所有者权益账户时，该账户期末借方余额，表示门店对总部的投资或门店在总部所享有的权益；如果期末余额在贷方，则表示总部在门店的投资或者总部在门店的权益。

（二）"基层往来"账户

连锁经营企业总部为了反映与各门店及其他基层单位之间的业务往来，需要设置"基层往来"账户。该账户借方核算总部拨付给基层单位的资金，具体包括：拨付给门店的商品，拨付给门店和其他基层单位的现金（银行存款），拨付给门店和其他基层单位的固定资产和其他资产，代门店和其他基层单位支付的各种费用等。该账户贷方核算总部从基层单位收回的资金，具体包括：各门店交来的销售营业款，门店退回总部的商品，从门店和其他基层单位调回的固定资产和其他资产等。

（三）"总部往来"和"基层往来"两个账户的关系

基层单位设置的"总部往来"账户和总部财务部门设置的"基层往来"账户所记录的内容完全相同，只是记账的方向相反，所以二者之间存在互相对应的关系。总部财务部门的"基层往来"账户统驭基层单位的"总部往来"账户；总部财务部门通过"基层往来"账户控制总部与各个基层单位之间、基层单位与基层单位之间的资金往来关系。通过这两个账户的设置，明确了总部和各个基层单位之间的经济责任。由于两个账户所记载的内容是完全一致的，所以总部在汇总编制企业会计报表时，应当将这两个账户的余额予以抵消，以免重复计算。

七、连锁经营企业商品采购的核算

连锁经营企业的商品采购业务一般涉及总部财务部门、配送中心和门店三个部门的具体核算。

（一）企业总部财务部门的会计处理

1. 收到购货单据时的会计处理

财务部门收到由配送中心和采购部门审核后的发票和送货单，与采购订单核对无误后，对于应当确认为购进的部分编制如下会计分录，同时登记商品采购明细账。

借：在途物资——××供应商（商品进价）
　　应交税费——应交增值税（进项税额）
　　贷：应付账款——××供应商

对于发票和送货单与采购订单不相符合的部分，应当予以拒付，并且在商品采购明细账上单独予以反映。

2. 商品验收入库的会计处理

（1）由配送中心统一配销的商品。配送中心统一配销的商品，由供应商将商品按照配送中心的指令送到指定仓库，配送中心仓库将商品验收入库以后，总部财务根据配送中心送来的商品验收入库单编制如下会计分录：

借：基层往来——配送中心
　　贷：在途物资——××供应商（商品进价）

（2）供应商直送门店的商品。由配送中心采购不进入配送中心仓库，供应商根据配送中心的指令直送到门店的商品，根据门店的性质不同，有以下两种情况：

一是直营店。直营店是连锁企业的下属单位，供应商直接送往直营门店的商品，产权并没有发生转移，所以其会计分录与配送中心统一配销的商品基本相同，只是将基层往来的明细账改为门店的名称。

二是加盟店和合资店。加盟店和合资店是具有独立产权的法律主体，配送中心采购的商品直接送到加盟店或者合资店，事实上是连锁企业将商品销售给了加盟店和合资店，总部财务部门根据加盟店和合资店的商品验收入库单，按照商品调拨价向加盟店和合资店开具销售发票，同时将此确认为连锁企业的收入，结转销售成本。连锁企业做如下会计分录。

①按照验收入库单所列的收货数量：

借：在途物资——××供应商
　　应交税费——应交增值税（进项税额）
　　贷：应付账款——××供应商

②以商品调拨价向加盟店或者合资店开具销售发票：

借：基层往来——××门店（调拨价+销项税额）
　　贷：主营业务收入（商品调拨价）
　　　　应交税费——应交增值税（销项税额）

③同时，根据商品验收入库单所列的收货数量以商品的进价做如下结转成本的会计分录：

借：主营业务成本
　　贷：在途物资——××供应商

（二）配送中心的会计处理

商品配送中心根据商品验收入库单进行总分类核算，编制如下会计分录。

（1）按照进价金额核算时：

借：库存商品——××类（存放地点）（商品进价）
　　贷：总部往来——商品采购（商品进价）

（2）按照售价金额核算时：

借：库存商品——××类（存放地点）（售价）
　　贷：商品进销差价——××类（存放地点）（售价和商品进价的差额）
　　　　总部往来——商品采购（商品进价）

（三）门店的会计处理

由供应商直接送到门店的商品，其会计处理过程与上述采购部门的处理过程基本相同，只是由门店的仓库登记库存商品卡片，门店的核算员登记库存商品二级明细分类账和库存商品三级明细分类账，同时编制会计分录进行库存商品的总分类核算。由于门店的性质不同，在会计核算上也有所区别。

1. 直营门店的会计处理

（1）按照进价金额核算时：

借：库存商品——××类（商品进价）
  贷：总部往来——商品采购（商品进价）

（2）按照售价金额核算时：

借：库存商品——××类（售价）
  贷：商品进销差价——××类（存放地点）（售价和商品进价的差额）
    总部往来——商品采购（商品进价）

2. 加盟门店或者合资门店的会计处理

（1）按照进价核算时：

借：库存商品（内部调拨价）
  贷：总部往来

（2）按照售价核算时：

借：库存商品（商品售价）
  应交税费——应交增值税（进项税额）（调拨价×税率）
  贷：总部往来（内部调拨价+进项税额）
    商品进销差价（售价和调拨价的差额）

【例9-6】 2019年1月，东华连锁超市有限公司从食佳食品公司采购早餐饼200箱，每箱10包，每包进价5元，内部调拨价5.5元，销售价7元，增值税率13%。其中50箱送到配送中心仓库，40箱直接送往解放路门店（直营门店），10箱送往中山路门店（加盟店）。发票账单已经收到，商品由有关部门验收入库。

（1）按照商品进价核算

① 总部财务部门的会计处理：

收到发票账单时：

借：在途物资——食佳食品公司（200×10×5）	10 000
应交税费　应交增值税（进项税额）	1 300
贷：应付账款——食佳食品公司	11 300

送到配送中心的会计处理：

借：基层往来——配送中心（50×10×5）	2 500
贷：在途物资——食佳食品公司	2 500

直接送到直营店的会计处理：

借：基层往来——解放路门店（40×10×5）	2 000
贷：在途物资——食佳食品公司	2 000

以商品调拨价直接送到加盟店的会计处理：

借:基层往来——中山路门店（10×10×5.5+71.5）　　　　　　　621.50
　　贷:主营业务收入（10×10×5.5）　　　　　　　　　　　　　550
　　　　应交税费——应交增值税（销项税额）　　　　　　　　 71.50

同时，结转成本的会计处理：
借:主营业务成本　　　　　　　　　　　　　　　　　　　　　　500
　　贷:在途物资——食佳食品公司　　　　　　　　　　　　　　500

②配送中心的会计处理：
借:库存商品——食品类（早餐饼）（50×10×5）　　　　　　 2 500
　　贷:总部往来　　　　　　　　　　　　　　　　　　　　　2 500

③门店的会计处理：
直营店：
借:库存商品——食品类（早餐饼）（40×10×5）　　　　　　 2 000
　　贷:总部往来　　　　　　　　　　　　　　　　　　　　　2 000

加盟店：
借:库存商品（10×10×5.5）　　　　　　　　　　　　　　　　 550
　　贷:总部往来　　　　　　　　　　　　　　　　　　　　　 550

(2) 按照商品售价核算：
①总部财务部门的会计处理与按照进价的核算相同。
②配送中心的会计处理：
借:库存商品——食品类（早餐饼）（50×10×7）　　　　　　 3 500
　　贷:商品进销差价——食品类（早餐饼）　　　　　　　　 1 000
　　　　总部往来——商品采购（50×10×5）　　　　　　　　2 500

③门店的会计处理：
直营店：
借:库存商品——食品类（早餐饼）（40×10×7）　　　　　　 2 800
　　贷:商品进销差价——食品类（早餐饼）　　　　　　　　　 800
　　　　总部往来——商品采购（40×10×5）　　　　　　　　2 000

加盟店：
借:库存商品——食品类（早餐饼）（10×10×7）　　　　　　　 700
　　应交税费——应交增值税（进项税额）（10×10×5.5×13%） 71.50
　　贷:商品进销差价——食品类（早餐饼）（10×10×1.5）　　 150
　　　　总部往来——商品采购　　　　　　　　　　　　　　 621.50

八、连锁经营企业横向商品调拨的核算

在连锁经营企业所属的各个门店中，当某个门店临时缺货或某个门店出现积压，且供应商或配送中心无法及时供货时，总部就要在不同的门店之间进行商品余缺的调剂，由此产生了连锁经营企业横向商品的调拨业务。

月末由调出单位根据商品调拨单签发月份商品调拨汇总表，作为签发内部转账通知书的

依据，该汇总表一式三联，第一联和第三联分别作为调入单位和调出单位登记库存商品明细账的依据，第三联由总部财务部门留存。商品调拨单和月份商品调拨汇总表应由总部根据企业商品内部控制的机制负责设计并规范其流转的流程。

（一）直营店之间商品调拨的核算

1. 调出门店的会计处理

财务部门或者门店核算员定期或在月末，根据签发的商品调拨单第四联汇总编制月份商品调拨发货汇总表，同时根据汇总数签发内部转账通知书，留存一联汇总表和转账通知书，作为进行会计处理的原始凭证，并据此登记库存商品明细账和内部往来账，其余两联月份商品调拨发货汇总表和内部转账通知书及调拨单第二联、第三联一并转交到总部财务部门。

（1）商品按照进价金额核算时：

借：总部往来——商品调拨（进价）
　　贷：库存商品——××类（进价）

（2）商品按照售价金额核算时：

借：总部往来——商品调拨（进价）
　　商品进销差价
　　贷：库存商品——××类（售价）

2. 总部财务部门的会计处理

总部财务部接到调出门店转来的内部转账凭证、月份商品调拨发货汇总表、商品调拨单以后，加盖"转讫"专用章，各留存一联，据以编制转账凭证和登记调入门店及调出门店的往来账，同时，总部将另一联内部转账通知书、商品调拨发货汇总表、商品调拨单一并转交给调入门店。

借：基层往来——调入门店（进价）
　　贷：基层往来——调出门店（进价）

3. 调入门店的会计处理

调入商品运到门店时，内仓商品保管员根据随货同行的调拨单第一联对调入商品实物进行验收，并据此登记内仓库存商品卡片账。月末，接到总部财务部门转来的内部转账凭证、月份商品调拨发货汇总表、商品调拨单后，首先要对上述单证进行审核，然后将其与内仓已经入账的库存商品卡片账核对，核对无误后，调入门店即可进行相关的会计处理并登记库存商品明细分类账。

（1）商品按照进价核算时：

借：库存商品——××类（进价）
　　贷：总部往来——商品调拨（进价）

（2）商品按照售价核算时：

借：库存商品——××类（售价）
　　贷：商品进销差价
　　　　总部往来——商品调拨（进价）

【例9-7】 2019年1月,东华连锁超市有限公司的解放路门店因顾客批量采购一批消毒液,门店的内仓存量不足,从人民路门店调入200只,上述两店均为本连锁超市的直营门店。该批消毒液的进价为12元/只,含税售价为18元/只。

(1) 商品按售价核算时,调出门店的会计处理:

借:总部往来——商品调拨　　　　　　　　　　　　　　　　　　　2 400
　　商品进销差价　　　　　　　　　　　　　　　　　　　　　　　1 200
　　贷:库存商品——消毒液　　　　　　　　　　　　　　　　　　3 600

总部财务部门的会计处理:

借:基层往来——解放路门店　　　　　　　　　　　　　　　　　　2 400
　　贷:基层往来——人民路门店　　　　　　　　　　　　　　　　2 400

调入门店的会计处理:

借:库存商品——消毒液　　　　　　　　　　　　　　　　　　　　3 600
　　贷:商品进销差价　　　　　　　　　　　　　　　　　　　　　1 200
　　　　总部往来——商品调拨　　　　　　　　　　　　　　　　　2 400

(2) 商品按进价核算时,调出门店的会计处理:

借:总部往来——商品调拨　　　　　　　　　　　　　　　　　　　2 400
　　贷:库存商品——消毒液　　　　　　　　　　　　　　　　　　2 400

总部财务部门的会计处理:

借:基层往来——解放路门店　　　　　　　　　　　　　　　　　　2 400
　　贷:基层往来——人民路门店　　　　　　　　　　　　　　　　2 400

调入门店的会计处理:

借:库存商品——消毒液　　　　　　　　　　　　　　　　　　　　2 400
　　贷:总部往来——商品调拨　　　　　　　　　　　　　　　　　2 400

(二) 直营店从加盟店调拨商品的核算

当直营店从加盟店调入商品时,涉及商品所有权的转移问题,加盟店将商品调拨给直营店,等于商品的所有权由加盟店转让给连锁企业,相当于加盟店将商品退回给原来销售的连锁企业,因此连锁企业应当将原来确认的销售收入予以冲回。

1. 加盟店的会计处理

加盟店根据调出商品的数量填写商品调拨单,留存第五联登记内仓库存商品卡片账。月末编制月份商品调拨发货汇总表,并签发内部转账凭证,据此编制有关会计分录和登记库存商品明细账。

(1) 商品按进价核算时:

借:总部往来——商品调拨(调拨价+增值税)
　　贷:库存商品——××类(调拨价)
　　　　应交税费——应交增值税(进项税额转出)

(2) 商品按售价核算时:

借:总部往来——商品调拨(调拨价+增值税)
　　商品进销差价——××类

　　　　贷：库存商品——××类（售价）
　　　　　　应交税费——应交增值税（进项税额转出）

2. 总部财务部门的会计处理

总部财务部门收到加盟店转来的月份商品调拨发货汇总表和内部转账通知书后，经审核无误，在转账通知书上加盖"转讫"字样，将其中一联转到调入的直营门店，作为调入门店的记账依据；同时根据留存联，为加盟店开具增值税红字发票，与留存的转账通知书一并作为进行相关会计处理的原始凭证。

（1）冲减主营业务收入，做如下会计分录：

　　借：主营业务收入（调拨价）
　　　　应交税费——应交增值税（销项税额）
　　　　贷：基层往来——加盟店（调拨价+增值税额）

（2）同时冲减主营业务成本，做如下会计分录：

　　借：基层往来——商品调拨（调入门店）（进价）
　　　　贷：主营业务成本

3. 直营店的会计处理

调入商品的直营店按照随货同行的商品调拨单登记内仓库存商品卡片账。月末收到总部转来的内部转账通知书和月份商品调拨发货汇总表第二联后，经审核无误并与内仓库存商品卡片核对以后，即可进行相关的会计处理，并登记库存商品明细账。

（1）商品按进价核算时：

　　借：库存商品——××类（进价）
　　　　贷：总部往来——商品调拨（进价）

（2）商品按售价核算时：

　　借：库存商品——××类（售价）
　　　　贷：总部往来——商品调拨（进价）
　　　　　　商品进销差价——××类

【例9-8】 2019年1月，东华连锁超市有限公司的解放路门店（直营店）因顾客批量采购一批办公用品，门店的内仓存量不足，从中山路门店（加盟店）调入10箱（每箱50件）。该批用品的进价为2元/件，内部调拨价2.50元/件，售价3.5元/件。

（1）中山门店的会计处理：

商品按进价核算时：

　　借：总部往来——商品调拨（10×50×2.50+10×50×2.50×13%）　　1 412.50
　　　　贷：库存商品——办公用品（10×50×2.50）　　　　　　　　　　1 250
　　　　　　应交税费——应交增值税（进项税额转出）　　　　　　　　162.50

商品按售价核算时：

　　借：总部往来——商品调拨（10×50×2.50+10×50×2.50×13%）　　1 412.50
　　　　商品进销差价——办公用品　　　　　　　　　　　　　　　　　500
　　　　贷：库存商品——办公用品（10×50×3.50）　　　　　　　　　　1 750

　　　　应交税费——应交增值税（进项税额转出）　　　　　　　　　162.50
（2）总部财务部门的会计处理：
借：主营业务收入（10×50×2.50）　　　　　　　　　　　　　　1 250
　　应交税费——应交增值税（10×50×2.50×13%）　　　　　　　162.50
　　贷：基层往来——加盟店（10×50×2.50+10×50×2.50×13%）　　1 412.50
同时冲减主营业务成本，做如下会计分录：
借：基层往来——商品调拨（解放路门店）　　　　　　　　　　　1 000
　　贷：主营业务成本　　　　　　　　　　　　　　　　　　　　　　1 000
（3）直营店的会计处理：
商品按进价核算时：
借：库存商品——办公用品　　　　　　　　　　　　　　　　　　1 000
　　贷：总部往来——商品调拨　　　　　　　　　　　　　　　　　　1 000
商品按售价核算时：
借：库存商品——办公用品　　　　　　　　　　　　　　　　　　1 750
　　贷：总部往来——商品调拨　　　　　　　　　　　　　　　　　　1 000
　　　　商品进销差价——办公用品　　　　　　　　　　　　　　　　750

（三）加盟店从直营店调拨商品的核算

1. 直营店的会计处理

直营店在库存商品卡片账上根据调拨单第五联按照调出数登记减少数，期末按照月份商品调拨发货汇总表和留存的内部转账通知书，做出会计处理并登记库存商品明细分类账。

（1）商品按进价核算时：
借：总部往来——商品调拨（进价）
　　贷：库存商品——××类（进价）
（2）商品按售价核算时：
借：总部往来——商品调拨（进价）
　　　商品进销差价
　　贷：库存商品——××类（售价）

2. 总部财务部门的会计处理

由于加盟店与连锁企业的资产产权属于不同的所有者，商品由直营店调往加盟店是商品在不同所有者之间的转移，对连锁企业而言，相当于向加盟店和合资店销售了一批商品，所以，连锁企业应当将其确认为商品销售收入。连锁企业财务部门按照商品调拨单、月份商品调拨发货汇总表和内部转账通知书所列的调拨价向加盟店开具销售发票，并做如下会计处理：

（1）确认商品收入：
借：基层往来——××加盟店（调拨价+增值税）
　　贷：主营业务收入
　　　　应交税费——应交增值税（销项税额）

（2）同时按照进价结账成本：

借：主营业务成本

　　贷：基层往来——××门店（进价）

3. 加盟店的会计处理

加盟店在收到调入的商品以后，以随货同行的商品调拨单作为商品验收的依据，对商品验收无误后，登记库存商品卡片账。当月月末收到总部财务部门转来的月份商品调拨汇总表和内部转账通知书时，将其与随货同行的调拨单、已经登记入账的库存商品卡片账核对无误以后，做如下会计处理：

（1）按进价核算时：

借：库存商品——××类（调拨价）

　　应交税费——应交增值税（进项税额）

　　贷：总部往来——商品调拨（调拨价+增值税）

（2）按售价核算时：

借：库存商品——××类（售价）

　　应交税费——应交增值税（进项税额）（调拨价×税率）

　　贷：商品进销差价——××类

　　　　总部往来——商品调拨（调拨价+增值税）

【例9-9】 2019年1月，东华连锁超市有限公司的中山路门店（加盟店）因顾客批量采购一批酸奶，门店的内仓存量不足，从解放路门店（直营店）调入50箱。该批酸奶的进价为42元/箱，内部调拨价50元/箱，售价58元/箱。

（1）解放路门店的会计处理：

商品按进价核算时：

借：总部往来——商品调拨（50×42）	2 100	
贷：库存商品——酸奶（50×42）		2 100

商品按售价核算：

借：总部往来——商品调拨（50×42）	2 100	
商品进销差价	800	
贷：库存商品——酸奶（售价）		2 900

（2）总部财务部门的会计处理：

借：基层往来——中山路加盟店（50×50+50×50×13%）	2 825	
贷：主营业务收入		2 500
应交税费——应交增值税（销项税额）		325

同时按照进价结转成本：

借：主营业务成本	2 100	
贷：基层往来——解放路门店（50×42）		2 100

（3）加盟店的会计处理：

按进价核算时：

借：库存商品——酸奶（50×50）	2 500	

应交税费——应交增值税（进项税额）	325
贷：总部往来——商品调拨（调拨价+增值税）	2 825

按售价核算时：

借：库存商品——酸奶（50×58）	2 900
应交税费——应交增值税（进项税额）（50×50×13%）	325
贷：商品进销差价——酸奶	400
总部往来——商品调拨（调拨价+增值税）	2 825

（四）加盟店之间商品调拨的核算

虽然不同的加盟店之间都是独立经营的经济实体，他们之间不存在产权归属关系和产权隶属关系，但他们之间的商品调拨也应当在总部的统一安排和监控下有序进行。商品在加盟店之间互相调拨，属于商品在不同所有者之间的转移，这种商品所有权的转移与连锁企业无关，连锁企业只是为这种商品所有权的转移提供余缺调剂、商品运输和货款结算服务。同时，为了加强对所属门店的管理与控制，连锁企业也要通过财务手段记录和反映商品调拨核算的全过程。

1. 调出加盟店的会计处理

调出商品的加盟店应按照规定填写内部调拨单，根据留存的调拨单登记内仓库存商品卡片账，并于月末根据商品调拨单编制月份商品调拨发货汇总表和签发内部转账通知书，同时进行相应的会计处理，并登记库存商品明细分类账。

（1）按进价核算时：

借：总部往来——商品调拨（调拨价+增值税）
　　贷：库存商品——××类（调拨价）
　　　　应交税费——应交增值税（进项税额转出）

（2）按售价核算时：

借：总部往来——商品调拨（调拨价+增值税）
　　商品进销差价——××类
　　贷：库存商品——××类（售价）
　　　　应交税费——应交增值税（进项税额转出）

2. 总部财务部门的会计处理

总部财务部门根据内部转账通知书进行如下会计处理并登记往来明细账。

借：基层往来——调入门店（调拨价）
　　应交税费——应交增值税（进项税额转出）
　　贷：基层往来——调出门店（调拨价）
　　　　应交税费——应交增值税（进项税额转出）

3. 调入加盟店的会计处理

商品调入时，根据随货同行的商品调拨单，对调入商品验收无误后，登记内仓库存商品卡片账。当月末收到总部财务部门转来的商品调拨单、月份商品调拨单汇总表和内部转账通知书，经审查核对无误后，进行有关会计处理并登记库存商品明细账和内部往来明细账。

(1) 按进价核算时：

借：库存商品——××类（调拨价）

　　应交税费——应交增值税（进项税额）

　贷：总部往来——商品调拨（调拨价+增值税）

(2) 按售价核算时：

借：库存商品——××类（售价）

　　应交税费——应交增值税（进项税额）

　贷：商品进销差价——××类

　　　总部往来——商品调拨（调拨价+增值税）

【例9-10】 2019年1月，东华连锁超市有限公司的中山路门店（加盟店）因顾客批量采购一批月饼，门店的内仓存量不足，从自由路门店（加盟店）调入50盒。该批月饼的进价为32元/盒，内部调拨价38元/盒，售价45元/盒。

(1) 调出加盟店的会计处理：

按进价核算时：

借：总部往来——商品调拨（50×38+50×38×13%）　　　　　　　　2 147

　贷：库存商品——月饼（50×38）　　　　　　　　　　　　　　　1 900

　　　应交税费——应交增值税（进项税额转出）　　　　　　　　　 247

按售价核算时：

借：总部往来——商品调拨（50×38+50×38×13%）　　　　　　　　2 147

　　商品进销差价——月饼　　　　　　　　　　　　　　　　　　　 350

　贷：库存商品——月饼（50×45）　　　　　　　　　　　　　　　2 250

　　　应交税费——应交增值税（进项税额转出）　　　　　　　　　 247

(2) 总部财务部门的会计处理：

借：基层往来——中山路门店（50×38）　　　　　　　　　　　　　1 900

　　应交税费——应交增值税（进项税额转出）　　　　　　　　　　 247

　贷：基层往来——自由路门店（50×38）　　　　　　　　　　　　1 900

　　　应交税费——应交增值税（进项税额转出）　　　　　　　　　 247

(3) 调入加盟店的会计处理：

按进价核算时：

借：库存商品——月饼（50×38）　　　　　　　　　　　　　　　　1 900

　　应交税费——应交增值税（进项税额）　　　　　　　　　　　　 247

　贷：总部往来——商品调拨（调拨价+增值税）　　　　　　　　　 2 147

按售价核算时：

借：库存商品——月饼（50×45）　　　　　　　　　　　　　　　　2 250

　　应交税费——应交增值税（进项税额）　　　　　　　　　　　　 292.5

　贷：商品进销差价——月饼　　　　　　　　　　　　　　　　　　 350

　　　总部往来——商品调拨（调拨价+增值税）　　　　　　　　　 2 192.5

九、门店商品退库业务的核算

连锁企业门店在商品经营过程中,由于所收到的商品质量问题、订货错误或送货错误、商品超过保质期、商品滞销等原因,经常会发生退货业务。门店的商品退货一般是将商品退还给总部配送中心或直接退还给供应商。在发生退货业务时,门店应填制商品退货单,并要经过业务部门签署相应意见。

(一) 门店将商品退给配送中心的核算

在各门店的商品退货业务中,由于直营店和加盟店所涉及的商品所有权不同,其核算也有所区别。

1. 直营店商品退货业务的会计处理

配送中心在月末对退货单进行汇总以后,应编制一式三联的内部转账通知书,其中,第一联由总部财务部门转交退货门店,作为退货门店相应会计处理的依据;第二联作为配送中心进行相应会计处理的依据;第三联送交总部财务部门,作为总部财务部门进行相应会计处理的依据。

(1) 门店的会计处理,商品按进价核算时:

借:总部往来
　　贷:库存商品(进价)

商品按售价核算时:

借:总部往来(进价)
　　商品进销差价
　　贷:库存商品(售价)

(2) 配送中心的会计处理,商品按进价核算时:

借:库存商品(进价)
　　贷:总部往来

商品按售价核算时:

借:库存商品(售价)
　　贷:商品进销差价
　　　　总部往来(进价)

(3) 总部财务部门的会计处理:

借:基层往来(配送中心)(进价)
　　贷:基层往来(门店)(进价)

【例9-11】 2019年1月,东华连锁超市有限公司的解放路门店(直营店)因有20箱奶制品已过保质期,将其退回配送中心。这批奶制品的进价为35元/箱,内部调拨价40元/箱,售价50元/箱。

(1) 商品按进价核算时,退货门店的会计处理:

借:总部往来　　　　　　　　　　　　　　　　　　　　　　　700
　　贷:库存商品　　　　　　　　　　　　　　　　　　　　　　　700

配送中心的会计处理:

借：库存商品　　　　　　　　　　　　　　　　　　　　　　　　　700
　　贷：总部往来　　　　　　　　　　　　　　　　　　　　　　　700
总部财务部门的会计处理：
借：基层往来——配送中心　　　　　　　　　　　　　　　　　　700
　　贷：基层往来——解放路门店　　　　　　　　　　　　　　　700
（2）商品按售价核算时，退货门店的会计处理：
借：总部往来　　　　　　　　　　　　　　　　　　　　　　　　700
　　商品进销差价　　　　　　　　　　　　　　　　　　　　　　300
　　贷：库存商品　　　　　　　　　　　　　　　　　　　　　1 000
配送中心的会计处理：
借：库存商品　　　　　　　　　　　　　　　　　　　　　　　1 000
　　贷：商品进销差价　　　　　　　　　　　　　　　　　　　　300
　　　　总部往来　　　　　　　　　　　　　　　　　　　　　　700
总部财务部门的会计处理：
借：基层往来——配送中心　　　　　　　　　　　　　　　　　　700
　　贷：基层往来——解放路门店　　　　　　　　　　　　　　　700

2. 加盟店商品退货的会计处理

加盟店商品退货业务所涉及的业务单证及传递流程与直营店的商品退货业务基本相同。配送中心在月末对退货单进行汇总以后，应编制一式三联的内部转账通知书，其中，第一联由总部财务部门转交退货门店，作为退货门店相应会计处理的依据；第二联作为配送中心进行相应会计处理的依据；第三联送交总部财务部门，作为总部财务部门进行相应会计处理的依据。

（1）退货加盟店的会计处理，商品按进价核算时：
借：总部往来（调拨价＋进项税额）
　　贷：库存商品（调拨价）
　　　　应交税费——应交增值税（进项税额转出）
商品按售价核算时：
借：总部往来（调拨价＋进项税额）
　　商品进销差价
　　贷：库存商品（售价）
　　　　应交税费——应交增值税（进项税额转出）
（2）配送中心的会计处理，商品按进价核算时：
借：库存商品（进价）
　　贷：总部往来
商品按售价核算时：
借：库存商品（售价）
　　贷：商品进销差价
　　　　总部往来（进价）

(3) 总部财务部门的会计处理，冲减已经确认的收入：

借：主营业务收入（调拨价）
　　应交税费——应交增值税（销项税额）
　贷：基层往来——门店（调拨价+增值税）

冲减已经确认的成本：

借：基层往来（进价）
　贷：主营业务成本（进价）

【例9-12】 2019年1月，东华连锁超市有限公司的中山路门店（加盟店）因有20箱奶制品已过保质期，现将其退回配送中心。这批奶制品的进价为35元/箱，内部调拨价40元/箱，售价50元/箱。

(1) 商品按进价核算时，退货加盟店的会计处理：

借：总部往来（调拨价+进项税额）	904
贷：库存商品（调拨价）	800
应交税费——应交增值税（进项税额转出）	104

配送中心的会计处理：

借：库存商品（进价）	700
贷：总部往来	700

总部财务部门的会计处理，冲减已经确认的收入：

借：主营业务收入（调拨价）	800
应交税费——应交增值税（销项税额）	104
贷：基层往来——中山路门店（调拨价+增值税额）	904

冲减已经确认的成本：

借：基层往来（进价）	700
贷：主营业务成本（进价）	700

(2) 商品按售价核算时，退货加盟店的会计处理：

借：总部往来（调拨价+进项税额）	904
商品进销差价	200
贷：库存商品（售价）	1 000
应交税费——应交增值税（进项税额转出）	104

配送中心的会计处理：

借：库存商品（售价）	1 000
贷：商品进销差价	300
总部往来（进价）	700

总部财务部门的会计处理，冲减已经确认的收入：

借：主营业务收入（调拨价）	800
应交税费——应交增值税（销项税额）	104
贷：基层往来——中山路门店（调拨价+增值税额）	904

冲减已经确认的成本：

借：基层往来（进价） 700
　　贷：主营业务成本（进价） 700

（二）配送中心将门店退库商品退还给供应商的核算

如果配送中心将门店因质量原因退回的商品全部或者部分退还给供应商，则配送中心按照不同的供应商编制退货单，作为向供应商退货及登记库存商品卡片账和库存商品明细分类账的依据，同时编制退货联系单通知供应商。月末根据汇总的退货单和退货联系单，签发一式三联的内部转账通知书，作为配送中心和总部财务部门进行会计处理的依据。

1. 配送中心的会计处理

配送中心按照留存的退货单和退货联系单进行如下的会计处理：

（1）商品按照进价核算时：

借：总部往来——商品配送（进价）
　　贷：库存商品

（2）商品按照售价核算时：

借：总部往来——商品配送（进价）
　　商品进销差价
　　贷：库存商品（售价）

2. 总部财务部门的会计处理

总部财务部门收到配送中心转来的退货单、退货联系单及内部转账通知书以后，进行如下会计处理：

借：应收账款（进价+增值税）
　　贷：库存商品（进价）
　　　　应交税费——应交增值税（进项税额转出）

【例9-13】 2019年1月，东华连锁超市有限公司配送中心收到解放路门店（直营店）因质量原因退回的10箱饼干，这批饼干的进价为80元/箱，售价100元/箱。配送中心填制退货单和退货联系单，将该批饼干退给供应商，并签发内部转账通知书。

（1）配送中心的会计处理，商品按照进价核算时：

借：总部往来——商品配送（进价） 800
　　贷：库存商品 800

商品按照售价核算时：

借：总部往来——商品配送（进价） 800
　　商品进销差价 200
　　贷：库存商品（售价） 1 000

（2）总部财务部门会计处理：

借：应收账款（进价+增值税） 904
　　贷：库存商品（进价） 800
　　　　应交税费——应交增值税（进项税额转出） 104

十、连锁经营企业商品调价的核算

连锁企业不论是由总部统一调整商品的销售价格,还是门店经过批准自主调整商品的销售价格,门店都要对库存商品的金额做相应的调整。

(一)直营店商品调价的核算

根据价格调整的不同方向及幅度,调整后的零售价格会出现高于现在的零售价格、调整后的零售价格低于现在的零售价格但高于进价、调整后的零售价格低于进价三种情况。

根据上述三种价格调整的方向及幅度,具体的会计处理也会不同。

1. 调整后的零售价格高于现行零售价格的会计处理

如果调整后的商品零售价格高于现行的零售价格,只需在门店内部进行调整,不涉及门店和总部的往来核算,因为总部和基层门店的往来核算都是按商品的进价反映的。

(1)商品按进价核算。门店除了对卖场的商品重新按照新的售价标价以外,不需要做任何会计处理,因为各级各类库存商品明细分类账都是按照商品进价核算的,调整后的商品售价与进价无关。

(2)商品按售价核算。门店应当在库存商品三级账上重新登记新的商品零售价,在借方登记该商品的调价金额,重新计算出该商品库存金额的售价余额。月末,按照商品大类汇总调价金额,并编制价格调整的会计分录,据以登记相关库存商品二级账和商品进销差价账户。

借:库存商品——××类(调高的差额)
    贷:商品进销差价——××类(调高的差额)

【例9-14】 2019年1月,东华连锁超市有限公司的解放路门店(直营店)收到总部通知,对某种型号的空调调高销售价格,该型号空调原来的进价是每台2 000元,内部调拨价2 100元,零售价格2 500元,现在零售价格调整为2 600元。该门店经过盘点,库存尚有10台该型号空调。采用售价金额核算时:

借:库存商品——空调   1 000
    贷:商品进销差价——空调   1 000

2. 调整后零售价格低于现行零售价格但高于进价的会计处理

(1)商品按进价核算。由于调整后的售价金额还是高于进价,与库存商品明细分类账登记的进价金额无关,所以门店不需要做任何会计处理。

(2)商品按售价核算。此时只需要在门店内部进行调整即可,与总部往来核算无关。在具体操作上,在库存商品三级账上重新登记新的商品零售价,在贷方登记该商品调低的金额,重新计算出该商品库存金额的售价余额。月末,按商品大类汇总调价金额以后,做如下会计分录并登记相关账户。

借:商品进销差价——××类商品(调低的差额)
    贷:库存商品——××类商品(调低的差额)

【例9-15】 2019年1月,东华连锁超市有限公司的解放路门店(直营店)收到总部通知,对某种型号的空调调高销售价格,该型号空调原来的进价是每台2 000元,内部调拨价

2 100 元，零售价格 2 500 元，现在零售价格调整为 2 300 元。该门店经过盘点，库存尚有 10 台该型号空调。

  借：商品进销差价——空调（200×10）   2 000
    贷：库存商品——空调（200×10）   2 000

  3. 调整后的零售价低于商品的进价的会计处理

  如果调整后的零售价格低于商品的进价，门店库存商品的账面金额与总部的往来账户均要进行调整。

  （1）门店的调整。调低价格时，库存商品的三级明细分类账重新按照新的商品零售价登记，并在贷方登记该商品调低的金额，同时重新计算出该商品库存金额的售价余额，月末调价商品按照大类汇总后，编制内部转账通知书。根据商品核算的不同情况，编制相应的会计分录，登记相应的账户，同时将内部转账通知书附上商品调价单，转到总部财务部门。

  商品按进价核算：

  借：总部往来（商品进价与现零售价的差额）
    贷：库存商品（商品进价与现零售价的差额）

  商品按售价金额核算：

  借：商品进销差价（原零售价与商品进价的差额）
    总部往来（商品进价与现零售价的差额）
    贷：库存商品（原零售价和现零售价的差额）

  （2）总部的调整。总部财务部门接到门店转来的内部转账通知书后，按照调整后的零售价与商品进价的差额进行会计处理，并登记相应的内部往来明细账户。

  借：销售费用（商品进价与现零售价的差额）
    贷：基层往来（商品进价与现零售价的差额）

  【例 9-16】 2019 年 1 月，东华连锁超市有限公司的解放路门店（直营店）收到总部通知，对某种型号的空调调高销售价格，该型号空调原来的进价是每台 2 000 元，内部调拨价 2 100 元，零售价格 2 500 元，现在零售价格调整为 1 800 元。该门店经过盘点，库存尚有 10 台该型号空调。

  （1）商品按照进价核算，门店的会计处理：

  借：总部往来（200×10）   2 000
    贷：库存商品   2 000

  总部的调整：

  借：销售费用   2 000
    贷：基层往来   2 000

  （2）商品按售价核算，门店的调整：

  借：商品进销差价（500×10）   5 000
    总部往来（200×10）   2 000
    贷：库存商品（700×10）   7 000

  总部的调整：

借：销售费用　　　　　　　　　　　　　　　　　　　　　　　　　　2 000
　　贷：基层往来　　　　　　　　　　　　　　　　　　　　　　　　　　　　2 000

（二）加盟店商品调价的会计核算

由于加盟店是独立自主的经营实体和法人单位，因此必须服从总部的价格政策，按照总部统一确定的调价政策调整商品的零售价格。商品调价损失的补偿只能由总部对外与供应商洽谈，供应商对调价的补偿应先由总部统一收取与核算后，再与加盟店洽谈对其调价的补偿问题。

当调整后零售价低于原商品调拨价，或者商品价格调低，且有部分调价损失补偿时，加盟店的商品调价核算方法就会与直营店有一定的差别。

1. 调整后零售价低于原商品调拨价的会计处理

当连锁企业向加盟店配送商品时，已经根据商品的调拨价确认为销售收入，如果商品的零售价格调整到调拨价以下，意味着连锁企业发生了商品销售的折让，所以对该部分的价格调整应当视作对连锁企业已确认收入的抵减。

（1）总部的会计处理。按照调整后零售价格与原商品调拨价的差额，冲减销售收入，同时调整与加盟店的往来账户。会计处理如下：

借：主营业务收入（调整后零售价格与原商品调拨价格的差额）
　　应交税费——应交增值税（销项税额）
　　贷：基层往来——××门店（调整后零售价格与原商品调拨价格的差额+增值税额）

在实务中做与原来确认收入时方向相同的红字分录，更符合会计处理规范的要求。

（2）门店的会计处理，按照进价核算时：

借：总部往来（调整后零售价格与原商品调拨价格的差额+增值税）
　　贷：库存商品（调整后零售价格与原商品调拨价格的差额）
　　　　应交税费——应交增值税（进项税额）

按照售价核算时：

借：总部往来（调整后零售价格与原商品调拨价格的差额+增值税额）
　　商品进销差价（原商品售价金额与原商品调拨价金额的差额）
　　贷：库存商品（原零售价格与调整后零售价格的差额）
　　　　应交税费——应交增值税（进项税额）

2. 总部承担的损失金额小于原商品的进销差价的会计处理

当总部承担的损失金额小于原商品的售价金额与商品调拨价格的差额时，在进行会计处理时必须结合考虑调整后的零售价格与原商品调拨价格的关系，采取不同的核算方法。

（1）调整后的零售价格大于原商品调拨价格时：

①总部的会计核算。总部为加盟店承担的一部分商品调价损失，意味着总部的费用或者损失相应增加，总部根据其与加盟店达成的补偿协议进行如下会计处理：

借：销售费用
　　贷：基层往来——××门店

②加盟店的会计处理，采用进价核算时：

借：总部往来
　　贷：销售费用

采用售价核算时：

借：商品进销差价
　　贷：库存商品

（2）调整后的零售价格小于原商品调拨价时：

①总部的会计处理：总部财务部门将承担的商品调价损失理解为连锁企业损失的增加。

借：销售费用
　　贷：基层往来——××门店

同时，按照调整后零售价小于原商品调拨价的差额做相应的会计处理：

借：主营业务收入（调整后零售价格与原商品调拨价格的差额）
　　应交税费——应交增值税（销项税额）
　　贷：基层往来——××门店（调整后零售价格与原商品调拨价格的差额+增值税额）

在实务中做与原来确认收入时方向相同的红字分录，更符合会计处理规范的要求。

②加盟店的会计处理：加盟店将总部承担的调价损失金额作为一项收益进行相应会计处理。

借：总部往来
　　贷：销售费用

如果加盟店采用进价核算，在确认收益的同时，将调整后的售价金额与原调拨价的差额做相应的会计处理：

借：总部往来（调整后零售价格与原商品调拨价格的差额+增值税额）
　　贷：库存商品（调整后零售价格与原商品调拨价格的差额）
　　　　应交税费——应交增值税（进项税额）

如果加盟店采用售价核算，在确认收益的同时，将调整后的售价金额与原调拨价的差额做相应的会计处理：

借：总部往来（调整后零售价格与原商品调拨价格的差额+增值税额）
　　商品进销差价（原商品售价金额与原商品调拨价金额的差额）
　　贷：库存商品（原零售价格与调整后零售价格的差额）
　　　　应交税费——应交增值税（进项税额）

【例9-17】 2019年1月，东华连锁超市有限公司的中山路门店（加盟店）收到总部通知，对某种型号的空调调低销售价格，该型号空调原来的进价是每台2 000元，内部调拨价2 100元，零售价格2 500元，现在零售价格调整为1 900元。总部愿意按照每台200元承担加盟店的调价损失。该门店经过盘点，库存尚有10台该型号空调。

（1）总部财务部门的会计处理，总部确认承担的调价损失：

借：销售费用（200×10）　　　　　　　　　　　　　　　　　　　　　2 000
　　贷：基层往来——中山路门店　　　　　　　　　　　　　　　　　　　　2 000

按照调整后零售价小于原商品调拨价的差额调整原确认的收入：

借：主营业务收入（200×10） 2 000
　　应交税费——应交增值税（销项税额） 260
　　贷：基层往来——中山路门店 2 260

（2）门店的会计处理，确认总部承担调价损失的收益：
借：总部往来（200×10） 2 000
　　贷：销售费用——中山路门店 2 000

同时，调整原调拨价与调整后零售价的差额，如果加盟店采用进价核算，其会计处理如下：
借：总部往来 2 260
　　贷：库存商品（200×10） 2 000
　　　　应交税费——应交增值税（进项税额） 260

如果加盟店采用售价核算，则其会计处理如下：
借：总部往来（200×10+260） 2 260
　　商品进销差价（400×10） 4 000
　　贷：库存商品（600×10） 6 000
　　　　应交税费——应交增值税（进项税额） 260

3. 总部承担的损失金额大于原商品进销差价的会计处理

如果总部承担的调价损失大于原商品进销差价时，其会计处理如下：

（1）总部财务部门的会计处理。将承担的调价损失确认为一项费用，调整与加盟店的往来账户，总部的会计处理与前面的处理基本一致。

借：销售费用
　　贷：基层往来

同时，将调整后零售价与原商品调拨价的差额冲减已经确认的收入：
借：主营业务收入（调整后零售价格与原商品调拨价格的差额）
　　应交税费——应交增值税（销项税额）
　　贷：基层往来——××加盟店（调整后零售价格与原商品调拨价格的差额+增值税）

（2）门店的会计处理。将总部承担的调价损失确认为一项收益，冲减销售费用。
借：总部往来
　　贷：销售费用

同时将实际的调价金额确认为一项损失，分别按进价核算和售价核算，做不同的会计处理。按照进价核算：
借：总部往来（调整后零售价格与原商品调拨价格的差额+增值税）
　　贷：库存商品（调整后零售价格与原商品调拨价格的差额）
　　　　应交税费——应增值税（进项税额）

按照售价核算：
借：总部往来（调整后零售价格与原商品调拨价格的差额+增值税）
　　商品进销差价（原商品售价金额与原商品调拨价金额的差额）

贷：库存商品（原零售价格与调整后零售价格的差额）
　　　应交税费——应交增值税（进项税额）

【例 9-18】 2019 年 1 月，东华连锁超市有限公司的中山路门店（加盟店）收到总部通知，对某种型号的空调调低销售价格，该型号空调原来的进价是每台 2 000 元，内部调拨价 2 100 元，零售价格 2 500 元，现在零售价格调整为 1 900 元。总部愿意按照每台 580 元承担加盟店的调价损失。该门店经过盘点，库存尚有 10 台该型号空调。

（1）总部财务部门的会计处理。将承担的调价损失确认为一项费用，调整与加盟店的往来账户：

借：销售费用（580×10）　　　　　　　　　　　　　　　　　　　5 800
　　贷：基层往来　　　　　　　　　　　　　　　　　　　　　　　5 800

将调整后零售价与原商品调拨价的差额冲减已经确认的收入：

借：主营业务收入（200×10）　　　　　　　　　　　　　　　　　2 000
　　应交税费——应交增值税（销项税额）　　　　　　　　　　　　260
　　贷：基层往来——中山路门店　　　　　　　　　　　　　　　　2 260

（2）门店的会计处理。将总部承担的调价损失确认为一项收益，冲减销售费用：

借：总部往来　　　　　　　　　　　　　　　　　　　　　　　　5 800
　　贷：销售费用　　　　　　　　　　　　　　　　　　　　　　　5 800

同时，将实际的调价金额确认为一项损失，分别按进价核算和售价核算，做不同的会计处理。按照进价核算：

借：总部往来　　　　　　　　　　　　　　　　　　　　　　　　2 260
　　贷：库存商品（200×10）　　　　　　　　　　　　　　　　　2 000
　　　　应交税费——应交增值税（进项税额）　　　　　　　　　　260

按照售价核算：

借：总部往来（200×10+260）　　　　　　　　　　　　　　　　2 260
　　商品进销差价（400×10）　　　　　　　　　　　　　　　　　4 000
　　贷：库存商品（600×10）　　　　　　　　　　　　　　　　　6 000
　　　　应交税费——应交增值税（进项税额）　　　　　　　　　　260

十一、门店营业收入的核算

对于连锁经营企业所属门店实现的营业收入，因门店与总部的隶属关系不同，其会计核算也有所区别。

（一）直营店营业收入的核算

1. 门店收入的结算与解缴

为了及时反映门店的营业收入，直营店应根据管理的需要，选择一个固定时间对当天的营业收入做总结算，计算出当天的营业收入总额。在实务中可在营业结束以后结算营业总收入或营业中途结算当天营业总收入两种方式中，选择一种进行当日营业总收入的结算工作。

不管采用什么方式，完成当天营业收入总结算以后，门店的财务部门应根据实际清点和审核以后的收银员营业款解款单填写每日营业结算明细表。门店收取的现金要在当天营业收入结算完毕，扣除零用金后，将剩余部分足额及时送存开户银行，门店不得私自挪用营业收入的现金，存款事务应由指定人员负责。门店财务根据银行的进款单，进行会计处理如下：

借：银行存款
　　待处理财产损溢（现金短款）
　　贷：主营业务收入
　　　　应交税费——应交增值税（销项税额）
　　　　待处理财产损溢（现金长款）

在银行将现金转入总部指定的专门用于集中整个连锁企业销售收入款的银行存款账户以后，门店根据银行的转账通知，填写内部转账通知书，并做如下会计处理：

借：总部往来
　　贷：银行存款

对于收到的由总部发售可以在所属各门店通用的提货凭证，应单独保管，及时造册登记，并编制内部转账通知书送交总部财务部门，同时做如下会计处理：

借：总部往来——营业款
　　贷：主营业务收入

2. 总部收到营业款的会计处理

门店开户银行将门店的营业款项转到总部指定的银行存款户以后，总部根据银行的进账单和门店的内部转账通知书做如下会计处理：

借：银行存款
　　贷：基层往来

对于总部收到的非现金营业收入，应按照门店转来的内部转账通知书，根据不同的情况分别做会计处理。支票和信用卡回执及时送交银行，根据银行进账单，增加银行存款，对于门店转来的提货凭证，则冲减有关负债账户。

借：银行存款（支票和信用卡）
　　预收账款——提货凭证
　　贷：基层往来

3. 营业收入的结转

门店应当定期向总部财务汇总结转营业收入，其结转期可以是5天一次，也可以是10天或者15天结转一次，如果整个连锁企业的业务管理和会计核算已经网络化，也可以每天结转一次。门店向总部结转营业收入时要编制内部转账通知书，并做如下会计处理：

借：主营业务收入
　　应交税费——应交增值税（销项税额）
　　贷：总部往来

总部财务收到门店转来的营业收入汇总表和内部转账通知书后，做如下会计处理：

借：基层往来
　　贷：主营业务收入
　　　　应交税费——应交增值税（销项税额）

（二）加盟店营业收入的核算

1. 门店收入的结算与解缴

虽然加盟店与连锁企业是相互独立的会计主体，但是连锁企业为了便于统一管理，也要求加盟店将营业款解交到连锁企业总部财务部门，由连锁企业总部财务统一管理，加盟店解交给总部的销售款中，由连锁企业财务从中扣除商品配送款与一些必要的费用，其余部分就是加盟店可以动用的现金。加盟店在组织营业收入的核算时，所涉及的单证以及账务处理与直营店基本相同。

2. 相关费用的处理

在银行将现金转入总部指定的专门用于集中整个连锁企业销售收入款的银行存款账户以后，加盟店根据银行的转账通知，做内部转账通知书，并做相应的会计处理。加盟店划转给总部的款项中，包括以下几个部分：总部应当收取的商品调拨款、加盟店应当交纳的加盟费费用、总部拨给加盟店的包装物等费用。加盟店在划拨的款项中扣除了相关费用以后的余额冲减与总部的往来账户，其会计处理如下：

借：总部往来（扣除应交费用后的余额）
　　销售费用（由加盟店承担的加盟费、包装物等费用）
　　贷：银行存款

总部收到银行转来的银行存款进账单后，做如下会计处理：

借：银行存款
　　贷：其他业务收入（应当收取的包装物费和加盟费）
　　　　基层往来（扣除应收费用后的余额）

3. 营业收入的结转

加盟店与连锁企业除了加盟关系以外，不存在其他以资本为纽带的经济关系，所以加盟店不必像直营店那样向总部财务部门结转营业收入。

本章小节

联合经营方式与自营商品流通的"商品购进、商品销售、商品储存"三个环节不同的是，在"引厂进店"经营模式下，联营商品的流通主要包括"商品进货和商品销售"两个环节。

联营商品流转的核算特点主要包括：没有购进环节的核算；没有储存环节的核算；负责全部联营商品的销售货款的结算；以流水的高低作为确定联营厂商的标准。

连锁经营企业的特点可以概括为：组织形式的联合化和标准化及经营方式的一体化和专业化。具体表现为四个方面：企业识别系统及商标统一；商品和服务统一；经营管理统一；经营理念统一。

连锁经营主要有直营连锁、特许连锁、自由连锁三种形式。

连锁企业可以从往来制和报账制两种会计核算组织形式中选择并确定总部与基层单位之间业务往来的核算关系。独立核算方式下一般选择往来制，统一核算方式下一般选择报账制。

连锁企业通过组织内部往来的核算，不仅使连锁企业形成一个统一完整的经济实体，而且能准确反映这一经济实体中各个部门和单位的经济情况。因此，在会计核算上要通过设置往来账户来实现核算和管理，具体包括"基层往来"和"总部往来"两个账户。

主要概念

1. 连锁经营
2. 直营连锁
3. 特许连锁
4. 自由连锁

训练测试

一、单项选择题

1. 联营商品的流通主要包括商品进货和（　　）两个环节。
   A. 商品储存　　　B. 商品销售　　　C. 商品生产　　　D. 商品委托加工
2. 联营企业以（　　）的高低作为确定联营厂商的标准。
   A. 流水　　　　　B. 生产额　　　　C. 企业信誉　　　D. 投资额
3. 联营企业销售货款处理时，如果存在短款现象应由（　　）自行补足。
   A. 主管会计　　　B. 收银员　　　　C. 部门主管　　　D. 销售员
4. 连锁企业对门店的商品应当按照门店的核算方法建（　　）账。
   A. 库存商品　　　B. 商品保管　　　C. 基层往来　　　D. 总部往来
5. "总部往来"账户贷方核算包括：收到总部拨来的商品、银行存款和（　　）等内容。
   A. 总部拨来固定资产　　　　　　　B. 送交总部的营业款
   C. 向总部退回商品　　　　　　　　D. 向其他门店调拨商品

二、多项选择题

1. 联营商品核算涉及的单证主要有（　　）。
   A. 销售单　　　　　　　　　　　　B. 内部缴款单
   C. 销货凭证　　　　　　　　　　　D. 联营商品返款明细表
2. 连锁经营企业的特点表现为：企业识别系统及商标统一；（　　）。
   A. 商品和服务统一　B. 经营管理统一　C. 经营理念统一　D. 连锁店性质统一
3. 连锁经营主要有直营连锁、（　　）三种形式。
   A. 指定连锁　　　B. 特许连锁　　　C. 自由连锁　　　D. 合作连锁
4. 连锁经营方式下门店可选择的核算方法有（　　）。
   A. 进价金额核算法　　　　　　　　B. 售价金额核算法

  C. 数量进价金额核算法　　　　　　D. 数量售价金额核算法
 5. 连锁经营企业的业务流程包括（　　）三个环节。
  A. 采购商品　　　　　　　　　　　B. 商品加工
  C. 配送商品　　　　　　　　　　　D. 销售商品

三、判断题

1. 联营企业商品流通企业没有库存商品管理环节，所有商品的进货、存储均由商品供应商自行负责管理。（　　）
2. 联营商品流通企业与联营方采取先结算后销售的方式结算货款。（　　）
3. 联营商品的流通主要包括商品进货、商品储存和商品销售三个环节。（　　）
4. 联营商品流通的核算与自营商品流转核算相比，只是没有购进环节的核算。（　　）
5. 对于直营连锁经营方式，采购和配送环节的商品一般选择数量进价金额核算法。（　　）
6. 连锁经营根据门店的性质不同，分为直营店和加盟店或合资店。（　　）
7. 直营连锁经营的特点是财产所有权和经营管理权高度集中于连锁总部。（　　）
8. 加盟店支付给总部的特许权使用费，加盟店作为"管理费用"，总部作为"其他业务收入"处理。（　　）

四、简答题

1. 简述联营方式下商品经营的特点。
2. 联营商品流通核算的特点是什么？
3. 联营商品核算涉及的单证有哪些？
4. 连锁经营企业的特点是什么？
5. 连锁经营的形式包括哪几种？分述其定义。

五、综合实务题

习题1

目的：掌握联营商品销售的核算。

资料：美华商厦将服装类商品采取"引厂进店"方式进行经营，根据协议要求，商厦的扣点率为20%。汇总全月联营服装类商品销售额共计15 000元。

要求：（1）调整销售收入及当月应交增值税额，并进行账务处理。
   （2）做联营分成及已销商品成本结转的账务处理。
   （3）做结算分成及增值税进项税的账务处理。

习题2

目的：掌握连锁经营企业商品采购的核算。

资料：2019年1月，恒客龙连锁超市有限公司从康达食品公司采购月饼300箱，每箱10包，每包进价8元，内部调拨价10元，销售价14元，增值税率13%。其中160箱送到配送中心仓库，80箱直接送往人民大街门店（直营门店），60箱送往吉林大路门店（加盟店）。发票账单已经收到，商品由有关部门验收入库。

要求：按照售价核算法，对上述业务分别从总部、配送中心、人民大街门店、吉林大路门店财务角度进行账务处理。

习题3

目的：掌握连锁经营企业横向商品调拨业务的核算。

资料：2019年1月，恒客龙连锁超市有限公司的人民大街门店因顾客批量采购一批洗发水，门店的内仓存量不足，从西安大路门店调入500瓶，上述两店均为本连锁超市的直营门店。该批洗发水的进价为10元/瓶，含税售价为16元/瓶。

要求：对上述调拨业务分别按照进价核算和售价核算做总部和门店的账务处理。

习题4

目的：掌握连锁经营企业横向商品调拨业务的核算。

资料：2019年1月，恒客龙连锁超市有限公司的人民大街门店（直营店）因顾客批量采购一批档案柜，门店的内仓存量不足，从吉林大路门店（加盟店）调入20套。该批档案柜的进价为2 000元/套，内部调拨价2 200元/套，售价2 600元/套。

要求：对上述调拨业务分别按照进价核算和售价核算做总部和门店的账务处理。

习题5

目的：掌握门店商品退库业务的核算。

资料：2019年1月，恒客龙连锁超市有限公司的西安大路门店（直营店）因有20箱饼干已过保质期，现将其退回配送中心。该批饼干的进价为30元/箱，内部调拨价35元/箱，售价45元/箱。

要求：对上述调拨业务分别按照进价核算和售价核算做总部和门店的账务处理。

习题6

目的：掌握连锁经营企业商品调价的核算。

资料：2019年1月，恒客龙连锁超市有限公司的人民大街门店（直营店）收到总部通知，对某种型号的冰箱降低销售价格，该型号冰箱原来的进价是每台2 000元，内部调拨价2 100元，零售价格2 500元，现在零售价格调整为1 900元。供应商愿意按照每台200元承担降价损失。该门店经过盘点，库存尚有10台该型号冰箱。

要求：对上述调价业务分别按进价核算和售价核算做总部和门店的账务处理。